战后意大利

职业教育研究

ZHANHOU YIDALI
ZHIYE JIAOYU YANJIU

彭慧敏 冉玉 著

中国水利水电出版社
www.waterpub.com.cn

## 内 容 提 要

本书主要分析了第二次世界大战后意大利的职业教育发展情况,采用了文献法、比较法、因素分析法、访谈和实地考察等多种研究方法,从政治教育学、社会学、人口学、经济学、管理学和心理学等多种学科的视角入手,深入剖析了意大利职业教育制度的各个方面,对我国职业教育制度的改革与建设具有一定的指导意义。

**图书在版编目（ＣＩＰ）数据**

战后意大利职业教育研究 ／ 彭慧敏, 冉玉著. -- 北京 ： 中国水利水电出版社, 2014.6（2024.8重印）
ISBN 978-7-5170-2168-1

Ⅰ. ①战⋯ Ⅱ. ①彭⋯ ②冉⋯ Ⅲ. ①职业教育－研究－意大利－现代 Ⅳ. ①G719.546

中国版本图书馆CIP数据核字(2014)第131242号

**策划编辑:杨庆川　责任编辑:杨元泓　封面设计:崔　蕾**

| 书　　名 | 战后意大利职业教育研究 |
|---|---|
| 作　　者 | 彭慧敏　冉玉　著 |
| 出版发行 | 中国水利水电出版社 |
| | （北京市海淀区玉渊潭南路 1 号 D 座 100038） |
| | 网址：www. waterpub. com. cn |
| | E-mail:mchannel@263. net(万水) |
| | 　　　　sales@waterpub. com. cn |
| | 电话：(010)68367658(发行部)、82562819(万水) |
| 经　　售 | 北京科水图书销售中心（零售） |
| | 电话：(010)88383994、63202643、68545874 |
| | 全国各地新华书店和相关出版物销售网点 |
| 排　　版 | 北京鑫海胜蓝数码科技有限公司 |
| 印　　刷 | 三河市天润建兴印务有限公司 |
| 规　　格 | 170mm×240mm　16 开本　20.25 印张　363 千字 |
| 版　　次 | 2014 年 10 月第 1 版　2024 年 8 月第 3 次印刷 |
| 印　　数 | 0001—3000 册 |
| 定　　价 | 58.00 元 |

# 致　谢

　　6月的天空骄阳如火,在写致谢的时候心里更是热血沸腾。回想起在浙江大学、华东师范大学以及在意大利慈幼宗座大学读博的四年里很多老师、同学、朋友和家人给予我的指导、帮助、关心和支持,心中的感激岂是言语所能表达!

　　本书稿是在本人浙江大学教育学院比较教育学专业博士论文的基础上与冉玉老师合著而成。首先我感到非常幸运的是在读博期间我有三位导师共同指导,他们对我的博士论文的写作起到至关重要的作用。非常感谢方展画教授、赵中建教授和 G. Malizia 教授的指导和帮助! 方展画老师治学严谨,为人宽容大度,对学生关心照顾。他从一开始论文选题的确定、框架结构的调整、开题报告、预答辩,直到论文的最后定稿,全程不厌其烦地给我一次次的修改,提出了很多中肯的意见。我在意大利留学期间的导师Malizia 教授是一位博学儒雅的学者。他为我的论文资料的收集、大纲的修订、安排采访等方面付出了很多的时间和精力。很多时候他亲自为我借来书籍、打印资料。不仅如此,在生活上他也无微不至地关心我们中国留学生,节假日请我们一起庆祝。此外,我在华东师范大学教育部博士生流动基地访学期间也有幸得到赵中建教授的指导,他对我的论文的框架结构也提出了很好的意见。

　　在求学期间还有更多的老师给予我的教导让我终生难忘。王承绪先生在学术上令人高山仰止,但对学生却是那么平易近人。他不顾 90 多岁的高龄,上课总是提前 10 分钟到达这一细节上所体现的敬业精神,让我们深受感动。意大利的 Gianeldo 老教授也已 80 多岁,他早已退休,却从没有停止工作。他博学多才,精通多种语言,每天义务帮助像我这样的留学生。由于我语言上的障碍,老先生每天都要帮我翻译资料,并讲解有关的意大利的历史、政治、经济等背景知识。没有他的热心帮助,论文的写作是不可能的。遗憾的是王承绪先生和 Gianeldo 教授如今都已仙逝,谨以此书的出版向两位受人敬重的前辈致以我最高的敬意和沉痛的悼念!

　　感谢答辩委员会主席邹晓东教授,答辩委员陆有铨教授、林正范教授、善中惠教授和魏贤超教授。感谢徐小洲教授对我的教导和帮助,指导我进行课题研究，并在预答辩时提出了很好的建议，感谢吴雪萍教授、祝怀新教授、刘正伟教授对论文提出的建议。感谢周谷平教授、从湖平教授、汪利兵教授、赵卫平教授、许迈进教授、沈萍老师、丁洁老师、徐晓霞老师、管依群老师。

感谢"SEECO"基金会对我的资助，使我有幸到意大利留学。感谢意大利的 Coffele 教授在学习和生活上无微不至的照顾，感谢 Socol 教授和邬银兰博士的帮助，感谢 Prof. Zanni，Prof. M. Ferrero，Prof. Luigi Furnò，Prof. Orlando，Prof. S. Toniorio，Dr. Tonini，Dr. Antonietti，Dr. ssa L. Valente、Dr. F. Ghergo、Dr. D. Tebaidi，Prof. G. Laurenza，Prof. M. Gianiorio，Prof. Gianadele 对我的帮助。感谢慈幼会大学志愿者的帮助，感谢 Mr. Sohail 以及很多未曾谋面的朋友们为本书的写作提供资料。感谢浙江大学、华东师范大学和意大利慈幼宗座大学所有帮助过我的老师和同学！

最后我还要感谢我的家人，感谢我的爱人对本书写作的贡献，对我的支持和理解，感谢我的女儿乖巧懂事，感谢我的公婆和父母对家庭的照顾，感谢我的兄弟姐妹，感谢所有关心我的亲人和朋友。正是众多的人对我的帮助、指导、支持、关心和爱才使我能够顺利完成学业。在异国他乡论文写作的关键时刻，正是由于你们才使我克服种种的困难、焦灼、孤独、郁闷甚至绝望的心情，给我信心和勇气，使我能够坚持并很好地完成了论文的写作！

本著作能够顺利出版还要感谢出版社的编辑老师和合作公司老师的帮助，以及我的工作单位华北水利水电大学的资助！

感谢您们！

彭慧敏
2014 年 6 月

# 前　言

　　自 20 世纪后半叶以来,全球化及区域一体化对各个国家都带来了很大的影响。意大利政府关于劳动市场的白皮书中(2001 年 10 月)规定,职业教育与培训是促进意大利就业率提高的主要杠杆。本书的研究目的就是希望从对意大利职业教育的分析中引起人们对发展我国职业教育的思考。

　　该研究主要使用了文献法、历史法、比较法、因素分析法、访谈和实地考察等研究方法;从政治教育学、社会学、人口学、经济学、管理学和心理学等多视角、多理论进行了分析;从纵深两个维度来呈现和分析了意大利职业教育改革和发展的背景、动因、特征、问题和趋势。

　　从历史上来看,意大利教育与培训制度的发展经历了下面几个主要阶段:1859 年卡萨蒂法确立了"双轨制"的教育制度的基础;1923 年秦梯利改革加强了"精英教育"思想;1948 年新宪法开始了权利的"去中心化"进程;20 世纪 50—60 年代废除了初等职业教育与培训,对职业形象进行了定位;70 年代至 90 年代末,加强了对课程的改革,扩大了地方和学校的自治权。

　　21 世纪莫拉蒂改革通过法 53/2003 的颁布对整个意大利教育与培训制度进行了重建,具有划时代的意义。改革建立在"一体化""多样化""自由选择""个性化"和"本土化"的原则之上。改革的重点是高级中等教育与培训阶段,实现了职业教育与普通教育在法律上的平等权。

　　但是,意大利教育质量相对较低且呈不均衡分布,职业与技术学校的教育质量低于普通高中的教育质量。意大利在对学生的人均教育支出上却相对较高,反映出资金的分配和使用效率存在一定的问题。职业教育的教师也面临新的挑战。

　　欧洲为面对 21 世纪国际化和竞争力的挑战,促使各国联合起来推进教育与培训制度的一体化,培养模式逐渐由差异走向融合。

　　总的来看,意大利职业教育改革对我国职业教育的发展具有一定的借鉴意义。它体现了下列特征:第一,从管理上,进行了权利的"去中心化";第二,从法律上,实现了职业教育与普通教育的平等,义务教育/培训年限逐渐延长;第三,从制度上,实现了从"双轨制"到"一体化"的转变;第四,从教育理念上,从"以教师和学校为中心"到"以学习者为中心",从"精英教育"到全民教育、终身教育的思想深入人心;第五,从培养模式上,凸显了多样化和弹性化特色,重视个性化的模块教学和实验室的操作,加强了学校、企业和地方的合作,加强了对学生的教育/职业指导。

# Abstract

Since the second half of last century, globalization and integration have brought a great effect on all the countries. The White Paper (October, 2001) on labor market of the Italian government foresee that vocational education and training is the main lever to increase the employment rate. The aim of this dissertation is to gain knowledge of Italian vocational education so that it can be helpful to improve our vocational education system.

The main methods of this research are literature consulting, historical analyses, comparative analyses, factors analyses, interviews and field work. The paper shows background and causes, features, problems and trend of Italian vocational education reform by view of political education, sociology, demology, economics, and governance theories.

In history, the development of Italian vocational education can be divided into the following stages: The Casati Law established the 'double-trail system' in 1859. The Gentile Reform strengthened the 'élitism education'. The public Constitution started the progress of 'decentralization'. since 1948. The inferior vocational education and training was abolished and the professional profiles were established from 1950s to 1960s. Since the 1970s till the end of last century, more initiatives were taken to the curriculums and the autonomy of the local authorities and schools were enlarged.

In the new century, Moratti Reform reorganized the Italian education and training system entirely by establishing the Law 53/2003. The Reform is based on principles of integration, diversification, free choice, personality, and localization. It pays more attention to the upper secondary education.

The overall education quality of Italy is lower than the average of EU. And it is decreased further from north towards south in Italy. Especially the quality of vocational institutes is lower than general high schools. But the expenditure per student is higher than the EU average, so it is evidence for the problem of the efficiency of resources. The VET teachers meet the new challenges. The teacher training is by way of exchange between nations, due-system training, modules, on job training and the learning circles/seminar.

The European vocational education and training was developed in the 18th and formed the three classical models in the 20th century: the liberal market model of Britain, the state-regulated model of France and the dual corporate model of Germany. In order to face the challenges of globalization and competence, the EU members enhance their education and training systems from divergence to convergence by the cooperation priorities of Lisbon-Copenhagen-Helsinki.

Taking one with another, the reorganization of the education and training system shows some advantages from excellent learning. The development of Italian education and training system have the following features: Firstly, the governance on the vocational education is decentralized from the state to the regions. Secondly, the compulsory education is elongated gradually. Thirdly, the 'double-trail system' is changed to an integrated one. Fourthly, the education concepts are changed from the 'school and teacher centered' idea to the 'learner centered' idea, from the 'élitism education' to 'education for all 'and 'life-long learning'. Fifthly, the education modules are diversified and flexible. The personal teaching model and lab works make the teaching more attractive. The cooperation among the institutes, company and local authority is emphasized and also on the education/career instruction to the students.

Key Words: Italian Vocational Education, Moratti Reform, Reorganization, Integration

# 目　　录

# 表目录

# 图目录

# 第一章 绪论

## 第一节 问题的提出

### 一、研究的目的

2005 年 10 月 28 日,国务院发布了《国务院关于大力发展职业教育的决定》。该决定提出了我国职业教育改革发展的目标:"进一步建立和完善适应社会主义市场经济体制,满足人民群众终身学习的需要,与市场需要和劳动就业紧密结合,校企合作、工学合作,结构合理、形式多样,灵活开放、自主发展,有中国特色的现代职业教育体系。"[①]同年 11 月 7 日在全国职业教育工作会议上国家总理温家宝做了《大力发展中国特色的职业教育》的讲话。讲话指出要深刻认识大力发展职业教育的重要性和紧迫性:

职业教育是现代国民教育体系的重要组成部分,在实施科教兴国战略和人才强国战略中具有特殊的重要地位。大力发展职业教育,既是当务之急,又是长远大计。我们要从国家现代化建设的大局出发,深刻认识加强职业教育的重要性和紧迫性。大力发展职业教育,是推进我国工业化、现代化的迫切需要;是促进社会就业和解决"三农"问题的重要途径;也是完善现代国民教育体系的必然要求。当今世界,无论是发达国家还是新兴工业化国家,都把发展职业教育作为振兴经济、增强国力的战略选择。这是因为国家核心竞争力的增强,需要拥有大量素质高、适应性强的技能型人才。国际经济竞争的核心,是技术和人才的竞争。我国要更加有效地参与国际合作和竞争,切实提高产业和产品的竞争力,必须不失时机地大力推进职业教育的

---

① 国务院.国务院关于大力发展职业教育的决定.国发[2005]35 号[ED/OL].http://www.gov.cn/zwgk/2005-11/09/content_94296.htm,2007-5-28.

发展。①

此外,李岚清、成思危、陈至立、周济、吴启迪、王明达、张尧学、孟广平等重要国家领导人和学者也在不同时期的有关会议上强调和论述了我国大力发展职业技术教育的重要性和意义。② 作为一名比较教育专业的博士生,我深深感到自己在本学科领域内所要承担的责任和义务,要立足我国发展的需要,放眼世界,力求在研究他国的职业教育的发展和变革中,寻找可以为我国所学习和借鉴的经验以及所应该吸取的教训。这是我们比较教育学科进行研究的宗旨和目的。

意大利是历史悠久的文明古国,也是欧洲文艺复兴的发源地,在政治、文化、艺术、建筑等方面都深深影响着欧洲大陆及整个世界。随着欧洲经济、政治一体化进程的不断深化,欧洲教育一体化也在不断向前发展。全球化、信息化和知识社会的到来也无不深刻影响着欧洲和意大利的教育改革。各国也都在致力于培养适应这一时代变革的人才,以增强国际竞争力。为了促进欧盟成员国之间的人才自由流动和劳动力市场开放,增强欧洲教育在世界上的竞争力,从20世纪80年代以来,职业教育与培训的合作越来越密切,越来越重视联合的行动计划。近年来,出于这一政策,成员国和欧共体已经开展了合作,尤其是制定了保证终身教育的战略。在教育政策的制定中具有里程碑意义的是2000年3月在里斯本制定的战略目标③。其中对教育与培训制度确定的目标是"到2010年达到世界一流的质量"和使欧洲成为"世界其他地方的学生和研究人员最向往的目的地"。为此,要求各国教育部长要对该国未来具体的目标做出总的评估,在考虑各国的差异的情况下确定共同关心的问题和工作重点。在委员会的提议和成员国的努力下,2001年3月欧委会于斯德哥尔摩提交了《欧委会对教育与培训制度未来具体目标的报告》。④ 这是欧盟中第一个在教育与培训领域的纲领性的文件,是各国政策之间的一次合作。

2002年11月30日,来自31个欧洲国家(成员国、候选国和EEC国家)的教育部长通过了《哥本哈根宣言》,旨在加强欧洲职业教育与培训方面的

---

① 温家宝. 大力发展中国特色的职业教育[ED/OL]. http://www. edu. cn/20051114/3160298. shtml,2007-2-28.

② 中国高等职业技术教育研究会编. 20年回眸——高等职业教育的探索与创新(1985—2005)[C]. 北京:科学出版社,2006:3—7.

③ Extraordinary European Council of Lisbon[EB/OL], http://www. ena. lu/lisbon-extraordinary-european-council-lisbon-23-24-march—2000-020705882. html,2000-03-23.

④ European Council of Stockholm[EB/OL]. http://www. efta. int/content/publi-cations/bulletins,2001-03-23.

合作。宣言确定了实施具体行动的任务,涉及职业教育与培训的透明度、认证和质量。2004 年的《马斯河公约》和 2006 年的《赫尔辛基公约》分别制定了国家与欧洲范围的优先项目。

以上这些国际和欧洲大气候的变化趋势必推动着意大利国内小气候的变化。意大利根据欧盟确定的目标对国内的教育与培训制度将进行哪些改革和创新?尤其是在新世纪的改革中体现了哪些特征?取得了哪些成就?又存在哪些问题和面临什么挑战?意大利的职业教育的发展会引起我们什么样的思考?会对我国的职业教育带来什么样的启示?所有这些都是本研究所关注的问题和进行研究的目的。

## 二、研究的意义

在 21 世纪的今天,发展经济是我国及世界各国的重任。然而"单个国家成为新的世界经济中心的可能性很小。世界经济中心总体上呈多中心发展趋势,并且呈现出以区域经济体为中心的发展模式,例如美洲自由贸易区、欧洲联盟、东亚地区经济一体化、非洲地区的各种经济合作形态。可以说,实现和拓展区域合作是 21 世纪世界经济发展的主题之一。"①近年来,中国不断加强与世界各国和组织之间的联系。先后出席了东盟和中日韩(10+3)以及东盟和中国(10+1)领导人之间的会晤;极为重视亚欧之间的合作。在东亚一体化进程不断深化的背景下,我国应该如何培养出适应当今一体化、全球化、信息化社会的各个层次的专业技术人才?如何使我国的职业教育事业走向世界?这其中有许多方面我们都可以从世界其他国家和地区的经验中进行学习和借鉴。当然这并不是说把他们的做法直接移植到我国来。然而我们总能在分析他国职业教育的过程中找到和发现一些可以为我所用或值得吸取的经验和教训。

此外,20 世纪 90 年代以来我国的中等职业教育面临最为低靡的状态。许多中专、技校招生困难,它们或被取消,或被合并或升级为大专。中等教育方面,如何处理普通教育和职业教育之间的关系?中等职业教育如何进行多样化的改革和实践?也是我国发展多样化的中等教育所正面临的重大问题。2006 年 6 月,在首届"中外知名高中校长南京论坛"上,中国、美国、英国、法国、芬兰、意大利、新加坡.以及联合国教科文组织、世界经合组织的官员、学者等普遍感到高中教育正面临国际化、多样化的新挑战。论坛期间,中央教育科学研究所所长朱小蔓指出,高中阶段的教育应走多样化发展

---

① 张海冰.欧洲一体化制度研究[M].上海:上海社会科学出版社,2005:161.

的道路。南京市教育局徐传德局长也阐述了南京教育"现代公民、一精多能、国际通用"的人才培养理念。[①] 从上述情况看来,中等职业教育将迎来新一轮的改革。我们的问题出在哪里? 我们的发展方向又在哪里? 而意大利平等、多样、一体化的高级中等职业教育与培训颇具特色,可以为我们提供很好的范例。其职业教育与普通教育之间法律地位的"平等性""一体化""多样化"的教育体制、灵活多样的培养模式、"力求创新"的教育理念等,都有许多值得我们借鉴的地方。

本研究期望能够在实践层面、理论方面和方法论方面有所创新或突破,在研究方法上力求科学化、多样化。为推进和改善我国的职业技术教育做出力所能及的贡献。

# 第二节　核心概念界定及研究对象

## 一、职业教育

《世界教育辞典》:"广义的职业教育是与一般教育相对的概念,指为就业而进行的教育。但通常指对打算从事农业、工商业等生产性职业的青少年进行的教育……职业教育从教育制度上讲,是以后期中等教育阶段为中心的。但在高等教育阶段,如在大学、短期大学和高等专门学校也进行职业教育。作为职业教育单位占主要地位的是高中的职业专业,分为农业、工业、商业、水产、家政等。此外,职业训练学校、经营传习农场、专修学校等分别独自承担职业教育。"[②]

《西方教育辞典》:"职业教育(vocational education)为一个人的未来生涯或职业而谋划发挥其能力的教育活动。就学生正在准备从事更广泛的活动而言,他们能发挥更多的个性和创造性。职业教育或许可以与职业培训相区别。"[③]"职业培训(vocational training)是为达到某一工作或任务所需要的熟练程度而计划传授知识(knowledge)、技能(skill)和态度(attitude)的训练。"[④]

《中国教育百科全书》:"职业教育指在一定文化和专业基础上给予受教

---

① 《教育科学论坛》[J],2006(9):79.

② [日]平塚益德.世界教育辞典[M].长沙:湖南教育出版社,1989:583—584.

③ [英]德·朗特里.西方教育辞典[M].上海:上海译文出版社,1988:378.

④ [英]德·朗特里.西方教育辞典[M].上海:上海译文出版社,1988:349.

育者从事某种职业所需的知识技能的教育。目标是培养实践应用型专门人才,即各行各业所需的技术、管理人员、技术工人和城乡劳动者。内容包括文化和专业知识教育、职业技能教育、职业管理教育和职业道德教育等。在档级上包括高、中、初多种层次,并随着生活、经济、科技的发展而逐渐高移化。在对象上,既有职前培训教育,又有职后提高教育及转业培训。"①

《教育大辞典》:"职业教育(vocational education),传授某种职业或生产劳动知识和技能的教育……第二次世界大战后,由于新技术的发展,世界各国职业教育的实施形式有了很大变化,除设立单独的职业中学和综合中学内设职业科外,还出现企业内培训和公共职业训练等形式。另外对职业教育的涵义也产生不同的理解:(1)仅指培养技术工人的职业技能教育;(2)泛指为谋取或保持职业而准备、养成或增进从业者的知识、技能、态度的教育和训练,不仅包括技能性的,还包括技术性的,与'职业技术教育'同义。"②

## 二、技术教育

据《世界教育辞典》的定义,技术教育"一般是指能熟练操作工具、机械、设备等生产技术为目的的教育。……技术教育不只限于对技术的基础即科学、工程学等诸方面知识的理解,同时,还进行某些(尽管程度不一)实际技能的训练。"③

《西方教育辞典》:"技术教育(technical education)主要是技术学科方面的职业教育(vocational education)(如建筑、工程、农业等),特别是为那些打算寻求技术性工作如技术员(technician)或工艺学家(technologist)等职业的人们。"④

《中国教育百科全书》:"技术教育指培养近、现代生产所需的技术人员和实际操作人员的教育。通常包括专业技术教育和技工教育。"⑤

《教育大辞典》:"技术教育(technical education),(1)培养技术员类人才的职业准备教育。(2)泛指以传授一定技术基础理论并以应用为目的的知识技能教育。区别于运用科学规律阐述自然和社会生活中各种现象发生、发展的科学教育。是对全体劳动者在不同水平的普通教育基础上所实

---

① 张念宏.中国教育百科全书[M].北京:海洋出版社,1991:86.

② 顾明远.教育大辞典(增订合编本)[M].上海:上海教育出版社,2002:2032.

③ [日]平塚益德.世界教育辞典[M].长沙:湖南教育出版社,1989:188.

④ [英]德·朗特里.西方教育辞典[M].上海:上海译文出版社,1988:347.

⑤ 张念宏.中国教育百科全书[M].北京:海洋出版社,1991:86.

施的不同层次、不同内容的专业性教育,培养他们掌握特定劳动的基础知识、应用知识和技能、技巧、包括与各类技术,如自然技术与社会技术、生产性技术与非生产性技术、物质性可见技术与非物质性不可见技术、硬技术与软技术等相关的教育。"①

## 三、职业技术教育与培训

《中国教育百科全书》对我国的职业技术教育、职业技术培训的含义、特点和性质作了解说。

"职业技术教育,职业教育和技术教育的总称,即以改善劳动力素质为目的,使受教育者获得从事某种职业或生产劳动所需要的知识和技能的教育。从广义上讲,职业技术教育既包括就业前为达到一定职业知识和技能要求而进行的证书教育,也包括就业后为更新知识和提高职业技能而进行的继续教育。职业技术教育有两个特点:(1)要从受教育者的文化知识基础出发,保持其连续性,受教育者要继续提高文化知识水平,使能力与技能的开发建筑在深厚的基础上;(2)要对受教育者进行定向培养,使其具有从事某一技术和社会服务的一般理论知识、就业能力和职业道德,要使受教育者了解所在领域的现状和发展趋势,获得必要的结业后的职业进修、转业培训的准备条件,具有职业能力的后劲。"②

"职业技术培训:使就业人员、转业人员掌握一定的职业技能,使在职人员提高职业技能、水平为目的的教育活动。职业技术教育的重要形式。按照培训要求达到的技术水平可分为初级、中级、高级三个层次。培训方式可分为在职培训、半脱产培训、全脱产培训等。"③

职业技术教育的性质是"在一定文化和专业基础上进行的专业技术技能教育。是一种以就业或转业、提高为目标的定向的专门教育,在某种意义上是一种终结性的教育。由各级各类职业学校、高等院校、中专、技校及各种专业技术培训中心、培训班作为教育机构。培养目标为使受教育者掌握相应专业理论知识,成为动手能力强的实践应用型人才和各行各业掌握专门技能的实际操作者。"④

职业技术教育(vocational and technical education):进行科学、技术学

---

① 顾明远.教育大辞典[M].上海:上海教育出版社,2002:652.
② 张念宏.中国教育百科全书[M].北京:海洋出版社,1991:86.
③ 张念宏.中国教育百科全书[M].北京:海洋出版社,1991:87.
④ 张念宏.中国教育百科全书[M].北京:海洋出版社,1991:87—88.

科理论和相关技能学习的教育以及着重职业技能训练和相关理论学习的教育。与其他类型教育比较,偏重理论的应用和实践技能、实际工作能力的培养。大都处于高级中学阶段和高等专科阶段,也有的处于初级中学阶段。培养目标为各层次的技术人员、管理人员、技术工人和其他城乡劳动者。①

联合国教科文组织代表大会(General Conference of UNESCO)在1974年通过的《关于职业技术教育的建议修正案》(Revised Recommendations Concerning Technical and Vocational Education)中,把"技术与职业教育"作为一个综合名词使用。教育内容除了普通教育外,还包括技术和有关科学的学习以及掌握与社会、经济各部门的职业有关的实际能力和知识等。因此,职业技术教育被认为是:"(1)普通教育整体的一部分;(2)就业准备的一部分;(3)终身教育的一部分。"②从这三点说明出发,职业技术教育的比较研究与其他大多数的教育领域有着质的重叠交叉。职业技术教育可以在初等、中等或高等教育水平上发生,既可针对青少年,也可以针对成人,它可以是也可以不是正规教育体系的一部分。③ 由此可见,职业技术教育与普通教育由分裂走向融合已是大势所趋;在以往,职业教育涵盖了技术教育,而此时技术教育开始凸现出它的重要地位,已经与职业教育相提并论。

在1999年召开的第二届国际职业技术教育与培训大会上,联合国教科文组织在正式文件中首次使用了"技术和职业教育与培训(Technical and Vocational Education and Training)"的提法,即TVET。这不只是字眼上的变换,它更表明,职业技术教育的内涵和外延正在发生变化。随着世界范围内新技术革命的深入发展和信息产业的迅速崛起,对从业人员素质的要求不断提高,职业技术教育内容中的'技术含量'也在不断增加。此外,随着各国教育、培训和就业部门之间合作关系的加强,教育、培训和就业相互隔绝的状况有了明显改变,职业技术教育已经成为由职前教育、就业培训和在职培训构成的统一而连续的过程。"④

大多数教育家同意教育和培训构成了从抽象理论到实践的连续过程,教育和培训既有联系又有差别,对学生的发展都是重要的。⑤ TVET 包括

---

① 顾明远.教育大辞典[M].上海:上海教育出版社,2002:2030.

② Unesco. *Revised Recommendations Concerning Technical and Vocational Education* [DB/OL]. http://unesdoc. unesco. org/images/0012/001214/121486eo. pdf,2000-11-12.

③ [德国]T·N·波斯特莱斯维特.最新世界教育百科全书[M].石家庄:河北教育出版社,1991:42.

④ 吴雪萍.国际职业技术教育研究[M].杭州:浙江大学出版社,2004:1.

⑤ 周满生,李韧竹.国际职业教育发展的若干趋势及对我国的启示[J].教育研究,1996(11):8—16.

以下内容：

（1）正规和非正规技术教育；

（2）正规和非正规技术培训；

（3）正规和非正规职业教育；

（4）正规和非正规职业培训；

（5）前职业教育（prevocational education）和培训；

（6）多样化的职业中等教育；

（7）技术和职业再培训。

从性质上划分，技术和职业教育与培训可分为三类：正规教育与培训、非正规教育与培训、非正式教育与培训。

正规教育与培训（formal education and training）是指教育部或类似机构认可的公私立学校或培训机构提供的教育和培训，课程结构很系统，有明确的目标，明确规定入学条件和毕业标准，对学业进行考核和评价。它通常在教室环境中进行，使用核定的教学大纲、文件和教材。

非正规教育与培训（nonformal education and training），指同设施结构系统完整的正规学校、培训机构或学徒制度相区别的大量教育和培训项目。课程相对不系统，没有严格的入学和毕业要求，没有严格规定的目标，其评价制度比起预定标准的正式测验更倾向于非正式的日常个人成绩反馈。其对象包括成年和青年，包括推广教育、伸展计划、成人教育或继续教育。

非正式（或不正规）教育与培训（informal education and training）是指公私立学校或培训机构之外受到的教育与培训，缺乏结构性，主要在工作环境、农村和城市社区进行，通过大众传播媒介在社会群体中或日常生活中随意进行。

对技术和职业教育与培训的模式选择通常有以下三种：

（1）学校模式，以全日制职业学校为基础，提供广泛的普通技术和职业课程；

（2）双元制模式，由学校和企业合作设立各种入门职业培训的学徒计划，部分时间接受学校教育，部分时间在企业训练；

（3）以企业为主的培训模式，或称混合模式，更强调非正规部门的训练。

## 四、意大利职业教育与培训

在意大利的大多数相关文献中所使用的职业教育（istruzione professionale）是指在学校制度中与普通教育的"高中（liceo）"相对应的为就业做

准备的一种教育活动(而"高中"是为升入大学做准备的一种教育机构)。在这里,有必要加以强调的是本文中所使用的"高中"与"高级中等教育"这两个概念之间的关系。根据意大利法 53/2003 对教育制度的规定,学生在结束第一轮教育之后,在 14 岁进入第二轮教育,即"高级中等教育"阶段。该阶段的学校分为进行普通教育的"高中(licio)"(相当于我国的普通高中)和进行职业教育包括技术教育在内的一些学校:"职业学校(istituto professionale)""技术学校(istituto tecnico)"和"艺术学校(institute d'arte)"。本文主要研究的对象是职业学校和技术学校的职业教育问题。

"职业培训(formazione professionale)"这一概念有广义和狭义之分。狭义的职业培训是与学校里的教育相对应的一种体制,是在学校之外的机构,如在职业培训中心或企业内部进行的,为获得工作所需的技能和资格而进行的一种活动。广义的职业培训包括学校里的职业教育和狭义的培训。

培训与教育的概念在使用时有时培训涵盖了教育的概念,有时有所区别,以对应的方式出现。培训从广义上和全球范围的使用来看,与教育有着同样的含义,尽管它们有着明显的区别。例如在提到企业内部的培训时,尽管学校仍是占据社会的中心地位,因为意大利 18 岁以下的青年大部分是在学校接受教育,然而学校在传播知识和价值方面的职责正在受到挑战。最近,在欧洲交替制已被大大提倡。在各个国家教育的概念已逐渐向培训转移。在意大利"教育"这一概念是指由国家负责的学校里的教育活动,"培训"则是由大区负责的在学校之外的培训中心或企业进行的职业技能训练活动。然而由于法 53/2003 的改革把原本属于国家权限的、在学校进行的职业教育放权给大区来统一管理职业教育与培训,从而使学校的功能有所扩大,也承担起一些职业培训的任务。随着欧盟国家对非正式、非正规教育的承认,对终身教育和继续教育的重视,教育与培训的概念的交集越来越大,培训使用的频率和范围也越来越大,学校已不再是唯一接受教育和培训的场所。即使以往在学校进行的正规的职业教育也越来越多地采取双元制、实习和顶岗培训等多种实训的培养模式。教育与培训的含义也越来越趋于同义。

而在意大利"职业教育"和"职业培训"还是有一定区别的。简单地说职业教育是指在学校体系内部进行的,主要由职业学校、技术学校和美术学校等公共教育机构承担的教育活动;而职业培训是指在学校体系之外,由企业或培训中心承担的职业技能的训练。

"职业学校"与"技术学校"这两个词汇,在较大的文化观点来看,是相互依赖的关系,是思与行紧密结合来培养完人。如果"技术"意味着是人的一种财富,可以使人实现自我,同时满足自己的需要;"职业"则意味着是这些技术能力的一部分,这一部分以意识的方式承担着有意义的社会和工作的责任。

本研究的对象重点是意大利高级中等教育阶段(第二轮教育)包括意大利职业教育。同时也略微提及学徒制、工作/学校交替制、中等后的大区培训课程和高级技术教育与培训(IFTS)等有关方面,并与普通教育做比较。因为职业教育不是孤立存在的,它与国家整个的人力资源培训体系的各个部门都有着千丝万缕的联系,是一个不可分割的、不断发展变化着的有机体的组成部分。同时也只有与其他体系的比较中更能体现近年来意大利职业教育所反映出的变化与特点。

本研究所主要涉及的时间跨度是从"二战"后至今的,有关意大利职业教育的历史与发展、变革与现状以及特征与问题。其中将涉及相关的法律、政策、统计数据、制度、教学、质量保障制度与评价体系、管理、人力资源投资及其师资培养等方面。分析意大利职业教育发展和改革的背景与动因,其中主要从全球化及国际竞争对意大利职业教育的影响;欧洲一体化进程对意大利职业教育改革的推动;意大利本国的历史、社会、经济、政治、文化、宗教和教育本身等方面对意大利职业教育的影响和要求三个大的方面来分析。从纵深两个维度来研究意大利职业教育所存在的优势和面临的挑战、所取得的经验与教训以及对发展我国职业教育的启示。

# 第三节　研究方法

## 一、文献法

本研究是基于参考大量的国内外文献资料基础上进行的。本研究收集了大量的第一手的资料,如意大利国家和教育部的有关法律和政策、联合国和欧盟的有关文件和报告、意大利教育部和统计局的相关数据等。一些国家和团体的研究期刊和出版物,如教育部的《公共教育部研究与文献年鉴》(*Studi e Documenti degli Annali della Pubblica Istruzione*)、意大利职业与工作信息服务处(ISFOL)的出版物、以及意大利全国慈幼会中心—职业进修培训(CNOS/FAP)和意大利慈幼会妇女慈善中心—职业培训(CI-OFS/PF)的期刊和书籍、其他学术期刊,如《新中等教育》(*Nuova Second-aria*)、《职业》(*Professionalità*)、《人类学校》(*La scuola d'Uomo*)等。此外还有一些学者的专著等。

## 二、历史法

事物的发展离不开其历史的渊源。本研究重视事物发展的历史规律。从对意大利职业教育发展的各阶段的历史中，探寻影响其存在状态的因素。

## 三、比较法

比较法是比较教育学科最基本、最常用的方法之一。在对意大利与欧盟其他国家、世界主要发达国家以及中国的职业教育的比较中，分析出意大利的特色和发展趋向，以及可为我所用的经验。

## 四、因素分析法

正如萨德勒所说："校外的事情比校内的事情更为重要"。事物的发生、发展都有着外部和内部的动因。本研究将从意大利国内的历史、人口、社会、政治、经济、文化、宗教及教育本身等影响因素，欧洲一体化的促进作用等方面对意大利职业教育的改革和发展的动因进行分析。

## 五、访谈和实地考察法

在研究过程中，本人有幸得到"思高中欧交流基金会"的奖学金资助，前往意大利罗马，在慈幼会大学进行为期一年的学习。期间对从事意大利职业教育与培训的有关学者和专家进行访谈。并实地考察一些职业技术学校和培训中心，进行案例分析。访谈的对象有 ISFOL 的研究人员 F. Ghergo 博士、意大利制造业联盟（Confindustria）的工作人员 D. Tebaidi 博士、国家 CNOS/FAP 主任 M. Tonini 博士、国家 CIOFS/PF 主任 L. Valente 博士。此外还参观了罗马的马得武奇商业技术学校（Istituto Tecnico Matteucci），采访了副校长 G. Laurenza；考察了"Sisto V"职业学校，并对校长 M. Gianiorio教授进行了采访；考察了佩鲁贾鲍思高职业培训中心，采访了 S. Toniorio 校长。

通过对以上研究机构、企业代表、学校三方面的采访，有助于从不同的视角来看待和分析意大利职业教育的本质和特色以及所存在的问题。

# 第四节　国内外研究现状

## 一、主要研究机构和文献来源

### （一）欧洲的研究机构

国际上对有关意大利职业教育与培训的研究比较丰富。主要研究机构是欧洲职业培训发展中心（CEDEFOP）和欧盟的一个教育计划网站：欧洲教育信息网（EURYDICE）。

欧洲职业发展中心和欧洲教育信息网主要是提供欧洲各国教育信息，对了解各国教育现状和政策制定提供参考，但分析研究的成分较少。

CEDEFOP成立于1975年2月10日，主要目的是帮助欧洲委员会促进和发展欧盟成员国的职业教育与培训，对共同关心的问题交流信息和经验。CEDEFOP是链接研究、政策与实践之间的纽带，它有助于欧盟各层次的政策制定者和从业者对职业教育与培训有更好地理解，帮助他们对未来的政策做出决定，帮助科学家和研究人员看清未来的趋势和将要面临的问题。1995年，根据CEDEFOP成立准则的条款3，创办了《欧洲职业培训杂志》（*European Journal of Vocational Training*）。CEDEFOP组织各种研究小组召开研讨对欧洲各国的职业培训进行调查和研究。其中有关意大利职业教育与培训的一些综合报告有10余篇，内容主要涉及意大利职业教育与培训的制度、法律、财政、质量保障、教师/培训者的培养、信息技术的影响以及全球化与欧洲一体化的影响。有关意大利职业教育与培训的各个具体的专业、行业领域内的教育教学方面的论文以及与他国做比较的研究成果相对来说比较多。

欧洲教育信息网（EURYDICE）是1980年欧盟成立的战略机制之一，目的是为了加强成员国之间的合作，增进对制度和政策的理解。Eurydice是苏格拉底计划的一个组成部分。苏格拉底计划是1995—2006年间的一个成员国教育行动计划。Eurydice也是欧盟终身教育行动计划中的一个过渡计划，它协助在该领域的政策开发和欧洲范围内的合作。它的首要目的是为政策制定者和所有参与者提供他们所需要的信息和研究成果。该网络为了促进欧洲在教育方面的合作，为相互交流教育制度和政策的信息，对教育制度共同关心的问题进行研究，主要出版物有对教育制度的比较研究和常规的各国的描述；对共同关心的问题的比较研究，以及指标等。

（二）意大利国内的有关机构

意大利教育部的期刊《公共教育部研究与文献年鉴》（*Studi e Docu-menti degli Annali della Pubblica Istruzione*）、意大利职业与工作信息服务处（ISFOL）、以及意大利全国慈幼会中心—职业培训与进修（CNOS/FAP）和意大利慈幼会妇女慈善中心—职业培训（CIOFS/PF）。此外，还有其他一些学术期刊。

《公共教育部研究与文献年鉴》是官方的一个期刊，主要刊登当时的政策动向，政策决策者的发言和采访，一些研究者的成果等。ISFOL 是一个研究机构，每年出版对意大利教育与职业制度的年度报告，为培训和就业提供信息。CNOS/FAP 成立于 1977 年，它与意大利慈幼会协作提供职业指导、职业教育与培训的公共服务，是一个非营利性组织。它包括地方和大区的 CNOS/FAP 协会，主要通过职业教育与培训中心提供职业指导和初始职业培训。CNOS/FAP 在中央办公室的领导下包括 16 个大区的 60 个中心。办有学术期刊和出版研究成果。

重要网站：

（1）欧洲职业培训发展中心（CEDEFOP）：http://www.cedefop.europa.eu

（2）欧洲教育信息网（EURYDICE）：http://www.eurydice.org/portal/page/portal/Eurydice

（3）意大利公共教育部：http://www.pubblica.istruzione.it

（4）意大利国家教育与培训制度评估所（INVALSI）：http://www.invalsi.it/invalsi/index.php

（5）意大利统计局（ISTAT）：http://www.istat.it/

（6）意大利职业与工作信息服务处（ISFOL）：http://www.isfol.it

（7）意大利全国慈幼会中心—职业进修培训（CNOS/FAP）：http://www.cnos-fap.it

（8）意大利制造业联盟（Confindustria）：http://www.confindustria.it

（9）意大利劳动与社会保障部：http://www.lavoro.gov.it/lavoro

（10）意大利劳动总协会（CGIL）：http://www.cgil.it

（11）意大利总工会（CISL）：http://www.cisl.it/

## 二、文献综述

对意大利职业教育的研究文献，从宏观的整个国家教育与培训制度上来看,按照研究的主题可以划分为以下几个主要的方面:对职业教育制度和培养模式的研究、对改革的有关政策法律的研究、对教师和培训者的研究、对质量保障与评价的研究和对资金的研究;从文献的研究方法和方法论上来看,最普遍的是实证分析,通过定量的数据来说明其观点。也有不少文献从多学科的视角来分析事物发展的背景和动因,如从政治学、经济学、人类学、社会学、管理学、心理学、教育学、哲学、法律等视角来进行研究。此外还有比较研究,涉及的国家主要是欧盟成员国和美国。当然还有大量的文献是从微观的具体的学科教学、某大区或地方的实验研究和个案研究等。本研究主要参考的文献是宏观的研究。

### (一) 对职业教育制度的研究

意大利教育与培训制度的发展经历了从典型的"双轨制"到"一体化"的转变。这主要体现在职业教育/培训与普通教育之间地位上的变化。"双轨制"的特点是"精英教育"占主流,普通教育的社会地位高,是专门为上层社会培养领导人才的教育制度。职业教育/培训则处于从属地位,是以为下层劳动者培养某项谋生技能为目的。从课程上来看普通教育开设拉丁语,为升入大学做准备;而职业教育/培训则不开设拉丁语,为就业做准备。普通教育与职业教育之间不能相互转换,是截然分开的两轨。从 20 世纪 90 年代末开始,意大利的教育与培训制度开始朝向"一体化"的方向进行改革。权利/义务法(法 53/2003)以国家法律的形式正式确定了职业教育/培训与普通教育在地位上的平等性。因此,有许多学者围绕这一变革做了很多深入细致的研究。

福雷苏拉(Nicola Fressura)考察了意大利政治、行政管理和经济背景下的职业技术教育与培训。描述了意大利普通教育和职业教育制度及相关法律,以及来自欧共体的各类资金。作者最后得出结论,认为个人和企业的需求是意大利职业技术教育与培训多样化的原因。小企业的需求、提供职业培训部门的开放性以及新技术的发展是意大利职业技术教育与培训内容和形式发展的重要动因;而欧洲一体化是促进意大利职业技术教育与培训重建的最大动因。[①]

乔治(Alluli Giorgio)描述了意大利初始阶段和继续教育阶段的职业教育和培训及其数量和质量的发展情况。该文从制度的、社会的和经济的各方面论述了 VET 制度产生的背景;从历史发展的角度和国家与地区的责

---

① Fressura, N. *Vocational Education and Training in Italy* [M]. Luxembourg: European Centre for the Development of Vocational Training, 1995.

任分担的角度分析了 VET 的组织结构;从法律和法规的角度描述了 VET 的构成和数量;从资金来源的各种渠道描述了在公立和私立的 VET 上的支出情况;分析了与 VET 质量有关的各个方面;最后,描述了意大利 VET 体制的趋势、愿景和改革。① 另外一份来自 CEDEFOP 的报告《意大利职业教育与培训制度概述》(2003)描述了意大利职业教育与培训制度,介绍了意大利职业教育与培训制度的改革和发展。尤其是 2003 年莫拉蒂改革(Moratti Reform)对意大利职业教育与培训的体制进行了重建,主要体现了权限的下移,给予地方和机构更多的自治权;教育与培训一体化,加强教育与职业的互相转换的流通机制;注重培养质量的提高等方面。②

里其倪(Pierluigi Richini)在其报告《意大利终身教育:意大利职业教育与培训政策对终身教育的影响》(2002)中,评价了终身教育(LL)在职业教育与培训(VET)中的范围与程度,在综合化框架下政策制定的原则、立法形式,成人教育、继续教育、远程培训、自我培训以及在国家指导下的改革措施的重要性,现行教育模式之间的合作、新课程模式、学习环境、培训者的能力,强调在正确运用 LL 原则对解决意大利教育制度中存在的问题的重要作用。③

该研究把职业教育放在整个终身教育大的框架下进行研究,相对于前者的研究来说在方法论上有了进一步的提升,能够从发展的眼光、联系的观点看待意大利职业教育与培训对终身教育的实施的促进作用。但存在的同样问题也是分析不够深入。

福雷苏拉把意大利职业教育与培训按照提供者的类型分为由学校和大学提供的职业教育、由地方当局提供的职业培训和继续职业培训。而乔治及后来者大都按照受教育/培训者接受教育和培训的不同时期将其分为 2 类:(1)初始阶段的职业培训,包括学校教育中的职业流、大学层次中的职业培训和地方职业培训体系以及企业内的学徒制和培训/工作合同;(2)继续职业培训。从划分的标准的不同可以看出前者重管理/组织者,后者重受教

---

① Giugio,A. & D' Agostino,S. & Donati,C. *et al. The Financing of Vocational Education and Training in Italy:Financing Portrait*[M]. Berlin:Cedefop-European Centre for the Development of Vocational Training,2001.

② Cedefop. *Sistema di istruzione e formazione professionale in Italia:Breve descrizione*[R]. Lussemburgo:Ufficio delle pubblicazioni ufficiali Comunità europee,2003.

③ Richini,P. *Lifelong Learning in Italy:The Extent to Which Vocational Education and Training Policy Is Nurturing Lifelong Learning in Italy*[M]. Berlin:Cedefop-European Centre for the Development of Vocational Training,2002.

育/培训者;前者体现了以"学校/教师为中心"的教育理念,或者体现了以"学习者为中心"的教育理念和"终身教育"思想。此外,后者也是为了欧洲一体化统一术语和概念的需要,更体现了 20 世纪 90 年代中后期制度重建后普通教育与职业培训综合化的趋势。

然而,他们的论著中对于政策的制定、法律的出台以及实施的情况均缺少深度分析。分析问题的视角也仅仅局限于人口、经济、法律、管理、评价几个方面。

### (二)对职业教育性质与地位的研究

在意大利的研究者中对"双轨制"的批判研究推动了教育制度的改革。最明显的例子是从 2001 年 9 月开始,时任教育部长莫拉蒂女士在以教育家贝塔亚(Giuseppe Bertagna)为首的委员会工作的基础上,对以前的学制重组的法律及与此相关的各种规定,以不同的方式重新进行了改革和重组。贝塔亚等人①②③在多部论著中对意大利高级中等学校的发展和改革的历史与未来提出了相当有价值和进步意义的建议,对意大利的教育改革提供了理论指导。但是,不足之处是他是一位教育家,不是一位经济学家,有些引用的经济方面的论据显得有些偏颇。

接受义务教育的青年可以在初中毕业后选择根据法律规定的不同的路径,这包括那些职业教育和职业培训的路径。所有路径的目的都是为了获得高级中等学校学术证书或在 18 岁前获得 3 年制的职业资格证书(法 296/2006,第 622 款)。

仍在继续的法律改革进程中,有很多需要强调的东西。一是强调职业教育的资格证书与学校教育的学术证书具有平等性。职业教育不再是终结性的而是开放的,它也具有教育性和连贯性。正如法 53/03 所规定的,在第二轮的教育中的前 2 年,所有的路径有着同样的目的(普通的和职业的)。在不同路径的前 2 年里,这一平等的"统一"的目的,旨在保证受教育者获得关键的能力,成为积极的公民。

马利兹亚(Malizia,G.)指出,在欧洲国家职业培训已经不再仅仅是为

---

① Bertagna,G. *Penelope e gli Indovini:la Riforma della Scondaria tra Passato e Futuro*[M]. Roma:Unione Cattolica Italiana Inseganti Medi,1992.

② Bertagna,G. *L' autonomia delle Scuole Motivazioni*, *Problemi*, *Prospettive*[M]. Brescia:La Scuola,1997.

③ Bertagna,G. *POF:Autonomia delle Scuole e Offerta Formativa*[M]. Brescia:La Scuola,2001.

了培养手工艺人,也不是与教育截然分离,而是培养与知识和工作世界有关的技能,以及工作文化。学校也同样对工作文化有兴趣。职业培训不是处于边缘的地位和终结性的制度,其教育原则是基于现实经验,根据具体方式,来满足人全面发展的需要,并把这种需要反映在工作实践上。它可以对人格的培养进行干预。但这并不意味着是与教育一样:教育重在培养学生的"知",职业培训重在培养学生的"行"。①

倪寇力(Nicoli)也认为,职业教育与培训具有重要的价值。所有提供的培训都具有与普通教育同样地位的文化、教育和职业的价值。只不过各自有着自己的特色。②

正如最近教育部的一份报告中所指出,意大利中等学校的课程模式是建立在知识的等级上,它没有明确规定人文学科高于科学学科,但哲学是这一金字塔的顶端,物理和其他科学学科处于上部。这一组织理念在意大利已有一个世纪之久,是人文文化与科学文化、教育与工作之间不断分化的结果,这是使得职业与技术学校的地位低的原因之一。③ 报告提出,知识与性向没有高低之分,是平等的。不是单一的智力概念,而是多元智力。即智力是多种多样的,是没有等级制的,这一观念有助于克服一种智力低于另一种智力的错误思想。其次,一个学生在"自然"或"空间"方面有优势的智力并不比另一个在"语言"或"逻辑—数学"方面有优势的学生高或低。对实践活动或对技术装置的热情不仅不是一种低下的智力,而是个人和社会的资源。④

总之,从对职业教育/培训的性质和社会地位的认识论的发展历程来看,主要经历了三大过程,即从科技发展的角度,到人力资本的视角,到运用多元智力的理论。很难说这三种认识论哪种更先进,它们从不同的维度来看待职业教育/培训的重要性,从而从理论上提升了职业教育/培训的地位,为职业教育/培训的发展起到了推动作用。然而现实中要改变人们传统的思想和对职业教育/培训的偏见不是一日之功,真正使职业教育/培训的社

① Malizia,G. *La legge 53/2003 nel quadro della storia della riforma scolastica in Italia*[A]. Milano:FrancoAngeli s. r. l,2005:42—63.

② Nicoli,D. *Un sistema di istruzione e formazione professionale di impronta europea*[J]. Rassegna Cnos:problemi esprienze prosspetive per l' struzione e la formazione professionale,2007,23(1):35—50.

③ Mpi. *Persona,Tecnologie e Professonalità:Gli Istituti Tecnici e Professinali come scuole dell' innovazione*[ED/OL]. http://www. cislscuola. it/files/MPI_DocumSu-IstTecnProf_3mar_08. pdf,2008-03-03.

④ 同上.

会地位与普通教育实现平等还有很多方面的制约因素需要克服。

（三）对课程的研究

公共教育部关于"高级中等教育中职业学校前两年的课程对知识和能力的规定"列出了在高级中等教育中青年所需具备的知识和能力，它是作为积极的公民所应具备的基本的知识和能力，这是所有青年必须在义务教育结束时应该具备的，无论他在初中毕业后选择的是何种路径（法 296/2006，第266 款）。

法学专家认为，这既是按照欧洲建议的终身教育中所有公民应该具备的关键能力，也是欧洲近年来的改革经验，还是 3 年制的培训试验的成果，即对关键的学习领域划分为 4 类公民的能力（语言领域、科学领域、技术领域、历史—社会—经济领域）（CU2004 年 1 月 25 日协议关于最低培训标准的基本能力）。①

意大利天主教学校教育协会主席马利兹亚对 5 年制的计划课程中的宗教方面不太满意。他认为，教育制度的重组没有对同等学校（私立学校）进行适当的考虑。对教育与培训制度的改革一方面加强了教育与培训的统一，另一方面引入了自治、平等的理念，在培养计划中保证不同的教育的文化的价值，是对社会中各种不同的教育要求的回应。在对学校课程的重组中不仅要给国立学校以自治权，还要给同等学校自由制定有关具体的文化指导和教育—教学方向的计划的权利。②

他还认为，普通文化开辟了理解世界的道路，赋予人们获得真正意义的能力，以创新的方式来理解和做出判断的能力。它也是适应经济和工作变化的首要工具。在这一点上必须强调普通文化的教学是教育与培训的基本任务。这一任务的意义必须理解为：学校和职业培训的基本任务不是给人们提供一个经济的工具，而是帮助全面发展其潜能。③ 他强调，新的信息技术使文化支离破碎，那么知识社会就更需要加强对普通文化的学习。我们正在走向新的社会结构中，要求我们要有能力控制复杂的不可预知的情况。要求能够面对不断变化的社会情况、地理与文化背景和不断变化的目标。

① Salerno, G. M. L' istruzione e la formazione professionale dopo la legge finanziaria2007[J]. RASSEGNA CNOS: problemi esperienze prospettive per la formazione professionale, 2007, 23(1): 21—34.

② Malizia, G. La legge53/2000 nel quadro della storia della riforma scolastica in Italia[A]. Milano: FrancoAngeli s. r. l. 2005: 42—63.

③ Malizia, G. e Nanni, C. Istruzione e formazione: gli scenari europei[A]. Roma: Cnos-Fap e Ciofs/Fp, 2002.

能够在信息爆炸的支离破碎的片段中,和对此成倍增加的解释和片面的分析中,找到有用的信息。普通文化打开了通向智力世界的道路,能够储备、收集和解读有用的信息,并加以创造和判断。①

科瑞森和弗雷(Cresson e Flynn)也认为,"知识和能力的获得必然伴随着人格的培养,文化的开放和对社会责任的兴趣"。②

倪寇力(Nicoli)认为③,提供职业教育/培训的制度僵硬,近 10 年来在职业化方面一直很差,而一直强调其历史和百科全书式的课程,缺少教育性(教学内容脱离现实);缺少在第二轮教育中所有选择的公民能力的统一标准,在学校和社会之间仍存在很大距离,最终导致缺少弹性化和个性化。

从上面的观点来看,主要的矛盾是在课程中如何处理普通教育与职业教育之间的关系。欧盟和官方的规定强调基本能力的培养,以适应社会和职业的变化。这无疑从理论上来说是正确,也是受到广大教育研究者认同的主流观点。但另一方面在实践中要兼顾普通教育和职业教育必然要增加课时量,因此在职业与技术学校中的周课时量平均为 36 学时,而普通高中的周课时仅为 28 学时左右。无疑职业技术学校里学生的学习任务更重。而另一方面,现实中职业技术学校中的学生学习的动机和成绩合格率均低于普通高中的学生。过多的课时和普通文化课程削弱了职业学校的职业性的特征,令学生感到压力很大,辍学率也高。因此,从文献上来看理论研究很多,而对实际情况的调查的个案研究较少。因此本研究在这方面所做的一个补充是对几所职业技术学校进行实地考察和采访。

（四）对质量保障与评估的研究

1. 职业教育/培训质量的定义的发展

从整个欧洲对质量评估的研究来看,在 20 世纪 90 年代,由于职业教育/培训的方式发生了很大的变化,因此对质量的定义也呈现了多样化。

在 90 年代初,法国的一些研究者(Le Borterf,Barzucchetti,Vincent)试图对职业教育/培训过程采取整体质量管理(TQM)理论。该方法的主要观

① Malizia,G. *La legge53/2003 nel quadro della storia della riforma scolastica in Italia*[A]. Milano:FrancoAngeli s. r. l. 2005:42—63.

② Cresson,E. e Flynn,P. *Insegnare e Apprendere:Verso la società conoscitiva*[M]. Bruxelles:Commissione Europea,1996:49—51.

③ Nicoli,D. *Un sistema di istruzione e formazione professionale di impronta europea*[J]. Rassegna Cnos:problemi esprienze prosppetive per l' struzione e la formazione professionale,2007,23(1):35—50.

点是:①顾客导向;②服务质量;③对质量过程的控制/管理;④采取多方参与方式;⑤使用测量工具的制度化。①

这些方法的应用可以在欧盟的有关培训质量的资料中反映出。在1994年12月5日,欧洲委员会的一个决议提出了关于职业教育与培训质量的问题。1996年,CEDEFOP对来自7国——比利时、丹麦、德国、希腊、荷兰、葡萄牙和西班牙——的关于质量的报告做了总结,它对质量的定义有着不同的观点:

(1)质量是一个绝对值(优秀);

(2)质量在于产品;

(3)质量是顾客的满意;

(4)质量在于过程(符合规格);

(5)质量在于性价比最优化。②

对质量的评估的讨论由赛弗雷德(Seyfried)进一步扩大化,尤其是对评估政策和编程。他认为,对培训计划的质量评估有3种方法:一是基于目标与结果的一致性,这里质量就是指实现目标的程度;二是,基于过程;三是基于背景。③

CEDEFOP对5个欧洲国家的职业培训计划的质量报告的分析表明,没有同一时期相对应的背景、过程和结果。然而,如果分别从选择的方法和指标来看,培训质量与就业率的联系是核心的问题。④ 虽然有些学校认为高就业率已经是质量指标,但也有人认为还缺乏对就业与培训之间的逻辑关系进行检验。⑤

---

① 转引自 Isfol. *A European Approach to Quality in Vocational Education and Training: Approach to the Evaluation of the Quality of Italian Vocational Training System (2002)* [R]. Luxembourg: Office for Official Publications of European Communities, 2002.

② Cedefop. *Evaluation of European Training, Employment and Human Resource Programmes* [R]. Thessaloniki, 1996.

③ 转引自 Isfol. *A European Approach to Quality in Vocational Education and Training: Approach to the Evaluation of the Quality of Italian Vocational Training System (2002)* [R]. Luxembourg: Office for Official Publications of European Communities, 2002.

④ Cedefop. *Evaluation of Quality Aspects in Vocational Training Programmes* [R]. Luxembourg: European Centre for the Development of Vocational Training. Thessaloniki, 1998.

⑤ Brunello, G., Comi, S. e Lucifora, C. *Returns to Education in Italy: a Review of the Applied Literature* [A]. ETLA, Helsinki, 1999.

在欧盟政策中,尤其是下发的文件"职业培训质量欧洲论坛"(2001年5月)。认为质量的概念与培训的效率有关。这表明欧盟与成员国的合作计划实现了下列目标:

(1)人们的就业能力(尤其是那些参加职业培训者);

(2)培训的供需更加平衡;

(3)更易获得培训的途径,尤其是那些在劳动市场处于弱势的群体。[①]

欧洲委员会强调了劳动力的质量,并认为它与竞争力和融入社会的能力有必然的联系。技术和能力,不管是基本的还是高级的,都决定了就业的质量和产量的增加。资格低或缺少与失业有着密切的联系,同时也意味着薪水低和贫穷。总的来看,培训质量、就业质量、相关产业的质量和社会政策制定的质量是实现全部就业和所具有能力的目标的重要因素。

近年来,欧洲质量这一话题也与培训机构的(质量)标准和证书有关。培训制度的质量证书和培训结果鉴定采取的是 ISO 9000 框架。ISO 9000证书满足了下列需要:

(1)对质量体系的一般要求(管理的职责、质量和程序指南、任命质量管理者、提供适当的资金);

(2)需要保留重要组织的程序文件;

(3)需要有具体的质量控制机制。[②]

在意大利,对培训机构鉴定的规定根据 2001 年 5 月 25 日的部级第166 号法令开始实施。

在公共服务框架下的培训质量也被广泛讨论。在这一背景下,对质量的评估基本与对结果和影响的评估是一致的。相关产品的质量,如公共服务,只能依据过去的情况,对中长期的效果进行评估。然而,服务质量也意味着确定一个标准。这是一个一次性的行动。这些标准必须根据用户的结果来定。否则就会有官僚作风的危险——只关注对产生重要结果的官方控制。

Isfol 根据培养方式的不同对职业教育/培训的质量的定义和实施领域

① Isfol. *A European Approach to Quality in Vocational Education and Training: Approach to the Evaluation of the Quality of Italian Vocational Training System* (*2002*) [R]. Luxembourg: Office for Official Publications of European Communities, 2002.

② Cedefop. *Application of ISO 9000 Standards to Education and Training* [R]. Thessalonki, 1997.

进行了总结,见表 1-1:①

表 1-1　质量的定义:培训方式、定义和应用领域

| 培训方式 | 质量的定义 | 应用领域 |
|---|---|---|
| 作为一种教学活动 | 质量是最佳的教—学过程 | 过程和达到的结果 |
| 作为对顾客的服务 | 质量是顾客的满意 | 产品 |
| 作为一种公共服务 | 质量是达到规定的标准 | 过程 |
| 作为一种合作功能 | 质量是 TQM | 产品与过程 |
| 作为一种经济活动 | 质量是控制和加强结果与组织/体制 | 产品与过程 |
| 作为一种政策 | 质量是根据分配的资源达到所规定的级别 | 投入、产出、结果与影响 |

私有单位倾向于把职业教育/培训的质量看作是一种合作的功能,因此应用 TQM 技术。另一方面,培训的提供方倾向于把质量解释为资格证书/鉴定证书,也是因为最近在这方面的导向的规定。在意大利也偶尔使用顾客的满意度的工具来对质量进行掌控。

在欧盟,培训开始主要作为一种政策来看,质量是以实现目标的程度、对产品、过程和背景的分析来衡量。然而还没有系统的组织工具和该方法的有意义的经验。

在对不同的方法进行研究之后,决定使用"积极劳动政策"作为解释培训制度质量的关键。帕森(Pawson)和泰勒(Tilley)对这一方法做出了有意义的贡献,他们通过对机制的研究,认为在一定背景下,一定的投入,就会得到一个确定的结果。② 例如,他们认为,把结果和投入联系起来足以判断一个计划,人们也必须研究机制,通过这一机制的特定背景的投入就会获得某种结果。他们通过一系列的特定背景的鉴定指标,试图指出该机制对产生确定的结果真正地"起作用"。赛弗雷德根据帕森和泰勒的逻辑,认为鉴定培训质量的最好的方法是考虑效果(与对目标/结果的期望值有关)和过程

① Isfol. *A European Approach to Quality in Vocational Education and Training:Approach to the Evaluation of the Quality of Italian Vocational Training System (2002)*[R]. Luxembourg:Office for Official Publications of the European Communities, 2002.

② Isfol. *A European Approach to Quality in Vocational Education and Training:Approach to the Evaluation of the Quality of Italian Vocational Training System (2002)*[R]. Luxembourg:Office for Official Publications of the European Communities, 2002.

(参与者实现了他们宏观的目标)以及背景(产品和过程在其中进行实施)。只有这种方法,具体指标产生的信息才有意义,因为获得的积极和消极的信息是在这一背景下产生的。

这一方法预防了在检验培训质量时常犯的错误。例如,在国家和多方合作者之间的协议证明,密切的合作伙伴关系是制度化质量的指标之一(多方积极性的程度)。但是,有时虽然没有正式的协议,但在参与者(培训提供者、管理者、公司等)之间仍有着同样密切的网络关系,他们出于各种原因在培训的不同阶段(规划、实施和鉴定)参与进来。

2. 鉴定方法的规定和制度背景

ISFOL 为了对意大利职业教育/培训制度进行鉴定,对意大利相关的规定和制度框架的变化进行深入地考虑。尤其是下列方面的政策:

(1)在国家法令中对培训的认证是一个积极的劳动政策;

(2)新的 ESF 计划有力地推动创新;

(3)去中心化进程使决策过程逐渐转移给地方层次;

(4)大区和省行政对计划选择的责任越来越大。①

这些转变促使 ISFOL 工作组选择统一的鉴定方法,并对方法论的路径做出纲领性的规定:

(1)把职业培训看作是一项积极的劳动政策而不是一项服务、共同的职责或教—学过程;

(2)采纳职业培训质量欧洲论坛(2001 年 5 月)规定的方法,即认为制度的质量是在一定投入和目标下,产生有效结果(产出和结果)的能力。换句话说,通过这些工具,制度按照用户的需要控制工作。在这一背景下,提供培训的质量也取决于规划和实施过程的质量;

(3)采纳赛弗雷德的理论,根据最新的文献,对某个鉴定模式的结果、过程和背景进行考虑;

(4)在个别的分析研究中选择制度化和综合性方面的分析层次。②

因此,对职业教育/培训质量的鉴定被认为是对整个政策的效率、效果和影响的方面和变量进行鉴定;质量不代表鉴定的目标,而是分析标准和鉴

---

① Isfol. *A European Approach to Quality in Vocational Education and Training*:*Approach to the Evaluation of the Quality of Italian Vocational Training System* (*2002*)[R]. Luxembourg:Office for Official Publications of the European Communities, 2002.

② 同上.

定的结果；该鉴定试图比较各大区的情况，在不同的背景和战略政策结构下，来发现不同的质量水平；考虑到该评估研究的制度化的性质，一些质量的重要元素，如对培训机构的鉴定和用户的满意，将在方法中予以考虑，并使用这种类型的分布和质量指标。

3. 质量评估的领域

职业教育/培训制度由两个分体系来支撑。一是供应体系，即规划和资助机构（中央和外围的公共行政、大区权力机关）以及培训提供者（学校、公司、非赢利组织、社会和积极联合机构、公共机构、培训提供者等）；另一个是需求体系，由用户（潜在的、正在接受的和已经获得的受教育/培训者）和经济部门组成，尤其是与商业和公共行政有关的部门。

如果我们把职业培训看作是一种政策，我们必须用不同的方式来看待这两种体系。供应体系的培训提供者和活动类型是分析的重点。需求对体系间接地分析，不仅分析其政策制定和实施的背景，而且分析其实施活动的影响。

根据帕森和泰勒在大区职业培训制度中实施的"现实主义的评估"方法，和在表 1-2 中总结的赛弗雷德对培训质量评估各有关领域的方法。这些与质量有关的领域是需要进行评估的关键。[1]

**表 1-2　意大利大区职业培训制度和评估领域**

| 参与者 | 过程阶段 A | 过程阶段 B |
|---|---|---|
| 国家和欧洲机构参与者 | 产出 | 欧盟和国家目标 |
| 大区政府 | 战略规划 | 短期计划 |
| 大区政府 | 行动计划 | 相关条件 |
| 大区政府和培训提供者 | 实施 | 培训项目 |
| | 对实施、结果、影响和用户满意度的评估 | 效果 |
| C | 背景＝经济和人口；国家和欧洲的评估规定；其他外部因素 | |

注：A. 过程评估；B. 产品评估；C. 背景识别。

第一栏是制度中主要的参与者：大区政府和培训提供者。在这一方法中，没有对涉及的受益者进行分析，而是分析了积极的参与者（在检验社会

---

① Isfol. *A European Approach to Quality in Vocational Education and Training：Approach to the Evaluation of the Quality of Italian Vocational Training System* (*2002*)[R]. Luxembourg：Office for Official Publications of the European Communities, 2002.

福利服务时,仅考虑了"顾客满意"的不断增加的重要性)。在这方面,它们是实施过程的背景元素的一部分,是作为产出的一部分产品(即接受培训的人数)和结果(即总就业率)。国家和国际机构的参与者也是过程的一部分,因为在制定政策时,他们对制度的投入负责。

第二栏呈现政策制定过程的不同发展阶段。根据对欧洲和国家层次投入的界定,管理机构对自己的规划工具进行了规定并在该背景下对指导方针重新进行解释。在实施过程中,大区政府和培训提供者共同对提供培训的要求进行了规定。最后,评估详细说明了从事的活动的产出和影响,以及用户的满意度。A栏显示了这些特征,并引出评估过程。

最后一栏显示了主要的"产品阶段",它是从上述一栏的政策过程中得出的。欧洲和国家的目标是被评估的制度的外部元素,但又是至关重要的元素。策略规划阶段的产品是大区产出制定的各种文件。他们对参与者和受益者的类型有所突破。这些行动的成果将从结果和影响方面进行阐述。不同的"生产阶段"代表第二个评估层次,即B,对"产品阶段"的评估。

第三个分析领域在C中表明,是关于"背景的规定"。正式对背景元素的规定,不仅关于地方经济——人口的变化,而且有关国家和欧洲对评估的规定(即意大利对正在学校进行的改革和在大学实施的改革展开的讨论)。任何可能影响规定和政策实施的外部因素都列在这些背景元素中。

4.评估的方法和步骤的研究

ISFOL质量评估组对意大利职业教育/培训制度的评估设计了下列步骤:

第一步是对评估领域的突破和绘制出定期质量评估的维度和决定性指标。图1-1表明了在方法路径框架下质量的主要维度。

图中强调了3个宏观领域:

(1)政策过程:从战略规划阶段到计划实施;从实施到评估。对过程的分析延伸至评估活动是合适的,因为该活动是对政策过程的反馈,是培训制度质量的一个关键因素。对战略规划和计划实施的分析,考虑"生产阶段"有关的方面:规划文献和政府颁布的有关条款;

(2)培训供应:参与者(大区政府和培训提供者)和培训项目;

(3)产出、结果和影响:是分析培训制度质量的至关重要的方面。[1]

---

① Isfol. A *European Approach to Quality in Vocational Education and Training*: *Approach to the Evaluation of the Quality of Italian Vocational Training System* (2002) [R]. Luxembourg: Office for Official Publications of the European Communities, 2002.

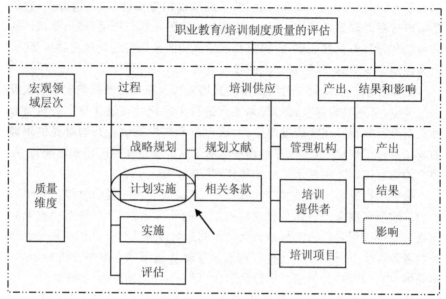

**图 1-1　质量维度**

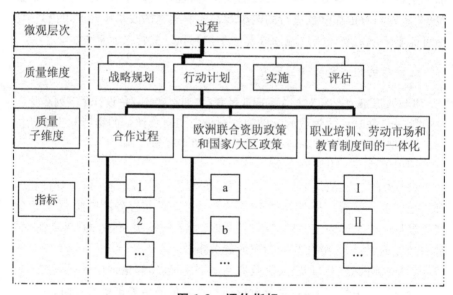

**图 1-2　评估指标**

注：1.地方社会和经济合作者之间的协议的存在和功能性；2.职业培训和积极劳动政策间的一体化水平；a.资金和政策间的补充程度（取代的危险对资金和政策间的影响）；b.资金来源和政策在针对同一目标群时的协调程度（政策效力的测量）；Ⅰ.对培训学分的互认；Ⅱ.为获得正规技术认证的联合项目。

在图 1-2 中显示了对质量维度最初的假设。实施计划首先划分为一些

维度,然后再分为单个的因素。在这个案例中也强调了3个质量的维度,然后再分解为更多的具体因素:

(1)合作过程(在不同的利益相关者之间);

(2)欧洲联合资助政策和国家/大区政策间的协同作用;

(3)职业培训、劳动市场和教育制度间的一体化。[1]

在确定了分析领域并分解为子集和质量因素之后,对评估指标进行了确定。指标将基于不同的定量和定性的方面,并尽可能地使指标从政府信息资料中吸取,尤其是那些与欧洲社会基金(ESF)监控数据库有关的资料。

只有指标还不够,一个衡量制度还需要考虑这些指标的战略上的重要性。此外,要能够使数据在不同大区具有可比性。因此有必要对背景因素做进一步的研究。这些背景因素影响政策制定、实施和在不同大区培训制度的作用,正如在表1-2中C部分所示。

综上所述,ISFOL在对欧洲有关职业教育/培训质量评估的方法和策略进行综合和吸收之后提出了自己完整的质量评估的体系。该体系首先对评估的领域有所突破,从欧洲层次制定的指导方针与意大利和各大区的模式为出发点,对职业教育/培训制度的政策制定和实施过程以及产出、结果和影响进行评估,对提供者进行评估,并考虑到所处的背景因素。该研究在质量评估的理论和方法论上做出了重要的贡献,但不足之处是对背景因素分析过于简单,没有进一步深入展开。

## (五) 对教师和培训者的研究

阿姆布鲁斯欧(Ambrosio,T.)等对意大利、爱尔兰和葡萄牙三国从事职业培训的教师和培训者进行了研究。[2] 该研究对有关教师与培训者进行培训的意大利政治与制度、文化方面、协会、组织和资源中心等方面进行了分析;对教师和培训者的类型和任务分别进行研究。该研究为促进教师在欧盟内的流动性提出了实践上的工具,提供了可以交流学习的模式。但该研究仅仅对三个国家分别进行描述,并没有进行任何的比较分析。

考特等(Cort,P. et al)的报告《未来VET教师专业化》对意大利等7个

---

① Isfol. *A European Approach to Quality in Vocational Education and Training：Approach to the Evaluation of the Quality of Italian Vocational Training System* (*2002*)[R]. Luxembourg：Office for Official Publications of European Communities,2002.

② Ambrosio,T. *Teachers and trainers in Vocational training*,volume 2：*Italy, Ireland and Portugal*[M]. Luxembourg：Office for Official Publications of the European Communities,1995.

欧盟国的 10 个案例进行了比较研究。该研究项目是基于赫尔辛基工作室（TTnets）的研究成果，即确认是基于各国 TTnets 收集的案例进行研究，各合作国（丹麦、芬兰、法国、意大利、荷兰、挪威和葡萄牙）各收集 4—5 个案例。对其中 10 个案例进行了更深入的研究。

研究表明，许多国家正面临或即将面临从事职业教育与培训（VET）的教育者和专家短缺的问题。这使得改进教师和培训者的培训势在必行。许多有关职业教育与培训的改革已经对此问题予以足够的重视。[①]

研究发现，在所有被研究的国家中，VET 改革已经对组织教学和教师的实践工作和教学技术带来了重要的影响。在许多欧洲国家，VET 改革也意味着许多专业教育者不再具有官方要求的资格证书。

案例研究指出，教师需要获得一些技术和知识并对他们进行培训。这包括：

（1）符合以学习者为中心理念的教育技术和现代教育理论（教育现代化）和对接受培训者提供的在职学习技术；

（2）与现代科技和工作实践有关的最新的职业技术（职业现代化）；

（3）对商业和雇主的需要的认识；

（4）小组和网络工作的能力；

（5）管理的、组织的和交流的能力。[②]

研究表明，已经有对 VET 教师和培训者提供这些技能的战略项目。一些不同的项目展示出相同的基本趋势。在欧洲许多国家，继续教师培训项目采取了"双元制"方法，这是把理论工作与在自己学校的实践工作互相交替进行的一种方法。另外一种趋势是教师在企业工作 2—3 个月，即所谓的在岗学习方案，来更新他们的职业能力。参与者认为这一项目提供了鲜活的经验，激发了他们的动机并使他们的培训更具有现实性。参与在岗学习的教师加强了与企业指导教师和管理者的联系。这种联系也有助于以后他们帮助自己的学生。同时，与专业的职业教育教师的密切联系也对工作岗位的指导教师有益，他们一般没有接受过教师培训。

研究指出教师的职业福利问题，是一个被忽视的问题。尤其是在国家的 VET 制度努力招聘新教师和保留现有的教师的时期。案例研究确认了一些教师福利的重要问题并提出了具体的制定战略的例子来提高 VET 教

---

① Cort, P., Härkönen, A. e Volmari, K. *PROFF-Professionalisation of VET teachers for the future*[M]. Luxembourg: Office for Official Publications of the European Communities, 2004.

② 同上.

师对自己工作的满意度。①

　　该研究项目的重要贡献是对政策制定者和培训的参与者提出了许多具有建设性的建议：

　　1. 对政策制定者的建议

　　（1）对 VET 改革应该提供充足的资金来源以对 VET 教师和培训者进行有效的培训。尤其是对那些缺少正规教师资格证书的人员来说，发展他们的事业更加重要。

　　（2）政策制定者应该重视教师角色的改变和扩大。在对教师的未来角色的界定中产业和工会应该更加积极的参与。国家政策应该允许教师角色、任务和工资具有地方差异。培训应根据不同的种类对 VET 职员的不同要求和当地需要而有所不同；

　　（3）对 VET 人员的培养政策应该考虑非教学人员的需要。应该对中层管理人员和非教学人员提供更好的培训；

　　（4）加强对工作岗位的指导教师的培训非常重要，他们中的很多人没有教学背景和正规的教学资格证书。为实现这一目的的策略之一是鼓励具有教学技能且符合要求的教师参加在岗学习计划，这样他们就可以把他们的技能传授给企业的指导者。

　　（5）所有利益相关者（包括产业界和工会）以主人翁的身份参与到对教师和培训者进行培养的规划和设计活动中来，尤其重要的是要包括那些参与计划的教师和培训者。因为如果参与者感到改革是从上面强加给的，会引起抵制情绪，从而阻碍改革的实施。而如果他们感到他们自己是改革的主人翁，则改革很有可能实现其目标。

　　（6）高效的 VET 要求培训机构与企业密切联系，使 VET 的学生更加容易地从学校过渡到工作。这最好采取理论学习和在岗学习交替进行的方式，政策制定者应该为实施这一"双元制"的培训制定指导方针。

　　（7）对教师的培养采取"双向式"。教师本身应该参与在岗学习，使他们跟得上新科技和工作技术的发展，保证他们能够提供给自己的学生相关的培训，同时有效地帮助学生实现就业。

　　（8）政策制定者应该清楚地认识到教师会对 VET 改革带来的巨大变化。因此，政策制定者应该对教师的福利予以更大的关注——减少工作量，

---

　　① Cort, P., Härkönen, A. e Volmari, K. *PROFF-Professionalisation of VET teachers for the future* [M]. Luxembourg: Office for Official Publications of the European Communities, 2004.

改进经济激励和努力为他们提供更满意的工作环境；

（9）从终身教育的角度来看，在职培训应该经常化和强制性。初始的教师培养不可能保持教师在整个超过40年的职业生涯的专业化。①

2.对参与者的建议

（1）有成效的 VET 的关键是创业者要与在将来为学生提供就业的企业保持密切的联系。这就要求培训机构的管理者和教师要与他们合作的企业保持密切的和持久的联系。这些联系可以通过教师和工作场所的制定者的"结对安排"来实现。工作安置是另外一个有效的工具，它提供教师活生生的和具有激发性的经验。在企业的实际培训期使教师更新了他们所教领域的知识和能力，并鼓励他们进行新的教学方法和材料的试验，给他们现实的和整体的职业印象，给他们的教学带来了现实意义的元素。

（2）在职培训应该提供教师能够胜任新职责的知识和技能。为实现这一目标，教师需要具有适当的理论背景（即有关 VET 法律的本质和目标、雇主需求的变化、新教学方法、如何使信息与通讯技术融入教学中）。教学要理论与实践相结合，这要求教室教学和在岗学习。他们必须要有广泛的在岗培训——使他们对需求有清楚的认识，跟的上工作实践和科技的最新发展，与企业管理者和指导者建立网络关系；

（3）现代 VET 教师的角色不仅仅是教学，而且要指导学生做出教育选择。同时他们还是顾问，从事行政和管理工作、计划、从事科研和与同事及外部的合作伙伴（其他机构、企业、公共权力机关、家长等）进行合作。通常 VET 教师还要在跨学科小组中工作。因此，应该对教师进行管理的、组织的、咨询的和交流的能力的培养。为实现这一目标的方法之一是鼓励同一培训机构的不同部门的人员之间以及不同机构的人员之间进行经验和知识的交流；

（4）当教师和培训者参与自己的培训要求和培训设计时，制定的培训计划效果最好。这里，课程不是由培训提供者制定的，而是由教师不断开发的。这样，教师对改革具有责任并有"主人翁"感，这对计划的有效实施具有很大的帮助；

（5）VET 教师和培训者的职业发展非常重要，这不能靠单个教师来完成，必须与组织改革结合起来。不仅仅是教师需要变得更加专业化，而且整

---

① Cort, P., Härkönen, A. e Volmari, K. *PROFF-Professionalisation of VET teachers for the future*[M]. Luxembourg：Office for Official Publications of the European Communities,2004.

个组织都要更加专业化；

(6)教师工作文化的改革需要时间和投入。教师和培训者的培养计划只有在管理者积极参与和保证对教师的培训投入足够的时间和资金时才有效果。①

总的来看，考特等人对教师教育的研究比较深入和广泛，尤其是在众多案例研究的基础上提出了具有实践意义的宝贵建议。

### (六)其他的一些比较研究

汤盖(Tanguy)在其《教育—工作，研究状况：德国、英国、意大利》中，首先介绍了3国教育领域的制度和政策框架，以及该领域的主要研究方向。研究范围从对教育制度的关注到对劳动市场的重视以及对青年的关注。通过具体的经济学的途径，进行比较研究。② 但是由于各国在种类、技术、能力、转换的概念以及年龄组的划分不一致，使得比较起来存在一定的困难。原因是，研究者不仅对他国的现实缺乏理解，还由于自己处于不同的文化和知识背景当中。该研究还处于萌芽期。它的主要贡献是提出了进行比较研究的概念上和方法论上的工具。通过对三个国家的研究领域的描述，区别出研究的主要问题和所反应的策略术语的使用。这是最有成果的一条路径，呈现了一个整个的知识体系。他对三个国家的研究现状进行描述，然后根据主题、方法和模式界定出主要的研究方向。

塞富雷德等人在《通过合作网络提升职业培训质量》(2000)一文中，通过大量的文献和对7个欧洲国家(葡萄牙、荷兰、德国、意大利、英国、瑞典和爱尔兰共和国)的8个案例的综合分析，指出在普通教育系统、职业培训机构、企业、社会合作伙伴(social partners)以及政策制订者之间的网络合作关系对职业培训质量产生的影响和促进作用。③ 凯瑟芮那·白杜维(Catherine Béduwé)等的报告《EDEX 义务教育年限的提高与劳动力市场：欧洲五国的比较研究——法国、德国、意大利、西班牙和英国，以美国为参照》(2003)，对欧洲五国和美国的教育发展和劳动力市场进行了考察，从人力资源管理理论分析了教育水平的提高与就业之间的关系以及对经济、社会的

---

① Cort,P.，Härkönen,A. e Volmari,K. PROFF-Professionalisation of VET teachers for the future[M]. Luxembourg：Office for Official Publications of the European Communities,2004.

② Tanguy,L. *Education-Work，situation in the field of research：Germany，the United Kingdom and Italy*[J]. European Journal-Vocational Training,1994(2)：70—75.

③ Seyfried,E. *Indicators for quality in VET to enhance European cooperation* [M]. Luxembourg：Office for Official Publications of the European Communities,2007.

长期影响。①

从收集到的文献来看,它们均在很大程度上为本研究提供了丰富而翔实的资料,是本研究的文献基础。他们拓宽了本研究的视野,加深了本研究的理解,对本研究具有重要的参考意义。他们的研究方法主要是实证研究,其中主要是对整个教育与培训制度的相关文献、统计数据、法律政策等的收集和分析;或就某一方面与他国进行比较。然而专门研究意大利职业教育的完整的、深入的、全面的成果甚少。

### (七) 国内对职业教育的研究

国内近年来对我国的职业教育和外国职业教育的论文和论著也很多,在理论和实践以及研究方法上都有很大的进展。例如,《七国职业技术教育》②、《世界教育大系》③、《当代国际高等职业技术教育概论》④以及石伟平主编的职业教育丛书等。其中,石伟平著的《比较职业技术教育》(2001)⑤是很具有代表性的一本著作。该书以历史研究、国别研究、国际研究、比较研究为基本框架,在介绍英、德、美、日和中国的职业教育的历史发展和现状后,分析了各国职业技术教育的特点、存在的问题、以及改革和发展趋势;论述了福斯特职业教育思想的影响,战后世界职业教育及其课程改革和发展的趋势;介绍了西方企业培训的模式;最后从国际比较的角度分析了我国职业技术教育所存在的问题和所应借鉴的国际经验,指明了 21 世纪世界职业技术教育的发展趋势。该著作可用"博大精深"四字概括,为本研究提供了理论的基础以及研究方法与视角,对本研究具有很大的启发作用。

此外,《国际职业技术教育研究》⑥一书,对五大洲的 17 个国家的职业技术教育进行了研究,基本对各洲的职业技术教育的历史发展、现行制度、特点以及改革和发展趋势作了系统的研究,并在此基础上对世界职业技术教育的总体发展作了回顾与展望。该书涉及的国家广,材料新。

总的来看我国对职业技术教育的研究的论文论著近年来非常多,它们

① Béduwé, C. & Planas, J. EDEX Education Expansion and Labour Market: A Comparative Study of Five European Countries—France, Germany, Italy, Spain and the United Kingdom with Special Reference to the United States[M]. Berlin: Cedefop-European Centre for the Development of Vocational Training, 2003.

② 梁忠义、金含芬.七国职业技术教育[M].长春:吉林教育出版社,1990.

③ 顾明远,梁忠义.世界教育大系[M].长春:吉林教育出版社,2000.

④ 姜惠.当代国际高等职业技术教育概论[M].兰州:兰州大学出版社,2002.

⑤ 石伟平.比较职业技术教育[M].上海:华东师范大学出版社,2001.

⑥ 吴雪萍.国际职业技术教育研究[M].杭州:浙江大学出版社,2004.

都不同程度地为本研究提供了启发和借鉴的作用,是本研究开展的牢固基础。但对意大利的职业技术教育和培训的研究甚少,只是在某些著作的章节笼统地介绍了有关意大利教育的历史和现状,且大都是截至到 20 世纪的教育状况。也有少量论文是关于意大利职业教育的,但只局限于某一方面的介绍和简单分析。对于意大利在 20 世纪末以来的,在 21 世纪的全球化和欧洲一体化背景下的职业技术教育的新情况、新问题的著作在国内还鲜有人做。这为本研究的开展留有很大的空间。

# 第二章　研究的背景

## 第一节　意大利人口分布特征

### 一、人口的减少和老龄化对职业教育的影响

意大利的领土包括圣马里诺共和国(Republic of San Marino)和梵蒂冈城国在内有 301 333 平方公里,人口密度平均为每平方公里 192.1 名居民。由于意大利是多山的国家(76.83%),人口分部很不平衡。从人口统计来看,至 2004 年 12 月 31 日,意大利人口为 58 462 375(28 376 804 名男性和 30 085 571 名女性)。其中 26 469 091(45%)居住在北部,11 245 959 名(19%)居住在中部和 20 747 325 名(36%)居住在南部。出生率是 9.7‰,平均每位妇女生产 1.33 个孩子,这是近 15 年来最高的数字。意大利共有 8 010 个不同的市,有 71.25%的市(5 772 座)的人口少于 5 000 名居民,占总人口的 17.9%;有 0.5%的市(43 座)居民超过 100 000,占总人口的 23.1%。总之,相应较多的人口(近 30%)居住在居民在 5 001 至 20 000 名之间的市里,这些市将近占到 22.7%。①

至 2005 年 1 月 1 日,65 岁以上的老年人口和 0—14 岁的人口比例同为 137.7%,与 2004 年的 135.9%和 2003 年 133.8%相比稳定上升。从世界上的数据来看,意大利属于欧洲(据 2004 年 1 月 1 日)趋于老龄化的国家。65 岁以上的老人在北部和中部占总人口的 20%,而 14 岁以下的儿童仅约占 13%。而这一比例在南部仍保持平衡(16.7%的年轻人和 17.1%的老年人)。②

人口数量的减少和老龄化,使学校体系中接受初始职业培训的学生人

---

① 来源:意大利统计局年度报告(Annuario ISTAT).2005;3,38,39.
② 同上.

数也在减少。但另一面,由于劳动市场的需要或从广义的终身教育的需要来说。潜在的参加继续职业培训的人数将会增加。这一发展趋势在制定未来几年的培训政策时必须予以考虑,以便根据需求来调整整个教育与培训制度,使之相适应。

## 二、劳动力人口教育水平低对职业教育提出新的挑战

十多年以来,意大利一直重视提高其人口和劳动力的职业资格。总的来说,对年轻人的教育与培训已经缩小了与其他经济发达国家的差距。然而,这并不意味着已经达到了令人满意的教育水平。至 2004 年,15 岁以上的人口中,26.0%的意大利人仅具有小学毕业证。总人口的 40.9%的人具有高级中等证书,仅 8.6%的人获得大学证书。表 2-1 是 1991、1998 和 2001—2004 年 15 岁以上人口受教育水平的分布情况。

表 2-1　1991、1998 和 2001—2004 年 15 岁以上人口受教育水平分布比例(%)

| ISCED* 级别 | 1991 | 1998 | 2001 | 2002 | 2003 | 2004 |
|---|---|---|---|---|---|---|
| ISCED 1(没有证书或小学毕业) | 39.9 | 32.2 | 30.9 | 30.0 | 27.9 | 26.0 |
| ISCED 2(初级中等证书) | 35.3 | 33.2 | 32.8 | 32.9 | 33.0 | 24.5 |
| ISCED 3(高级中等证书) | 20.6 | 27.8 | 29.1 | 29.6 | 31.4 | 40.9 |
| ISCED 5(大学证书) | 4.2 | 6.8 | 7.2 | 7.5 | 7.7 | 8.6 |
| 总数 | 100.0 | 100.0 | 100.0 | 100.0 | 100.0 | 100.0 |

* ISCED 为教育层次国际分类标准,ISCED 4 的数据目前不太重要。
来源:*ISFOL-Area sistemi formativi processing of ISTAT data*。

与欧盟其他国家相比意大利劳动力人口中具有高中级证书的人口比例低于平均水平。如表 2-2 所示,2002 年具有 ISCED3—4 级证书的人口占 25—64 岁人口中的 34%,低于欧盟 15 国平均水平的 9 个百分点,而具有大学证书的人口比例为 10%,低于欧盟 15 国平均水平的 12 个百分点。在 2003 年,意大利 25—64 岁的人口中具有 ISCED0—2 级证书的占 53.5%,具有 ISCED3—4 级证书的占 36%,具有 ISCED5—6 级证书的占 10.5%。

与其他先进国家相比意大利学校义务教育年限稍长,因此目前只具有初等资格证书的年轻一代比以往有所减少。这可以从表 2-3 中 25—64 岁的人口的教育水平看出,2003 年具有高级中等证书的占 36.5%,大学毕业生占到了 10.5%;2004 年这一数据分别为 32.3%和 8.6%,又有所下降。

表 2-2 2002 年 25—64 岁人口中意大利和 EU-15 具有 ISCED 各级证书的人口比例

| | 教育水平 | | |
|---|---|---|---|
| | ISCED 0—2 | ISCED 3—4 | ISCED 5—6 |
| EU-15 | 35% | 43% | 22% |
| 意大利 | 56% | 34% | 10% |

注：ISCED 0—2 学前、小学和初中教育；ISCED 3—4 高级中等教育和中等后非第三级教育；ISCED 5—6 第三级教育。

来源：Eurostat，Newcronos，Labour Force Survey。

表 2-3 2003、2004 年 25—64 岁人口中具有各级证书的分布比例(%)

| ISCED 级别 | 2003 年 | 2004 年 |
|---|---|---|
| ISCED 0—2(初级中等证书以下) | 53.5 | 59.1 |
| ISCED 3(高级中等证书) | 36.0 | 32.3 |
| ISCED5—6(大学证书) | 10.5 | 8.6 |
| 总数 | 100.0 | 100.0 |

来源：ISFOL-"Training Systems" Area processing of ISTAT data。

从上表的数据可以看出，意大利与其他欧盟国家相比其劳动力人口中具有初级中等以下教育水平的比例较高，而具有高级中等以上教育水平的人口比例低于平均水平。这在当今科学技术迅速发展的知识社会中明显处于不利地位，面临着提高劳动力水平的严重挑战。因此近年来各届政府把对人力资源的培养放到了重要的议事日程。

表 2-4 18—24 岁的人口中低年级的辍学者的比例(%)

| 年 | 比例 |
|---|---|
| 2000 | 25.3 |
| 2002 | 23.8 |
| 2003 | 23.5 |
| 2004 | 23.5 |

来源：Eurostat，Labour Force Survey。

在解决早期辍学者这一方面也取得了一些进步，如表 2-4 所示，18—24 岁的人口中低年级的辍学者的比例在下降。在 20 世纪 90 年代早期，这一比例占到 38%，在 2000 年降到 25.3%，2004 年降到 23.5%，虽然，辍学率

在 2000 年至 2005 年间下降了 3—4 个百分点,但相对于欧盟平均水平
(15.2％)来看仍然还很高(2005 年,21.9％),与欧洲其他国家相比还处于
较高的比例,如表 2-5 所示。距离里斯本公约中定下的目标在 2010 年降至
10％还有很大的差距。

表 2-5　2000 年与 2005 年辍学率百分比(％)

|  | 2000 年 | 2005 年 |
|---|---|---|
| EU-25 | 17.7 | 15.2 |
| 比利时 | 12.5 | 15.2 |
| 丹麦 | 11.6 | 8.5 |
| 德国 | 14.9 | 13.8 |
| 法国 | 13.3 | 12.6 |
| 西班牙 | 29.1 | 30.8 |
| 意大利 | 25.3 | 21.9 |
| 芬兰 | 8.9 | 9.3 |
| 瑞士 | 7.7 | 8.6 |
| 英国 | 18.4 | 14.0 |

来源:Eurostat Yearbook,2006—2007。
注:辍学者指 18—24 岁人口中最高具有初中文凭而不再接受教育与培训者。

### 三、不断增加的移民给职业教育带来新的问题

值得注意的是在意大利境内,从 20 世纪 60 年代以来,(从南部到北部)
流动人口的数量日益减少。而从 90 年代以来,开始登记相反的流动人口数
量以及不断增加的国际流动人口的数量。这两个现象之间有着密切的联
系。事实上,那些国内流动人口比例高的大区相应地与国外签约的雇用人
数也越多。人口统计的比例很大程度上受移民的影响,因为意大利的国际
移民的数量越来越多。

2002 年颁布的新的移民法第 189 号法令使许多非法移民合法化。常驻
意大利的外国人在 2003 年 1 月 1 日为止,达到 1 503 286 名,比 2002 年增加了
55 286 名(4％)。其中 59％居住在北部,28％居住在中部,13％居住在南部。[①]

---

① Istat. *Annuario Statistico Italiano*,2005[DB/OL]. http://www.istat.it/salastam-
pa/comunicati/non_calendario/20051104_00/asi2005def.pdf,2007-11-18:31—35..

就移民的组成成分来说,大多数的持居留证的移民来自东欧和非洲,表2-6为至2003年1月1日的详细移民组成情况:

表 2-6  2003年意大利移民来源情况

| 来源国 | 人数 |
| --- | --- |
| 欧盟 | 150 866 |
| 中东欧 | 467 434 |
| 其他欧洲国家 | 21 266 |
| 北非 | 267 058 |
| 其他非洲国家 | 134 384 |
| 东亚 | 147 297 |
| 其他亚洲国家 | 133 834 |
| 北美 | 48 489 |
| 中、南美 | 129 363 |
| 大洋洲 | 2 680 |
| 无国籍者 | 615 |
| 总数 | 1 503 286 |

来源:意大利统计局年度报告(Annuario ISTAT)2004,p33—34。

2004年10月20日众议院内阁在质询期间,内务部长宣布了更新的数据。具有居留证的移民为2 193 999名。2004年居留证到期的有1 316 179名,2004年1月1日开始发放更新的、新申请的居留证为1 147 194个,另外在警察总局的例外者大约有260 000个。①

在意大利上学的非意大利公民的学生数量持续增加:2003/2004学年为282 683名(其中131 104名来自欧洲国家,151 579名来自非欧洲国家),与10年前相比增加了654.3%。部长称2020年将增至50万到70万名。大多数的学生是在北部和中部的学校。进入高级中等层次就读的学生仅占1.87%。移民学生主要集中在职业学校(41.2%)和技术学校(36.7%),但在后两类学校里,只有3/4的学生可以升入下阶段的学习。意大利留学生的比例与欧洲其他国家相比是非常低的(3.3%),不管是与老牌留学国家

---

① 来源:ANSA and Istituto Geografico De Agostani[N],Giorno per giorno dal 1° gennaio al 31 dicembre,2004:352.

（英国：14.7％）相比，还是与最近的新兴国家（西班牙和葡萄牙：5.7％）相比。[①]　近年来，意大利的留学生也有增加的趋势。

表 2-7 为 2000—2001 学年至 2005—2006 学年间，在技术学校注册的学生中移民学生的数量情况。虽然移民学生所占比例不大，但从 2003 年至 2006 年不断增长。与 2000—2001 学年相比，所占比例几乎是原来的 5 倍（从 0.72％增至 3.33％）。

**表 2-7　2000—2006 年技术学校移民学生数量(国立和非国立学校)**

|  | 2000—2001 | 2001—2002 | 2002—2003 | 2003—2004 | 2004—2005 | 2005—2006 |
|---|---|---|---|---|---|---|
| 学生总数 | 907 510 | 878 904 | 865 172 | 873 288 | 915 344 | 921 735 |
| 移民学生数 | 6 501 | 8 441 | 11 611 | 16 244 | 22 089 | 30 722 |

来源：公共教育部数据库(DW MPI)。

在 2005—2006 学年的数据表明，有在高级中等学校里，40％的移民学生选择了职业学校。这比选择同样方向的意大利学生数的两倍还要多(19.9％)。而在高中注册的外国学生的比例则有所下降（从 19％降至 18.6％），在技术学校里有稍微的增长（从 37.6％增至 37.9％）。[②]（详见表 5-6）

在意大利的移民中低技能的劳动力占了很大的成分。有必要加强对他们及其后代进行适当的教育与培训，并在语言上予以特别的帮助，使其能够顺利融入社会。这是和谐社会的必然要求。从移民中在职业教育路径注册比例之高的现实出发，在制定职业教育的政策和改革时务必考虑到移民这一因素。

# 第二节　意大利的政治特色

## 一、政党纷争、政府更迭频繁

意大利的政体是一个议会制共和国，由总统和议会领导。议会由众议院和参议院组成，具有立法权。众议院和参议院享有平等权力。总统是国

---

① 来源：*38° Rapporto CENSIS*[DB/OL]，http://www.censis.it/277/280/339/5304/cover.asp，2007-11-18：113—119.

② Mengucci, R. e Romano, R. *L'evoluzione dell'istruzione professionale*[J]. Studi e Documenti degli Annali della Pubblica Istruzione，2006(115—116)：111—136.

家元首,内阁是国家权力的核心。执行权在政府。从行政上来说,意大利分为 20 个行政大区,分别是:皮埃蒙特、瓦莱达奥斯塔、伦巴第、特伦蒂诺上阿迪杰、威尼托、弗留利-威尼斯朱利亚、利古里亚、艾米利亚-罗马涅、托斯卡纳、翁布里亚、拉齐奥、马尔凯、阿布鲁齐、莫利塞、坎帕尼亚、普利亚、巴西利卡塔、卡拉布里亚、西西里岛、撒丁岛。大区分为省(103 个),省又分为自治市(8 010 个)。

随着近年来的改革,意大利的国体越来越趋于联邦化,每个大区有自己的立法、行政和财政权力。大区立法委员(Regional Council)会具有立法权,大区政府(Regional Commission)具有执行权。省设有省会,市有市政主镇。在省级和市级,行政权掌握在当选的委员会手中。其中 5 个大区(特伦蒂诺上阿迪杰、弗留利-威尼斯朱利亚、瓦莱达奥斯塔、西西里岛和撒丁岛)拥有特别的地位,和宪法授予的包括教育与培训在内的各个领域的更大的自治权。此外特伦蒂诺上阿迪杰大区有 2 个自治省(Trento、Bolzano)轮流对教育与培训拥有相当大的自治权。

1946 年意大利由君主制改为由公民投票的共和制。新宪法于 1948 年 1 月 1 日开始实施。自此以后,意大利的法律体系建立在自由、民主的基础之上。在这之前,从 1922 年至 1945 年间,意大利成为一个法西斯主义的国家,并与德国和日本结为同盟国,直到 1943 年。1948 年的新宪法确立了自由民主的原则,尤其强调了伦理、社会和经济方面。

意大利共和国实行多党制。众多的全国性政党和众多的地方性政党并存,不同意识形态和不同政治倾向的政党并存,形成多党纷争、多党联合执政的局面的特点。1946 年 6 月意大利实行共和制后,意大利政党的特点是:(1)天主教党和共产党始终是两个最大的政党,前者一直执政,后者则长期在野;(2)天主教政党和社会主义政党各有其传统的、比较稳定的选民区域;(3)没有任何一个政党单独取得议会过半数席位,通常是由两个或多个介于共产党和法西斯党、保皇党之间的政党联合执政,间或由天主教民主党单独组成短暂的看守内阁,这种情况导致政府很不稳定,在 1944—1990 年间,意大利政府已更选 50 余次;(4)意大利共产党与社会党在许多市镇、省和大区,共同组成地方左翼政府。在至 1947 年为止的短期的联合政府(从自由党到共产党)之后到 1963 年期间,主要的政体是联合制,即天主教民主党(Democrazia Cristiana)占主要优势,并联合自由党(liberali)、社会民主党(social democratici)和共和党(repubblicani)。

从 1963 年到 80 年代末,意大利由中左政党联合执政,社会党参政。这一联合政府由占大多数的天主教民主党领导。除了在 1978—1979 年间,由共和党或社会党领导。这一短暂的"国家联合"是受共产党的支持。

　　由于受到不同国际政治背景的影响,20 世纪 90 年代是一个由所谓的"第一共和国"到"第二共和国"的过渡期。这一时期还没有结束,因为对宪法的修订还没有完成。1993 年的改革提出了选举制度的大多数制,它使政府更加稳定和轮流执政:1994 年中右政党联合执政,贝卢斯科尼任总理;1996 年中左政党联合上台,贝林格任教育部长;2001 年中右政党联合又重新执政,贝卢斯科尼再次当选总理,并任命莫拉蒂(Letizia Moratti)女士为教育部部长;2006 年中左政党联合执政,总理普罗迪,任命穆西为教育部长;2008 年中右政党在当选中胜出,贝卢斯科尼第三次出任共和国总理。

　　尽管政府更迭,意大利的对外政策总是严格执行两点:支持西方联盟和北大西洋公约组织(NATO);参与经济和政治欧洲一体化进程。事实上,意大利是 1951 年成立的欧洲煤钢联营(ECSC)、1957 年欧洲经济共同体(EEC)、1991 年欧盟成立的发起国之一,是最初支持欧元的国家之一。

## 二、趋于联邦化的立法、行政和组织机构

　　1948 年 1 月实施《意大利共和国宪法》,规定国家总统为虚位元首,实行立法、行政和司法的三权分立制度。意大利实行民主政治已有 50 多年,但在过去的几年里,有两方面的发展趋势:一是确保政府更加稳定,即给予中央政府更多的权利;二是朝着联邦制方向改革地方自治体制。为此,对国家议会制进行了一些改动;1993 年绝对多数制代替了"比例制"(proporzionale);2005 年重新实行"比例制";在地方当局(大区、省和市的行政长官实行直接选举制)2001 年由中央和地方当局对意大利宪法第五章进行了改革,并于 2005 年对此又做了更进一步的修订。

### (一)繁冗的国家立法程序

　　意大利的立法机构是国家议会和区立法委员会。在特伦蒂诺上阿迪杰大区,立法机构是 Trento 和 Bolzano 省立法委员会。主要的执行机构是中央政府、区行政部门、省行政部门和市行政部门。

　　最主要的立法权在于议会,它又分为众议院(Deputati)和参议院(Senato)。众议院是按照比例制,通过普选选出的 630 名代表组成,25 岁以上的公民具有被选举权,18 岁以上的公民具有选举权;参议院按区进行选举,根据比例制按区选出 315 名参议员。根据宪法 2003 年 1 月 23 日第一条法令,众议院的 630 名代表中的 12 名和 315 名参议员中的 6 名是由居住在海外的意大利人选出的。25 岁以上具有选举权,40 岁以上具有被选举权。总统任命的 5 名在社会、科学、文化、艺术方面有杰出成就的公民和前任总统

为终身参议员;众、参议员均任期 5 年;在正常情况下,每 5 年举行一次大选。战后意大利政局多变,常常提前大选;立法职能由两院集体行使。议会的主要职能是:制定和修改宪法和法律,选举总统,审议和通过对政府的信任或不信任案,监督政府工作,讨论和批准国家预算、决算,对总统、总理、部长有弹劾权,批准政治性国际条约,决定战争状态、大赦、特赦和授予政府必要的政治决定权力等。在总统选举和宣誓就职等特殊情况下,两院举行联席会议。议案必须在两院分别通过,单独一院通过的决议无效,必要时可举行两院联席会议;对于重大问题,两院均须独立进行两轮审议和独自做出重复性决议。两轮审议的间隔和两次决议的间隔不得少于 3 个月;公民投票可以否决任何现行法规。进行公民投票至少要有 50 万选民或 5 个大区的议会提出要求;享有众议员选举权者均可参加公民投票,投票人须超过选民半数表决结果方视为有效。因此,在意大利一项法律从提案到正式颁布执行是一个复杂和耗时的过程。有很多法律议案还来不及通过就因着政府的倒台而胎死腹中。

共和国总统是国家元首和国家统一的象征。凡年满 50 岁、享有公民权利和政治权利的公民,均有资格当选总统;总统由众、参两院联席会议以秘密投票方式选举产生,任期 7 年,连选连任;主要职权有:向两院提出咨文;宣布新议院的选举;批准政府提交两院的法律草案;颁布法律,发布具有法律效力的法令;依宪法规定宣布举行公民投票;依法律规定任命国家官员;任命和接受外交代表,必要时经两院事先授权,批准国际合约;统帅武装部队,担任最高国防委员会主席,根据两院的决议宣布战争状态;在听取两院议长的意见后,解散两院或其中一院;总统担任全国最高司法委员会主席;总统犯罪时,由众、参两院联席会议提出控告,由宪法法院判决。

政府是国家最高行政机关,其内阁是国家权力的核心。由内阁总理及各部部长组成,一般都由执政的政党或政党联盟的议员担任,新政府经总统批准成立后,应在 10 天内向议会报告施政纲领,取得议会信任;如果议会不予信任,须重新组阁;议会对政府可随时提出不信任的动议,政府也可随时要求议会进行信任投票,如果议会不予信任,政府必须辞职;总理是政府首脑,主持内阁会议,领导整个政务工作,对政府总政策负责;内阁会议由总理、副总理和各部部长组成,是政府的集体议事和决策机构,各部部长对内阁活动负集体责任,并对各主管部门的活动负个人责任,总理和部长在执行职责时犯罪,由众、参两院联席会议决定起诉送交法院惩办;意大利政府没有任期规定,但政府频繁更迭构成了第二次世界大战后意大利政局的一个突出特点。

政府各部根据总理及其内阁的总政策,执行管理职能。部的设置由总理组阁时确定,第二次世界大战后,每届内阁大体保持在 20 个部左右,此外还有为管理或处理某些特殊事务而设置的部和协调部际关系的委员会;意大利政府设有 3 个辅助机构:(1)国家经济和劳动委员会,是政府和议会在经济和劳工方面的咨询机构,由经济界、劳工界的代表和专家组成。其主席由总统直接任命,其余 79 名成员由总理提名,总统任命。(2)国务委员会,是最大的法律—行政咨询机关和行政司法机关,它有权就各种问题向政府提出意见,但不享有法案创制权。国务委员会主席和 28 名小组委员会主席以及 74 名其他成员均由内阁会议提名,总统任命;(3)审计院,主要监督政府资金的管理使用,并享有财务方面的行政司法权。

意大利共和国宪法授予政府以执行权。政府由部长、部长委员会和总统组成。除了政治的领导功能外,政府还行使行政权力来实现国家设定的目标。在一些特殊情况下——由议会授权或出于必要或紧急情况——政府也行使立法权,颁布法令。其他使用的手段还有:备忘录或协议,它存在于国家、大区和地方层次的政府机构之间;协议草案,是社会合作者之间或公共权力机构(在国家、大区和地方层次)之间的协议。还有社会合作者之间的协议。

1999 年 7 月 30 日颁布的第 300 号政令规定,从 2001 年开始对政府组织进行改革:最明显的是减少了部的数量,把教育部、幼教部和大学教育部合并为一个部,称之为教育、大学和科研部(MIUR)①。该部与下列各部保持联系:

(1)经济与财政部:负责分配和发放学校运转和教育内部和外部行政机关的资金以及掌控国家资产;

(2)劳动和社会政策部:是连接学校、就业和职业培训的桥梁;

(3)卫生部:规定学校的卫生和保健前提标准、进行健康教育、预防疾病和恶习,如酗酒、吸毒、预防艾滋病传播的措施等;

(4)司法部:组织监狱里各层次(义务教育层、高级中等教育、大学和职业培训)的课程;

(5)外事部:组织意大利的海外学校;

(6)环境部:有关环境教育计划;

(7)农业与林业部:有关食品和环境的教育;

---

① 2006 年新政府上台后又把它重新分为两个独立的部:教育部(Ministero della Pubblica Istruzione)和大学与科研部(Ministero dell' Università e Ricerca)。前者负责全国的学校教育,体现在设在地方和省的教育行政部门,后者负责高等教育和科学与技术研究。

(8)文化遗产与文化活动部：组织校外的教育活动；

(9)基础设施与运输部：进行交通教育计划和发放学生的摩托车驾驶执照。

MIUR 与上述各部之间的关系根据 2001 年 10 月 18 日颁布的宪法第 3 号法令有所修改。该法对章程的第二部分按照联邦制拥护者的意图进行了修订。

### （二）大区层次：具有立法权

1948 年颁布的宪法第五章（Titolo V）第二部分根据 2001 年 10 月 18 日的第 3 号法令进行了修改。按照新宪法的第 114 条款规定，意大利共和国由市、省、自治市、大区和中央组成。市、省、自治市、大区是自治主体，根据宪法的原则，具有自己的法令、权力和职责。罗马是意大利共和国的首都，它可以根据国家法律制定法令。

大区立法委员会行使立法权，它由该区选民选出。大区里除了立法委员会之外，还有大区政府和它的区长。1948 年宪法规定选举制要根据国家的法律，区长和大区政府官员必须从大区立法委员会成员中选出，而宪法 3/2001 把这一选举制下放到各大区，根据自己的法令进行选举。因此，在遵守宪法的前提下，各大区有权决定自己的政府形式、组织及其职能的基本原则。根据该法成立了地方自治权委员会，负责给地方权力机关提供建议。如果政府颁布的地方法令超越了地方的职责范围，该委员会可以向宪法法院提出异议。如果地方认为国家或其他大区的法律与自己职权范围相抵触，也可以按照同样的程序提出异议。

上述宪法的修订，前任中左政党联合立法机关以略微多数得以通过。2001 年 5 月中右政党联合政府上台后通过了更进一步的对宪法的修订。这一修订比前政府对第五章的修订更加深刻。有关给予地方在卫生、教育和公共安全方面更多的权限的改革没有通过 2/3 议会议员的同意，因此只有通过公民投票才可以被实施。

2001 年通过的宪法第 17 款仍在实施中，并呈现出鲜明的特色。1948 年的宪法清楚规定了大区的职责范围，那些没有提及的方面属于国家的职责范围。而新宪法则采取了相反的形式，那些在国家法律规定中没有明确提及的方面才属于大区的职责。

然而，也有一些职责的划分有时是混乱的，因为某些基本原则应该由国家法律来规定，但大区也有制定基本原则的立法权。就教育方面来说，有关"总章程"方面的问题只能由国家法律来规定，教育除了学校自治、科学与技术研究之外均由国家立法来规定。

在所规定的职责范围内,根据国家确定的程序,大区参与决定如何组织实施欧共体的条款,负责执行国际协议和欧盟的条约。

根据具体的授权,在与自己职责范围有关方面的问题,大区也可以根据最高国家法律的规定行使它们的权力。此外,大区可以根据国家法律的规定,与其他国家签署协议或与其他国家地方权力机关签订协约。

最后,大区的法律将扫除一些阻止男女在社会、文化和经济生活以及晋升等方面的平等权力的障碍;禁止强加关税和限制或采取其他措施来妨碍人员和物品在境内的自由流通。2005年新的改革对上述某些方面做了更大的修订。

一些大区(特伦蒂诺上阿迪杰、弗留利-威尼斯朱利亚、瓦莱达奥斯塔、西西里岛和撒丁岛)被国家政府根据宪法授予不同的立法和行政自治权。

（三）省和市的制度结构和权限

大区的领土被化分为省和市。市是由居住中心和它周围的领土构成。省是一个地理领域,它是由几个市组成。这些市在地理、历史和经济上与一个中心城市——省会有关联。

这两个地方权力机关行政管理都由居民普选出的代表来执行。代表组成了市政府和省立法委员会。遵照国家和大区的法律,这两个主体在自己权限范围内决定组织服务的措施。

选举制是按多数制,在第一次选举获得大多数票的两个候选者之间进行第二次选举(在居民少于15 000名的市镇只进行一次选举),通过直接选举选出市长和省长。

地方行政部门是执行机关,由自治市的市长和省长任命。他们也可以任命那些不是立法委员会的成员做行政人员。

市和省根据国家和大区的法律行使自己的职责。像大区一样,他们在税收、支出和自己的资产上有财政自治权。

意大利多党执政,政党纷多,政府更迭频繁,党派之间斗争不断这一特征对意大利的教育有着重要的影响。新的政党联合上台之后通常会对前任政府的政策予以推翻重来。一些政令还来不及以法律的形式通过就被新政府所废除。政策不能够长期稳定的实施,政策的反复使得一些改革无法继续执行。另外国家新集权主义与联邦主义难以达到平衡,中央与地方的权利之争也对教育政策产生影响。立法程序复杂而且时间长,一项由部提出的立法草案要通过参议院和众议院的联合通过,而往往是两院对草案提出各自的修改意见再反馈给部予以修改,如此来回反复的修改使该法与原来的草案相比已面目全非,与原先的初衷相去甚远,有时两院的意见向左就更难通过。甚至有的法案还没有来得及通过,就已因为政府的倒台而流产。尤其是对高级中等教育的改革,虽有几次美名其曰的"重建",但事实上长期以来并没有真正发生大的变化。一些改革的措施也经常被再三延期执行。因此,意大利的很多教育改革并不是靠法律的颁布来执行的。而往往是通过政府或教育部的短期有效的法令/政令来实现的。因为政令的出台要比法律的颁布迅速的多,能够根据当时的需要及时做出相应的变化。但政令都有时效性,有效期几个月至几年不等。这一特殊情况使意大利教育改革区别于其他大多数国家。

## 第三节　意大利的经济与劳动力就业状况

### 一、经济状况不容乐观

意大利是工业较发达的资本主义国家。工业方面以钢铁、石油化工、机械制造(汽车、飞机、船舶制造)为主,其次是纺织、食品加工等。80%的工业分布在北方,工业中心有米兰、那不勒斯、都灵、热那亚等。二战期间,意大利经济遭到严重破坏,二战后,意大利人民清除了封建贵族主义,医治了战争创伤,走上振兴工业、纺织业的经济富裕之路。自 20 世纪 50 年代中期起,经济高速发展,到 60 年代末人均国民收入翻了一番。70 年代,意大利多次出现经济危机和政府更迭,经济发展速度有所减缓,不过从整体上看,其国民生产总值增长率仍在 5% 左右。到 80 年代初,意大利已成为"欧共体"中第三位的国家,人均国民收入 16462 美元(1990 年)。[1]

但意大利的整体经济在 1986—1998 年期间不太景气。仅近几年重要经济指标才开始有所回升,部分原因是由于政府试图实现马斯河为加入欧元区定下的参数。

特别是在 80 年代后半期经济一度的强劲增长之后,GDP 增长率在 1991—1993 年期间开始减缓,与上年相比呈负增长(-0.9%)。随后的几年也增长有限。表 2-8 是 1986—1998 年间的 GDP 增长情况。

---

[1]　王桂.当代外国教育——教育改革的浪潮与趋势[M].北京:人民教育出版社,1995:127.

表 2-8 1986—1998 年 GDP 情况

| 年代（年） | GDP 市场价（10 亿里拉, 时价） | GDP 市场价（10 亿里拉, 以 1995 年价格计算） | 参数（1990＝100） | GDP 市场价（10 亿欧元） |
|---|---|---|---|---|
| 1986 | 898 289 | 1 427 820 | 85.1 | 463.9 |
| 1989 | 1 196 807 | 1 645 403 | 98.1 | 618.1 |
| 1990 | 1 320 832 | 1 677 885 | 100.0 | 682.2 |
| 1991 | 1 440 647 | 1 701 210 | 101.4 | 744.0 |
| 1992 | 1 517 598 | 1 714 149 | 102.2 | 783.8 |
| 1993 | 1 563 271 | 1 699 000 | 101.3 | 807.4 |
| 1994 | 1 653 402 | 1 735 505 | 103.4 | 853.9 |
| 1995 | 1 787 278 | 1 787 278 | 106.5 | 923.1 |
| 1996 | 1 896 022 | 1 802 746 | 107.4 | 979.2 |
| 1997 | 1 974 618 | 1 829 464 | 110.5 | 1 062.7 |
| 1998 | 2 057 731 | 1 853 934 | 110.5 | 1 062.7 |

来源：ISFOL 根据 ISTAT 数据制作。

通货膨胀率受到政府政策的影响，只是在 90 年代末才重视控制通货膨胀的发展倾向。在 1996 和 1997 年，货币政策措施成功地使通货膨胀率减半，降为 2％左右（表 2-9），自 1997 年以来，通货膨胀这一数字一直保持在 2％以下。

表 2-9 1986—1998 年通货膨胀率（消费价格指标）（％）

| 年代（年） | 1986 | 1991 | 1996 | 1997 | 1998 |
|---|---|---|---|---|---|
| 通货膨胀率 | 5.9 | 6.3 | 4.0 | 2.0 | 1.7 |

来源：ISTAT.

在 1989—1998 年间，公共债务的绝对值在持续增加。但从 1995 年以来，作为 GDP 的百分比来看有回落趋势。这很大程度上是由于公共费用的减少推动的，在 1998 年它占 GDP 的 118.7％，与上年的 122.4％相比下降了不少（表 2-10）。

表 2-10  1986—1998 年意大利的公共债务

| 年代(年) | 1986 | 1991 | 1996 | 1997 | 1998 |
|---|---|---|---|---|---|
| 10 亿里拉(时价) | 777 606 | 1 449 147 | 2 322 322 | 2 374 382 | 2 403 075 |
| 10 亿里拉(1999) | 1 352 179 | 1 906 788 | 2 445 173 | 2 457 485 | 2 443 206 |
| 10 亿欧元 | 401.6 | 748.4 | 1 199.4 | 1 226.3 | 1 241.1 |
| 占 GDP 的% | 86.6 | 101.5 | 124.6 | 122.4 | 118.7 |
| 参数 | 100.0 | 186.4 | 298.7 | 305.3 | 309.0 |

来源:ISFOL 根据 ISTAT 数据制作。

据 2005 年 3 月 1 日和 11 日意大利统计局(ISTAT)发布的权威数据表明(见表 2-11),2004 年 GDP 增长率为 1.2%;财政赤字/GDP 的比率为 3.0%(2003 年为 2.9%);公共债务/GDP 的比率为 105.8%(2003 年为 106.3%);税务与 2003 年相比增加了 1.0%(从 2003 年的 42.8%到 2004 年的 41.8%),这是由于富有活力的多种征收渠道的结果。

表 2-11  2001—2004 年国家盈亏账目

| 赤字 | | |
|---|---|---|
| 年 | 百万欧元 | % GDP |
| 2001 | 35.963 | 3.0 % |
| 2002 | 32.656 | 2.6 % |
| 2003 | 37.792 | 2.9 % |
| 2004 | 40.877 | 3.0 % |
| 国家公共债务 | | |
| 年 | 百万欧元 | % GDP |
| 2001 | 1 384.4 | 110.7 % |
| 2002 | 1 362.1 | 108.0 % |
| 2003 | 1 383.1 | 106.3 % |
| 2004 | 1 429.9 | 105.8 % |
| 税款 | | |
| 年 | % GDP | |
| 2003 | 42.8 % | |
| 2004 | 41.8 % | |

来源:ISTAT 数据,国家盈亏帐目,发表于 2005 年 3 月 2 日。

## 二、就业状况问题严重

上世纪末,劳动市场已经处于极度困难的边缘。在1994—1997期间,失业率持续上升,已经超过了欧洲的平均水平,而就业率多少保持不变,尽管意大利经济有稍微改善的迹象(表2-12)。

表 2-12　1986—1998 年就业率和失业率(%)

| 年代(年) | 就业率(1) | 失业率(2) |
|---|---|---|
| 1986(＊) | 44.6 | 11.1 |
| 1991(＊) | 45.1 | 10.9 |
| 1994 | 42.4 | 11.1 |
| 1995 | 42.1 | 11.6 |
| 1996 | 42.3 | 11.6 |
| 1997 | 42.5 | 11.7 |
| 1998 | 43.0 | 11.8 |

注:(1)就业者占15岁以上的人口比例;(2)求职者占劳动力的比例;

(＊)1986和1991年的数据由于计算标准的改变而不太精确。

来源:ISFOL根据ISTAT数据制作。

尽管从1995年开始采取紧急措施来减少公共债务以缓解就业的非常状况,而对教育有助于培训的投入并没有大的突破。只是世纪交接时开始有所增加。

在2003年平均就业人数为22 404 000名。每年平均增加了163 000名,相当于0.7%。在2003年增加了328 000名,即1.5%。在中部就业人数增加了2.5%,在北部地区增加了0.7%,而在南部地区则下降了0.4%,有些地区没有统计就业人数增加的数据。

在2003年,根据意大利国家统计局的年度平均数据,15岁以上人口就业率为44.8%。男性就业率为57.8%,女性就业率为32.8%。2004年,以上数据分别为45.4%、57.4%和33.4%。失业率近年来有稍微的下降,在2004年降为8.0%,2003年为8.7%,比2001年下降1.2%,比2002年下降1.0%。其中男性失业率低于6.4%,女性失业率为10.5%,而情况最糟的是25岁以下的年轻人的失业率高达23.5%。但在历史上,南部意大利一直有很大的就业问题,正如表2-13、表2-14、表2-15和表2-16中所示的与其他地区有着很大的差距,尤其是与北部相比。

表 2-13　2003 年就业率的性别和区域分布比例(%)

| | 区域 | | |
|---|---|---|---|
| | 北部 | 中部 | 南部 |
| 总就业率 | 50.7 | 46.5 | 36.2 |
| 男性 | 62.0 | 58.5 | 51.9 |
| 女性 | 40.2 | 35.4 | 21.5 |

来源:*ISFOL-"Training Systems"Area processing of ISTAT data*。

表 2-14　2004 年就业率的性别和区域分布比例(%)

| | 区域 | | |
|---|---|---|---|
| | 北部 | 中部 | 南部 |
| 总就业率 | 50.8 | 47.3 | 37.4 |
| 男性 | 61.5 | 58.1 | 51.6 |
| 女性 | 40.7 | 37.4 | 24.1 |

来源:同上。

表 2-15　2003 年失业率的性别和区域分布比例(%)

| | 区域 | | |
|---|---|---|---|
| | 北部 | 中部 | 南部 |
| 总失业率 | 3.4 | 6.5 | 17.7 |
| 男性 | 2.6 | 4.5 | 13.8 |
| 女性 | 5.4 | 9.3 | 25.3 |
| 25 岁以下的青年 | 11.5 | 22.4 | 49.1 |

来源:同上。

表 2-16　2004 年失业率的性别和区域分布比例(%)

| | 区域 | | |
|---|---|---|---|
| | 北部 | 中部 | 南部 |
| 总失业率 | 4.3 | 6.5 | 15.0 |
| 男性 | 3.0 | 4.9 | 11.9 |
| 女性 | 5.9 | 8.7 | 20.5 |
| 25 岁以下的青年 | 12.6 | 21.4 | 37.6 |

来源:同上。

正如经济发达国家所具有的共同的特点一样,大多数的就业劳动力在服务部门,2004 年占到 64.9%,而工业部门占 30.7%,农业部门占 4.4%(表 2-17)。

表 2-17　2002、2004 年意大利主要经济和劳动市场指标(%)

| 指标 | 2002 年 | 2004 年 |
|------|---------|---------|
| 农业部门就业百分比 | 4.9 | 4.4 |
| 工业部门就业百分比 | 31.8 | 30.7 |
| 服务业部门就业百分比 | 63.3 | 64.9 |
| 就业率 | 44.8 | 45.4 |
| 男性就业率 | 57.8 | 57.4 |
| 女性就业率 | 32.8 | 34.3 |
| 失业率 | 8.7 | 8.0 |
| 男性失业率 | 6.8 | 6.4 |
| 女性失业率 | 11.6 | 10.5 |
| 25 岁以下青年失业率 | 27.1 | 23.5 |
| 公共教育与培训支出占 GDP 比例 | 4.8 | 4.98(a) |
| 公共教育与培训支出占整个公共支出的比例 | 10.2(b) | 10.21 |

(a)2003 年的数据;(b)2002 年不是最终数据。
来源:同上。

2004 年经济部门对就业增加的记录为:农业部门与上年相比增加了 2.9%,而工业部门则下降了 0.95%,建筑业持续 5 年成强劲增长趋势,增长率为 5.2%,服务部门尽管有所减缓,仍增加了 0.6%,而通讯部门在一年内增加了一半多的岗位。在 2003 年大约 1/3 的岗位是通过非正常的劳动合同就业的,因此使得 2004 年的平均失业率达到了 4.3%。待业人员在南部增加了 7.9%,中部增加了 3.4%,东北部处于 3.3% 至 3.2% 之间,西北部增加了 4.8%。[①]

意大利就业情况与欧洲其他国家相比意大利的失业率是欧洲少数几个失业率高于 20% 的欧盟国家之一,其失业率高于欧盟 15 国的平均水平。甚至有好几年的失业率在 30% 以上。

---

①　Annuario ISTAT 2005[EB/OL],http://www. istat. it/dati/catalogo/asi2005/PDF/Cap9. pdf,2007-11-18:205—208.

意大利经济面临的主要挑战是与发达国家甚至新兴国家相比已失去竞争力。意大利的世界贸易份额按不变价格计算，从 1995 年的 4.5％降至 1998 年的 3.9％和 2003 年的 3％。经济计量学对经济主要分支的数据的分析表明，生产力提高的总的因素取决于对新技术投资的强度和参与国际竞争的广度。这一特征反过来也影响到公司的规模。低增长率和失去竞争力阻碍了公司数量的增加，其中也包括一些较大的公司。①

## 第四节　意大利宗教与语言对职业教育的影响

尽管意大利不是宗教国家，但最普遍的宗教是罗马天主教，80％以上的人口信仰天主教。共和国宪法规定："任何公民，不管性别、种族、语言和宗教的差别，享有同样的尊严，在法律面前人人平等。"

对于天主教堂的法律关系在 1929 年的协议中做了规定，1985 年又做了修改，使得天主教可以在学校里对有要求的学生传授。在经过共和国总统的政令、教育部长提议和意大利主教会议同意后所有类型和层次的学校都有权开设天主教教学计划。根据 2003 年 3 月 28 日的第 3 号法律和 2004 年 2 月第 59 号法令，第一轮教育（基础教育）的教学计划，包括天主教在内，被《具体学习目标》(obiettivi specifici di apprendimento)所取代。后者已经被 2004 年 3 月 30 日的第 121 号和 122 号总统令(DPR)核准。在教育的第二轮中，宗教教育计划于 1987 年 7 月 21 日的第 339 号总统令批准，至今仍然有效。新的修订政令改革于 2007 年 9 月 1 日开始实施。国家于其他宗教的关系取决于与各自的代表所订的协议。

由于意大利 80％以上的人口是天主教徒，绝大多数的私立学校是天主教创办的学校，特别是许多职业教育与培训机构由教会创办的。因此宗教对该国的教育有着重要的影响。

意大利语为官方语言，也是教学用语。但有些大区在官方文献和教育中有权使用地方语言。这些大区享有特别的自治权，因而称之为"特区"。如在瓦莱达奥斯塔大区使用法语和意大利语作为母语；在特伦蒂诺上阿迪杰大区，有德语和意大利语学校；2001 年 2 月 23 日颁布的弗留利-威尼斯朱利亚大区的第 38 号法律保证在该大区的少数民族语言给予特别的保护，也包括教学在内，2002 年 9 月 12 日，该区的第 223 号法令又提出了特别条例

---

① European Commission. *Innovation Policy in Europe* 2004［R］. Luxembourg：Office for Official Publications of the European Communities，2004：61—64.

的执行准则来保证讲弗留利语、司罗文尼亚语和德语的少数民族的语言和文化。

在过去,其他的少数民族语言没有得到足够的保护,在 1999 年 12 月 15 日颁布的第 482 号法和后来的 2001 年 5 月 2 日通过的第 345 号总统政令批准了对阿尔巴尼亚语、加泰罗尼亚语、德语、希腊语、克罗地亚人语以及法语、弗留利语、郎格多克和撒丁岛的语言和文化进行保护。省立法委员会负责规定保护规则所适用的范围。这些规则允许使用"被保护"的语言根据学生家长的要求在学前教育、基础教育和初级中等教育中作为教学用语;在自治市、省和大区立法委员会和司法审判时作为母语使用;在公共事务所里的职员使用双语。然而,意大利语仍是官方语言。

依照上述的法 482/1999 和总统令 345/2001,教育、大学与科研部(MIUR)基于上学年的经验,下发 2004 年 7 月 28 日第 65 号通知,对国家和地方的研究少数民族语言和文化传统的项目予以资助。值得一提的是在卡拉布里亚区于 2004 年 2 月 14 日颁发的 2003 年 10 月 30 日第 15 号法规定保护和宣传该区的少数民族语言和历史文化遗产。

# 第五节 小结

从世界范围来看,意大利属于欧洲(据 2004 年 1 月 1 日)趋于老龄化的国家。65 岁以上的老人在北部和中部占总人口的 20%,而 14 岁以下的儿童仅约占 13%。这使学校体系中接受初始职业培训的学生人数也在减少。但另一面,由于劳动市场的需要或从广义的终身教育的需要来说。潜在的参加继续职业培训的人数将会增加。意大利与其他欧盟国家相比其劳动力人口中具有初级中等以下教育水平的比例较高,而具有高级中等以上教育水平的人口比例低于平均水平。移民学生主要集中在职业学校(41.2%)和技术学校(36.7%)。在意大利的移民中低技能的劳动力占了很大的成分。有必要加强对他们及其后代进行适当的教育与培训,并在语言上予以特别的帮助,使其能够顺利融入社会。

意大利是一个议会制共和国,由总统和议会领导。议会由众议院和参议院组成,具有立法权。众议院和参议院享有平等权力。总统是国家元首,内阁是国家权力的核心。执行权在政府。从行政上来说,意大利分为 20 个行政大区,其中 5 个大区拥有特别的地位,和宪法授予的包括教育与培训在内的各个领域的更大的自治权。意大利的立法程序复杂且耗时。意大利共和国实行多党制。众多的全国性政党和众多的地方性政党并存,不同意识形态和不同政治倾向的政党并存,形成多党纷争、多党联合执政的局面的特点。另外国家新集权主义与联邦主义难以达到平衡,中央与地方的权利之争也对教育政策产生不利影响。

意大利是工业较发达的资本主义国家。但与世界和欧盟主要资本主义国家相比,经济较之落后。2004 年 GDP 增长率为 1.2%;财政赤字/GDP 的比率为 3.0%;公共债务/GDP 的比率为 105.8%;税务与 2003 年相比增加了 1.0%(从 2003 年的 42.8%到 2004 年的 41.8%)。

意大利就业情况与欧洲其他国家相比意大利的失业率是欧洲少数几个失业率高于 20%的欧盟国家之一,其失业率高于欧盟 15 国的平均水平。甚至有好几年的失业率在 30%以上。2004 年 25 岁以下的年轻人的失业率高达 23.5%。意大利经济面临的主要挑战是与发达国家甚至新兴国家相比已失去竞争力。

由于意大利 80%以上的人口是天主教徒,绝大多数的私立学校是天主教创办的学校,特别是许多职业教育与培训机构由教会创办的。学校里开设宗教课程作为选修课。因此宗教对该国的教育有着重要的影响。意大利语为官方语言,也是教学用语。但在有些大区在官方文献和教育中有权使用地方语言。

综上所述,对意大利的职业教育进行研究的前提是必须从其人口、政治、经济、社会等多方面的背景下进行考虑和分析。

# 第三章 19—20世纪意大利职业教育的改革与发展

## 第一节 职业教育与培训制度的起源

### 一、卡萨蒂法(Legge Casati):"双轨制"的确立

意大利现代教育制度的起源可以追溯到1861年。这一年意大利完成统一,成立了意大利王国。意大利最早的系统的教育法是撒丁王国时代的教育部大臣卡萨蒂起草的。1859年颁布的卡萨蒂法(Legge Casati)对统一意大利王国很有作用,奠定了迄今为止的意大利教育制度的基础。该法规定了小学为免费的、强制的和统一的原则。在中等教育里确立了两个相互分离的制度,即提供普通教育的学校(liceo)和技术学校。

该法把传统的中学与技术学校并列起来,技术教育是在各个不同的部进行的(如农业部的农业学校、工业和商业部的工业学校),它们的目标是进行技术培训以满足工业社会不断增长的需要。

卡萨蒂法规定了国家负责组织教育活动。该法包括5个部分的组织规定,高等教育、高级中等文科教育、技术教育、基础教育和师范教育。这一制度的主要特点就是中央集中管理和高级中等教育的文科教育与实科教育之间的明显界限:文科教育开设拉丁语是通往大学教育的途径,而实科教育没有拉丁语课程,提供职业所需要的教育。卡本诺法(Legge Coppino)又对这一法律做了补充规定,提出了至低级基础教育的义务教育,但这一规定只在有限的范围内得到实施。

工业家、工人和天主教运动提出了要缩短学校与工作之间的差距,和提供高质量的培训为刚刚统一的国家的公民服务。在当时,职业教育按照一般意义上的理解是在教育制度之外进行的,为工作做准备的职业培训(avviamento al lavoro);历史上,它一般是与工作有关的学校,多由公益机构创

办的,尤其是通过私有的财产或地方机构发展起来的。

## 二、秦梯利改革(Reforma Gentile):"精英教育"的加强

1922 年法西斯政府掌权,1923 年教育部长秦梯利进行了改革,确立了中央集权的教育制度。秦梯利改革(Reforma Gentile)对学校制度的组织管理进行了彻底地改变:提出了在小学后"补充"另外 3 年制的教育(即初中),与该补充的学校平行的是以初始职业培训取代了技术学校。义务教育年龄提高到 14 岁。其他的内容包括:

(1)除了附属于一些国立师范学校(istituti magistrali)的幼儿园之外,学前教育(scuola del grado preparatorio)既不是义务教育,也不免费,更不属于国立学校;

(2)小学(5 年)分为两轮(低级和高级);

(3)初中教育,包括 6 种不同的学校:职业流称为"培训学校(scuola di avviamento)"(2—3 年),学术流称为中学(ginnasio)(分为低级 3 年和高级 3 年),技术学校(istituto tecnico)(4 年的低层次课程)和师范学校(istituto magistrale)(4 年低层次课程),艺术学校(3 年);

(4)高级中等教育,包括 5 种学校:文科高中(liceo classico)(3 年),理科高中(liceo scientifico)(4 年),经济和商业的技术学校(4 年高层次课程),师范学校(3 年高层次课程)和艺术学校(liceo artistico)(4 年);

(5)高等教育,包括国立大学和不受国家资助的私立大学。

该法把教育分为两流,在各层次开设不同的课程:高中(liceo)是为培养未来的领导阶级打基础,而实科学校的目的是提供学生手工的和实际的技能。

秦梯利改革为教育开辟了一个新的阶段,以技术学校代替了技术中学,并成立了补习学校,它是职业学校(avviamento al lavoro)的前身,根据 1928 年的联合协议第 577 号成立了职业学校。然而,只有到了 1931 年 6 月 15 日颁布的法律,才把以前属于各部的技术学校划归公共教育部来负责统一的组织计划。在任何情况下,它们对升入大学都很遥远,只有获得普通高中毕业证才被允许入学。

秦梯利的改革削弱了职业教育,而加强了传统的普通教育的地位。作为大学预科而存在的国立高中是为当时社会的中上阶层服务的,具有"精英教育"的色彩。

秦梯利改革"更加强调传统的、普通的教育而不是强调职业性教育,加强了国家的控制。但是,改革的总趋势和精神却是向新方向的前进。这是

和法西斯思想非常合拍的。"①

20世纪30年代,现代教育制度进一步完善,在高级中等教育里建立了技术学校(1931年)和职业学校(1938年)。

1938年9月21日的皇家谕令NO.2038,成为在1939年6月2日颁布的第739号法令。该法授权政府按照专门的规定成立技术学校。它成为未来的职业学校的第一个中心。

1940年7月1日的第899号法,提出中学统一化,把低层次课程的技术学校和师范学校并入3年制的初中(scuola media),它曾被错误地称为"单一学校(unica)",因为培训学校还仍然存在。

随着法西斯政府的倒台和共和国建立,根据1948年宪法的原则,学校制度发生了彻底的改变。宪法的规定通过几次关于组织和课程的改革在学前教育、义务教育和非义务教育中实施。

然而,秦梯利的改革也有积极的一面,小学被给予了更加广阔而富有创造性的教育方向,学制从4年延长到5年。新的教学大纲强调历史批评的方法。②

## 三、新宪法:权利下放之始

第二次世界大战以后,教育制度在短期内没有发生根本的变化。这个中央政治集权的传统由天主教民主党继承过来并发扬光大。由教育部长为100个省区所指派的长官对国立学校进行管理,而对于私立学校,大多数是天主教学校实行特殊照顾。

1948年1月1日生效的宪法提出了意大利新的教育基本目标。宪法的第13条和第14条载明,培养、教育儿童并让他们学习是父母的义务,同时又是权利,规定了至少8年的义务教育是强制性的和免费的教育制度。

学制:学前教育机构有幼儿园,普及率很高。公立幼儿园日益增加,但由宗教团体以及其他机构组成的私立幼儿园更多。此阶段属于初等教育的一部分,教育思想深受该国伟大的幼儿教育理论家蒙台梭利的影响。义务教育6至14岁,共8年:小学5年,初中3年。小学在课程方面分为2年低年级和3年高年级。在低年级进行综合的学习,在高年级进行分科学习。

---

① [澳]W·F·康内尔.二十世纪世界教育史[M].北京:人民教育出版社,1990:529.

② [德]T·N·波斯特莱斯维特.最新世界教育百科全书[M].石家庄:河北教育出版社,1991:325.

有些地方有复式小学。中学在 1963 年的改革以前分为普通中学和职业准备学校两种。中学课程分为必修和选修。特点是拉丁语在前两学年为必修课,技术、音乐在第一学年为必修课。

连接初中的高级中等教育机构多种多样,除普通教育、技术教育、职业教育、艺术教育以外,培养教师也在此阶段进行。进行传统的大学准备教育的普通教育机构分为 5 年制的文科高中和理科高中;技术教育机构有技术、农业、工业、航海、管理、旅游、测量和家政 8 种技术高中。职业教育有 6 种学校,艺术教育有 3 种学校,师范教育有 2 种学校。普通教育的高中生毕业时通过国家考试授予毕业证书可以升入大学。可是典型的双轨制限制了普通教育之外的其他类型学校的学生升入大学。大学文科专业学制一般 4 年,理工和医科为 6 年。

宪法还制定了培训制度总的框架。它宣布共和国在教育、培训和工人的职业发展中居于中心地位。最后,该法还区分了国家和大区的责任,即在学校进行的教育由国家负责,而职业培训由大区负责。从立宪以来(1861)到法西斯的倒台(1943—1945),意大利一直是一个中央集权色彩很浓的国家。直至 1948 年共和国宪法颁布,才开始了从中央到外围进行权利的"去中心化"的进程,但当时还仅限于行政管理方面。教育部是中央集权的顶点。高等教育机构直属教育部管辖,中等教育直属国家设在地方的机构——地方学务部管辖。初等教育的管理采取由地方学务部下属的视学官对各个区域的学校进行监督。

在宪法中,共和国把职业培训作为计划的目标之一(第 35 条),来"改善工人的教育与培训"。培训是一个宽泛的概念,除了包括狭义的职业的含义外,还包括教育的、文化的和道德价值的含义。

战后,重建的要求和人们迫切的需要推动国家的生产体制采取措施提供短期的、实际的、初等水平的技术教育和培训。目的是迅速培养人力来满足工业制度当前变化的需要。

在整个 20 世纪的上半叶,职业技术教育是与文科教育平行的,但不是平等的。高级中等教育阶段实行普通教育的文科高中和理科高中,它们为升入大学做准备,其他学校的升学则受到限制。但在"技术"与"职业"这两个术语之间没有明确的区别。人们一般认为,职业教育仅仅是实用的培训,是与手艺有关的,是在为工作做准备的学校里进行的;这一学校的建立有双重的目的,一是完成至 14 岁的基础教育,第二是进行各种部门的职业培训:农业、商业、工业、女性行业、海洋业。

意大利宪法主要是改正了古老的集中制,放权给地方政府(市和省)以及新成立的 20 个大区(其中有些大区由于有自己的种族、语言和历史特征,因而拥有更大的自治权)。在教育制度上有一个总体原则,国家根据这一原则制定教育目标,并创办各级各类学校。各大区在手工艺和职业教育以及学术援助事务中有了立法权和行政管理的权利。但直到1977年才批准了一项关于实行责任划分原则的法案。

1949年第264号法令第一次规定了职业教育的科目。直到20世纪70年代它都是主要的法律制度。根据法律,培训措施直接针对成人。劳动部采取的措施基本上是"职业教育、资格证书、技术更新培训和对失业者的再培训"。第二种培训是为了对45岁以下的已就业者提供更高一级的证书。

在这一阶段,新成立的共和国所面临的主要问题是建立全国统一的教育制度;缩小与其他欧洲国家在经济和教育中的落后局面,减少文盲率;缩小南北经济和教育的差距。

## 第二节　50—60年代的发展:废除初等职业教育与培训、职业形象定位

### 一、废除初等职业教育与培训使初中一体化

共和国成立后,迫切需要对小学和初中的课程进行改革。但直到1955年,才制定了小学的新的课程,到1962年新的单一的、免费的和强制的初中教育才得以建立,它取消了这一阶段的职业培训学校。

第二次世界大战结束后,职业学校开始呈现新的面貌:旧的职业学校(aviamento)的局限性逐渐明显,这同样表现在技术与职业部门,它们互相补充但没有相互独立。人们对职业教育有了新的认识,认为14岁以前进行的职业教育既没有任何教育意义,又是经济上的浪费。到了1962年为了统一初中,开始第二次世界大战后的第一次学校改革,即对所有的14岁之前的孩子提供同样的教育机会。

在20世纪50年代,公共教育部根据一项共和国的总统令,开始对技术学校进行更新,最主要的目的是支持国家刚刚开始的经济和生产活动。这些学校称之为"职业学校(istituti professionali)"。

在第二次世界大战后的最初几年的重建中,最迫切的任务是解决年轻人没有适当的准备就进入劳动市场的问题。1951年第456号法令把职业培训课程扩大到青年以及成人,把关注的重点转到这一方面,为发展初始职业培训打下基础。后来成为整个意大利职业培训制度最大的部分。

1955 年,引进了学徒制,它要求学徒除了在车间接受实际指导外,还要参加培训课程。

随着培训面向更年轻的人口和引进了校外的额外功能,刚出现的培训制度的结构必须要延长和需要有连贯的课程,它的学习计划采纳了国家职业学校的课程。

在 20 世纪 50 年代末期至 60 年代早期,随着工业的起飞和经济的爆炸式增长,意大利成为一个高度工业化的国家(居世界第七位)。大量的人口流入工业,南方的人口流入北方工业区。意大利面临着把学校教育与劳动市场和不断扩张的生产体系的要求联系起来的需要。以便使教育制度能够为国家提供良好的劳动力。在这些年里对高级中等学校的改革引起了激励的讨论,逐渐支持学校教育的"去职业化",而趋向于把严格意义上的职业培训授权给雇主来实行,或者至少在学校外部的机构里进行。职业培训课程的组织由公共权利部门负责,尤其通过国家工业劳动局(INACLI,基本属于国立机构)和国家商业劳动局(ENALC),和后来在 1958 年成立的国家手工业劳动局(INIASA)——以及其他各种各样的局、所、协会和培训中心。

1957 年,欧洲经济共同体产生,罗马条约成立了欧洲社会基金(ESF)(第 123 条)并规定了基本的原则来实施共同的职业培训政策,目的之一是鼓励"国家经济和共同市场的和谐发展"。欧洲社会基金在 1960 年开始实施,它在发展意大利职业培训中的作用不断增加,现在已占据至关重要的地位。

1960 年以后,意大利的教育制度在量和结构上都发生了重大的变化,然而也保留了该制度初建时的某些特征。主要问题是新变化和旧体制、旧思想之间的对抗。这些旧思想急需改变,以适应新的教育制度。

## 二、各类职业资格(qualifiche)和职业形象(profile professionali)的确定

1959 年 2 月 27 日,根据技术教育总部下发的第 95 号部级通知,第一次使职业形象和资格体系化,有了时间表和考试。在通知中,这些职业学校被认为是 10 年实验的成果;它们的目的是作为"进行职业培训和培养合格的技师的学校"。[①] 每一个形象都与规定的目的有关"对规定的所要达到的资格做基本的准备"。这些资格是根据当时的企业命名法和采取劳动与社

---

① Mengucci, R. & Romano, R. *L' evoluzione dell' istruzione professionale* [J]. Studi e documenti degli annali della pubblica istruzione. 2006(115—116):112.

会福利部的分类法来确定的,并考虑到了欧洲的背景。事实上,"它充分考虑到了欧洲共同市场和可以预见的国际劳动市场的风险,资格与各类技师形象相符合,与国际劳动办公室(Bureau International du Travail-BIT)的规定一致"。

在第 95 号通知中规定了 14 个部门的 100 项职业形象。在下一年做出的修订中发展到了 20 个部门的 123 项职业形象。可以看出,职业学校的干预不是通过议会颁布的法律进行的,而是通过部级的通知或政令进行的,这是为了能够更迅速地对地方和生产世界出现的新需要做出回应。

在这些建议中,值得注意的是给予职业学校在管理学校方面的自治权。共和国总统令授予每一所学校具有法人资格,这是根据公共教育部建议的在教学活动的一开始,就应该有明确的课程类型和学制以及对教学目标的规定。该法令规定可以对学习计划进行创新,通过每所学校的管理委员会,来提高培训的质量,决定年度活动计划。给予管理委员会在管理方面的权利,可以决定对教职工的聘用和购买必要的学生实习的设备。

为扩大理论与实践的结合,确保与工作世界的紧密联系,提高培训的水平,聘请企业的技师到学校教学,传授他们在工作中的经验。另外,在管理委员会和考试委员会中也有来自产业和企业的代表。

在这一发展阶段中的职业教育的课程类型种类繁多并直接与社会和经济相结合;课程的主要目标是获得职业资格;学制 2 年或 3 年不等。

此外,1968 年,学生团体对入学选拔提出了尖锐的批评。青年运动的结果之一就是使具有任何类型的高级中等学校毕业证书的任何人都可以进入任何大学,而不受任何限制。

# 第三节 70 年代的发展:大区负责学校体系之外的职业培训

## 一、权利的去中心化

从 20 世纪 60 年代末,发生了一系列的法规上的和组织上的重要变化。改变了意大利学校的法律—行政的组织,这也包括职业教育方面。

在 1969 年,第 754 号法令成立了证书后课程(从起初的 14 种发展到 23 种),使合格的学生可以获得毕业证书(diploma di maturità)(第 3 条)。同年,公布了一些资格方面的计划,规定要在计划和时间表中加强普通文化。

在 20 世纪 70 年代,职业教育的发展受到了两个条件的重要影响,一方面是由于大区开始有这方面的权限,二是对中等教育中第二轮教育的改革不定期的推延。

事实上,在 1972 年以前的职业培训制度缺少制度化规定。1948 年宪法第 117 条规定大区在其正常的职责范围内可以对"职业和手工艺教育"方面进行立法。它成为在大区实际具有法律效力的主要规定。在 1972 年,该法的第 117 条还有效的时候,对它的解释产生了许多争议,最后由国家层次负责职业教育得以并存。最后,通过宪法的条文的规定,尤其是 1977 年 法案 D. P. R616/1977 对职责进行了转移,大区的权利限制在职业培训方面,同时由国家负责职业教育。该法案规定:由国家负责学前教育和义务教育、高级中等教育和高等教育,提供普通的文化、科学和技术教育;由地方政府负责开设并监督职业教育,学制很有限(最多两年),提供高级专业知识和培训,充当国家教育和劳动市场之间的桥梁。地方教育体制发展速度不一致,存在较大的地区差异(北部比南部发展得好)。

权利的"去中心化"的目的是使制度更具有弹性和更适应地方的要求,符合当地的市场制度。大区负责初始和继续职业培训,但这一制度一直主要面向没有任何证书的青年,主要职能是提供给他们补救性的教育。由于大区对初始培训活动缺乏有效的方法和对继续职业培训缺少具体的资金,长期以来意大利没有形成一种为使雇主、青年、工人、失业者和长期失业的成人均受益的、有机的、有组织的继续职业培训制度。

经过几年之后,大区政府宽泛的自治权使得各大区的制度有很大的差别。权限向大区的转移并没有使这部分的规定统一起来。因此,1978 年 12 月 21 日颁布了关于职业培训的第 845 号框架法,开始授权大区负责实施在国家的各类教育计划之外的职业举措。该法授予中央政府指导和联合管理的地位,允许每个大区根据自己的方针政策独立行使权利。

大区开始职业培训活动,直接对大区职业培训中心,或对根据协议成立的专门机构进行管理。职业学校隶属于公共教育部,与大区负责的一级和二级培训课程共存。

在改革的十年中,1974 年是对学校来说至关重要的一年。1974 年的法令对意大利学校的法律—行政组织做了深刻的更新。其中对教职工的法律地位重新进行了定位,制定了实验的规则,即在学校首次成立委员会机构,对学校的行政有最终的决定权。企业不参与职业学校的组织和管理。

一般的管理特征是,对所有学校有一致的管理,在多数情况下减少了职业教育活动的空间。例如,对班级学生数最多和最少数量的确定,一方面如果人数太多会给实验室的活动带来困难;另一方面,如果人数太少会影响地方生产对质量的具体要求。

## 二、新的职业形象和课程的创新

在 20 世纪 70 年代,根据法令第一次把对学校机构的改革放在第一位。在选择课程种类和继续培训方面,除了新引入的实验课程外,在 20 年里几乎没有改变。1974 年 5 月 31 日的 D. P. R. 419 进一步使实验扩大,它使在每所学校成立管理委员会成为可能;同样也使中央行政根据社会和国家经济的发展,对课程进行创新的计划成为可能。

因为培训与现实产生的落差越来越大引起了人们的关注。开始进行实验来创新组织课程以满足工作世界新的需要。职业技术教育总的方向是要密切联系工作世界。迫切需要对课程革新,以有效地回应现实生产的变化。一些与国家联合的实验项目已经开展。

技术教育方面成立了各种类型的技术学校(商业的、设计的、工业的、社会活动的)和在每一类中不同方向的学校。这些学校具有很大程度的实验的因素,在大量的学校机构里进行课程的改革,其特点如下:

(1)对生产和工作出现的变化和需要进行分析和回应;

(2)对出现的新能力的需要制定框架;

(3)对课程的规定包括具体的和相关的能力;

(4)制定原则和培训目的,制定具体的目标、内容、方法和评估程序。

因此,培训的创新既包括内容也包括方法:内容创新的特点是除了使材料现代化之外,还包括开发新的学科;方法的创新要求对教师进行多方面的培训,如在教学中使用新技术、利用实验室、重视学校—工作的经验(实习期、学校—工作交替制、在企业中其他形式的实践、参与项目)。

# 第四节　80—90 年代的改革:加强
# 职业教育课程的改革

## 一、"92 工程('92 Progetto)":职业教育"普通化"

在 20 世纪 80 年代的第一年提议对职业学校进行改革试验。然而,试验在两个方向来回摆动,这给职业教育的形象带来了危险。一个方向是要求课程绝对职业化,紧密与地方的需要结合起来,这使得至少是在 3 年制的试验课程里产生了大量的课程证书的种类，特征是短期的课程（证书课程）向有意的青年提供迅速进入工作世界所需的文化和职业技能，并保证继续学习所需的能力。很明显这一方向是受到实用主义思想的影响。另一个方向是职业教育普通化，即加强普通文化课程的教学。这也是当今世界职业教育课程发展的总的趋势。意大利作为文艺复兴的发源地，向来重视人文教育，人文主义和新人文主义思想具有悠久的传统。因此这一改革方向最终占据了绝对优势。

正如一些人文主义者所认为的，普通文化开辟了理解世界的道路，赋予人们获得真正意义的能力，以创新的方式来理解和做出判断的能力。它也是适应经济和工作变化的首要工具。在这一点上必须强调普通文化的教学是教育与培训的基本任务。这一任务的意义必须理解为：学校和职业培训的基本任务不是给人们提供一个经济的工具，而是帮助全面发展其潜能。[1]新的信息技术使文化支离破碎，那么知识社会就更需要加强对普通文化的学习。我们正在走向新的社会结构中，要求我们要有能力控制复杂的、不可预知的情况。要求能够面对不断变化的社会情况、地理与文化背景和不断变化的目标。能够在信息爆炸的支离破碎的片段中，和对此成倍增加的解释和片面的分析中，找到有用的信息。普通文化打开了通向智力世界道路，能够储备、收集和解读有用的信息，并加以创造和判断。[2]

在 20 世纪 80 年代后半期，生产过程的新发展和组织的变化促进了对熟练技师的需求。这逐渐使大区提供 2 级培训，即中等后培训。在接下来的几年里，对各类学校进行的改革并没有付诸实施。直到 1990 年，对小学的改革才得以完成。同年也对大学的教学规定进行了改革以及引进了短期大学毕业证。而高级中等教育由于政治的原因没有进行大的改革，但为了改变陈旧的课程和僵化的模式，启动了重要的实验。

因此，在 1988—1989 学年开始了"92 工程（'92 Progetto)"的国家试验计划，它在短短几年里对职业教育中的培训路径进行了重组。

职业学校里的 3 年制证书课程重组为 2 年的统一课程和 1 年的职业课程。新的计划对不同课程的教学内容和时间进行了改变，减少了专业的教学，而加强了文化、人文和科学的教学。在 3 年制课程结束后，可以通过大

---

① Malizia，G. e Nanni，C. *Istruzione e formazione：gli scenari europei*［A］. Cnos-Fap e Ciofs/Fp. Dall' obbligo scolastico al diritto di tutti alla formazione：i nuovi traguardi della Formazione Professionale［C］. Roma：Cnos-Fap e Ciofs/Fp，2002：15—42.

② Malizia，G. *La legge53 / 2003 nel quadro della storia della riforma scolastica in Italia*［A］. Milano：FrancoAngeli s. r. l. 2005：42—63.

区和产业界联合开发的具有创新和弹性的路径(即所谓的"职业化领域")获得职业毕业证。

1992年4月24日的部级政令,对关于"专业课程教学计划和时间"做出了指示,规定了课程的普通结构,对教学进行了合理的分配(普通的、专业的和职业的)。规定了在普通领域的教学计划和时间及在职业领域使用模式化教学。① 职业证书的种类数量大幅度减少,从大约150种减少到18种,又另外加了2种卫生保健方面的证书,在这2种证书里,增加了10种非常规课程的专业。

1994年4月15日的部级政令对两年制的证书后课程的内容进行了更新。划分为对所有课程的普通领域的教学、专业学科的教学和由大区负责的职业化教学(第三领域)。

在20世纪90年代后半期,实验培训的路径有了新的规定,减少了大量的方向,而开设可以提供下列内容的课程:

(1)更好的交流能力;

(2)外语能力;

(3)更好的数学逻辑和信息处理能力;

(4)更加专业化的能力,这种能力重视的是更高的质量而非数量,是对技术程序的管理而非应用。

专业、资格证书和毕业证被分为3大领域:农业—环境、工业与手工业、服务。每一个领域又分为不同的专业,它们与职业领域更加相关。

这一缩减是通过把培训路径合并到大的职业领域进行的。它的特点是,既加强了基础文化的培养,又可以使基本的素质产生一系列的具体能力。

这不仅是即将改革的义务教育的观点,也是因为不可能跟得上不断变化的具体职业的要求,目的是加强职业教育的文化维度。为了面对技术的进步和经济的发展,有必要使青年基于这些基本能力使他们在整个职业生涯中能够学习任何的专业、能够创新、能够改变、迁移和创造。②

国家和大区在这一领域的合作可以更加有效地促进平等的发展;有着不同倾向的两种制度真正开始相互联系和融合的试验期,它对所有的青年都有利,一种情况是提供了更广泛的合作领域,更重要的是使青年能够找到更适合自己的解决办法。

---

① 该法令向议会提出立法通过(在1994—1995学年开始),但根据1993年2月15日的D. M.被推迟到1995—1996学年开始实施。

② Martinez,G. *Una fornazione per il futuro*[J]. Studi e Documenti degli Annali della pubblica istruzione. 1989(49),Ⅶ—Ⅹ.

新的课程的特点是克服了"行"与"知"的矛盾,通过加强对青年人文精神的培养,也通过积极的学习方式能够开发多元智力,还通过致力于和遵守构建和谐社会的原则——为那些来自经济上和社会上处于弱势群体的学生——提供平等的机会、积极的偏见和有效地履行其公民权。①

## 二、"2002 工程('02 Progetto)":规定自治权

1997 年初,教育部提出一项计划来重组教育制度,它对教育制度的结构进行了根本上的改造。在 1997 年第 59 号法颁布之后,立刻开展了一项名为"课程自治(Corricoli dell' autonomia)"的试验,即"2002 工程"。这是一批职业技术学校的校长和各类高级中等学校的教师都支持的一项试验。

"课程自治"提出利用一体化的和相互作用的机遇,在不同的路径中可以进行选择和转换。

第一个目的就是在课程方面的教学自治权,规定在教学和组织的弹性化以及延长义务教育的年限,克服——尤其是在 2 年制中——僵硬的因素和学校组织的分离,建立学校教育与职业培训之间更加紧密的联系。

根据对学校的创新试验中获得的经验,制定了对所有类型的学习组织的方法上的指导方针:

(1)规定周学时的上限(根据不同的学校的种类 30—34 学时);

(2)学年的学科教学时间(平均为 33 周);

(3)在前两年的同样的课程领域(大约占总学时的 2/3),在不同类型的学校是一样的,但又有弹性;

(4)对每一个职业的学科的学时最多不超过总学时的 5%;

(5)根据地方需要的学时(每周 2 小时);

(6)开设教学模块,采取任务和培训学分的制度。

在全国开设了 166 所高级中等学校的试验课程,分为下列领域:

(1)22 所文科、理科和师范类高中;

(2)64 所技术高中;

(3)75 所职业高中;

(4)5 所艺术高中。②

---

① Mengucci, R. & Romano, R. *L' evoluzione dell' istruzione professionale* [J]. Studi e Documenti degli Annali della Pubblica Istruzione,2006(115—116):116.

② Mengucci, R. & Romano, R. *L' evoluzione dell' istruzione professionale* [J]. Studi e Documenti degli Annali della Pubblica Istruzione,2006(115—116):117.

　　国家的职业教育试验命名为"2002 工程",是为了与"92 工程"保持连贯性,并采纳了从最近几年的创新活动中所取得的经验。尤其是"92 工程"已经规定了教/学过程组织的方案和模式,教师服务的模式、组建班级的原则、人力资源和设施的组织。

　　例如,对学习时间的组织的不同,减少了每周的学时数,但提高了培训活动的质量。职业教育课程减少了 15%,周学时数平均从 40 减少到 34 学时。根据学校的计划给予学年的课程安排更大的弹性。课程活动量的减少是为了平衡培训的效率,以提高教学质量和使组织模式更有效。

　　在"2002 工程"中的课程——与已经进行试验课程类似——由三大领域组成的统一体系,如表 3-1 所示:

表 3-1　课程领域及学时

| 公共领域 | | 专业领域 | | 综合领域 |
|---|---|---|---|---|
| 标准学时为 21 学时 | | 标准学时为 9 学时 | | 标准学时为 4 学时 |
| 最少 20 学时 | 最多 23 学时 | 最少 7 学时 | 最多 10 学时 | 4 学时 |
| 学年总学时 1122 | | | | |
| 平均每周 34 学时 | | | | |

　　(1)公共领域,目的是保证所有专业的学生具备牢固的、同样的和多种性能的基本能力(占总学时的 2/3);

　　(2)专业领域,在各专业有所区别的课程,但是具有方便学生从一个路径转向另一个路径的性能,在这种情况下,学生可以通过"指导"对最初的选择重新定向;

　　(3)综合领域,基于行业或区域所提供的机会,进一步地加强课程的专业化和目的性。

　　"2002 工程"的课程更加弹性化、教学更加有效化、与当地和工作世界的联系更加紧密。这是在高级中等职业学校代表所有类型的学校开展的一项学校自治的试验项目,在 1997—1998 学年有 80 所职业学校参与。它的目的是促进对课程进行重组的试验,原因如下:

　　一是使培训路径计划更加有效地减少辍学率,尤其是职业教育的辍学率很高。通过具体的活动,如接待、指导和补习文化和教育;

　　二是提高教学活动的质量和效率,通过增加更加弹性化和职业化的模块课程,在理论学习和实践中间保持持续的合作关系,学校与当地保持制度化的关系,把它作为培训的资源。

　　值得重视的是对减少周学时数的决定,从 40 学时减少到 34 学时,这是学校自己长期以来提出的强烈要求,因为这对学生来说无法忍受,对学校来说很难组织完成教学计划。因为没有适当的建设(如食堂)很难组织学生在下午还要回校学习,使他们频繁来往与家与学校之间。

计划的复杂性,加强了地方的参与和在教学、学科、及教师间的合作。这要求具备重组的人力资源使各类规定运行良好。

"2002 工程"使高级中等学校在前两年具有鲜明的学校自治的特点。目的是实现个性化课程,更加关注操作与实践的维度。弹性化课程强调在公共领域和专业领域课时的不同,学校委员会行使自治权对其重新安排,目的是促进培训活动的效率。

尽管要求参与该工程的学校不断增加,但 2002 工程不能够继续扩展,因为不可能再减少用于自治空间的学时数量。

# 第五节　有关法律和数据

## 一、共和国成立以来至 20 世纪末的有关法律和法令

基本原则和基本法:意大利立法的基础是共和国宪法的一些条款。第30、33、34 和 38 条款特别规定了立法的原则。这些基本原则有教育的自由;国家提供各类和各层次的教育,且各类学校无歧视地对所有人开放;大学、学术团体和高级文化机构有权独立制定自己的规章制度;个人有权独资创办学校和教育设施;父母有权力/义务为自己的子女提供教育,即使是非婚子女。如果父母没有能力为子女提供教育,要依法对他们予以帮助。要采取适当的措施来保证那些有能力和意愿的贫困学生进入高层次的学习。对公民的教育也包括对残障公民的教育与培训。

宪法规定的基本原则是后来法律的基础,特别是有关义务教育、教师教育、学生评价、全纳教育和职业培训。

1948 年意大利教育政策颁布以来的与职业教育有关的一些法律和政令有:

(1)1962 年 12 月 31 日颁布的第 1859 号法令建立了统一的中学制度;

(2)1973 年的第 477 号法令制定了政府以法律的身份颁布对所有国立学校教职工的规章制度,开展教育实验,并于 1974 年 5 月 31 日通过了与此相关的法令;

(3)1982 年的第 270 号法令对教师的法律地位、特别是对他们的聘用和职前培训有关的规则进行了很大了改革;

(4)1990 年 7 月 5 日的第 148 号法令对学校教育进行了改革；

(5)D. M. 24/04/1992（发布于 21/05/92 官方公报常规增刊 n. 117），"证书课程的计划和教学时间"对课程的总的结构进行规定；把教学分为适当的 3 个领域（公共领域、专业领域和职业领域）；对公共领域的计划和教学时间进行规定，并对职业领域的教学方式进行规定。该法令在送审期间（定于 1994—1995 学年实施），又增加了对专业领域的计划和教学时间的规定，并扩大了在该证书课程一年级所有领域的内容。并根据 D. M. 15/02/93 开始在 1995—1996 学年实施；

(6)1992 年 2 月 5 日的第 104 号法令对残障者的全纳教育；

(7)DD. MM. 7/8/92（发布于 1/7/94 官方公报常规增刊 n.98），"证书后课程的计划和教学时间"，它对上述法令规定的证书课程进行了更新，并规定了 2 年制的证书后课程分为 3 个教学领域，即对所有学生的公共领域、各专业领域和职业化领域。此外，对各个领域和专业领域的教学目标、教学时间和教学计划的方向进行了规定；

(8)1994 年 4 月 16 日的特别法案（Testo Unico）包括了所有公共教育（不包括高等教育）有关的主要实施标准；然而后来通过的法律提出了一些相应的改变，因此政府对特别法案又做出了修订；

(9)DD. MM. 2/12/94，对一些非常规专业（木业、诗琴制作业、金饰品业和面点业）的教学时间和计划进行了规定；

(10)D. M. 2/6/95，"农业部门的新 3 年制证书计划"，对农业部门的 3 年制课程进行了创新和完善，并结合以往的经验和工作世界的要求。在"农业—工业从业者"证书的课程保持不变，而对下列方面进行了改革：重新规定培养目标，在第三年对农业工人的学时和计划进行评价，更名为"农业—环境从业者"；在第三年引入"农业旅游从业者"资格证书。根据 D. M. 3/7/95，从 1995—1996 学年开始，全国的农业部门的国立职业学校都更名为"农业与环境国立职业学校"；

(11)DD. MM. 2/8/95，（发布于 20/6/96 官方公报常规增刊 n. 143），制定了非常规的大理石和工业设计专业的证书课程；

(12)D. M. 31/1/97，（发布于 13/2/97 官方公报常规增刊 n. 036 普通系列的第一部分），对 1997—1998 学年证书课程和证书后课程的公共领域的历史，以及证书课程第三年的意大利语的教学计划进行了修订；

(13)DD. MM. 17/2/97，（发布于 21/5/97 官方公报常规增刊 n. 116），对证书课程中其他非常规专业（视听、制陶、摄影、海运和盲人行业）的教学计划进行了规定；

(14)1997 年 3 月 15 日的第 59 号法令规定政府授予大区和地方权力

机关对公共行政进行改革,简化行政程序。与之相随的一些法令授予学校从 2000—2001 学年起,以教育、组织和科研的自治权。然而,学校必须严格遵守学生数量有关的限制(见法 59/1997 的 21 条和 1999 年 3 月 8 通过的 275 号总统令);他们重新在佛罗伦撒组建了教育文献图书馆和欧洲教育中心(见 1999 年 7 月 20 日第 258 号法令);提出了把权力更进一步从教育部和省公共教育局(Provveditorati agli studi)转移给大区和地方权力机关(见 1999 年 10 月 19 日第 370 号法和 11 月 3 日的第 509 条规定);

(15)D. M. 31/9/97,开始"2002 工程"的试验;

(16)1997 年 12 月 10 日第 425 号法对高级中等教育全国考试(esame di Stato conclusivo deicorsi di studio di istruzione secondaria superiore)进行改革,并于 2001 年 12 月 28 日颁布的第 448 号法令第 22 条做出一些更改,组建了考试委员会;

(17)1999 年 5 月 17 日颁布的第 144 号法令规定延长义务培训至 18 岁;

(18)1999 年 12 月 21 日颁布的第 508 号法令对美术学院、国家舞蹈学院、国家歌剧学院、高等工业美术学院、音乐学院(Accademie di belle arti, Accademia nazionale di danza, Accademia nazionale di arte drammatica, Istituti Superiori per le Industrie Artistiche, Conservatori di musica)进行了改革并核准了音乐学院。

## 二、有关数据

该部分数据的来源主要有:

(1)意大利公共教育部科研所(Ufficio studi MPI);

(2)意大利公共教育部官方出版物(pubblicazioni ufficiali MPI);

(3)意大利公共教育部数据中心(data warehouse-DW MPI);

(4)意大利统计局调查数据(rilevazioni Istat)。

意大利学校中的职业教育的起点很低,几乎不受重视。在 20 世纪 50 年代,国家正经历战后的困难时期,是经济和社会需要大力发展的时期,是建立自己的工业发展模式的时期。在这一阶段,根据颁布的总统令公共教育部(MPI)制定了对技术教育领域的总的指导方针,开始创办职业教育,开始仅仅从现存的技术学校转变而来,随后创办了全新的职业学校。

在 20 年间,学校制度得到充分和全面的发展,有了 800 多所职业学校和 50 多万名学生。在意大利学校的历史中,最初的情况是在整个教育部门的创建中没有相关的法律,而是通过法令政令来实施的。

后来的发展,正如图 3-1 中所示,在创建初期的前 3 个十年,即 20 世纪六七十年代和 20 世纪 80 年代相比,或从职业学校的创始至"92 工程"的启动,职业教育发生了全面的变化。尽管这一分析还不够全面,但试图提供意大利学校发展的动态和反映发展的趋势,反映 20 世纪 60 年代初至 1990 年选择职业学校的学生数量的总体的增长情况。

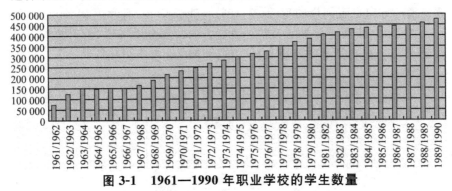

**图 3-1 1961—1990 年职业学校的学生数量**

来源:根据教育部年度数据编制

20 世纪 60 年代是非常重要的阶段:1962 年是意大利对初中提供同样教育的一年。义务教育在初中第三年结束,这是国家教育现代化的开始;那些有能力的学生能够继续其学习,即使是来自贫困家庭的学生。这是第一次实施宪法规定的平等教育原则,这无疑促进了学生继续在高级中等学校学习。

图 3-2 展示了同时期职业学校的发展情况。1969 年第 754 号法令创办了证书后课程,它使职业教育课程的学生可以获得毕业证。职业教育继续迅速发展。

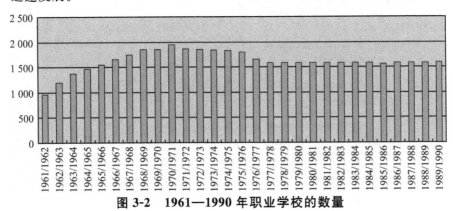

**图 3-2 1961—1990 年职业学校的数量**

来源:根据教育部年度数据编制

在 80 年代初,发生了另外一个重要的新变化,关于职业教育的 1978 年第 845 号法令,授权地区负责制定有关职业教育的法律。地区开始通过职业培训中心开展职业培训。这一决定在开始实施时引起了职业学校的减少,同时选择上国立职业学校的学生数持续增加。

20世纪60年代,学生在职业教育的不同方向的分布有很大的区别,最明显的倾向是工业部门,其次是商业。工业方向的职业教育的学生在这一阶段有很大的增长,在1961年有学生41 000名,十年间这一数字增至两倍多。商业方向也有同样的现象,在1961—1962学年,有学生25 000名,至20世纪70年代增至原来的3倍。农业方向的学生增长了38%,旅馆业方向的学生数量有限,也增至原来的3倍,如图3-3所示。

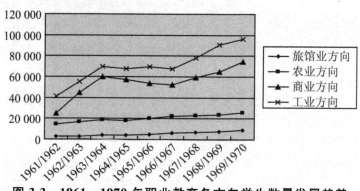

**图3-3　1961—1970年职业教育各方向学生数量发展趋势**

来源:根据教育部年度数据编制

在接下来的十年间,如图3-4所示,学生数量呈明显正增长,尽管与以前相比增幅有限。在1970—1971学年,工业方向的学生有109 000名,商业方向的学生有92 000名,到1980年,它们分别增长了67 000名和57 000名。尽管旅馆业方向的学生仍然很有限,但也有明显的增长:1979—1980学年学生增加了16 000名,而在1970年该方向的学生仅为10 000名。

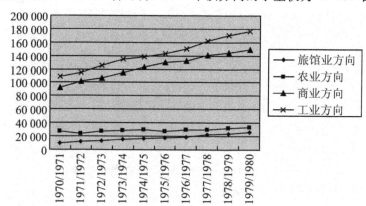

**图3-4　1971—1980年职业教育各方向学生数量发展趋势**

来源:根据教育部年度数据编制

在 20 世纪 80 年代,研究表明这一增长趋势仍持续发展,但与过去相比就更加有限。在 20 世纪 80 年代末,工业与商业方向的学生基本持平:工业方向的学生达到 194 000 名,商业方向的学生达到 191 000 名。在农业方向的学生有稍微减少,而旅馆业方向的学生在这 10 年间则增至 2 倍,如图3-5。

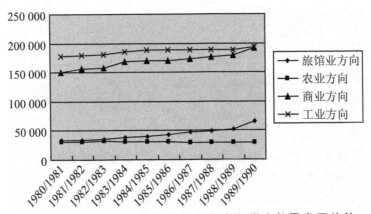

**图 3-5　1981—1990 年职业教育各方向学生数量发展趋势**

来源:根据教育部年度数据编制

　　图 3-6 是对各个方向的职业学校的调查数据。在 60 年代,学校与学生一样持续增加。工业方向的职业学校增加了一倍,到达 700 多所,同时商业学校也增加 2 倍到达 460 所。同样的现象也发生在旅馆业的职业学校上,虽然基数有限,但有着同样的增长趋势,在 1969—1970 学年到达了 73 所。

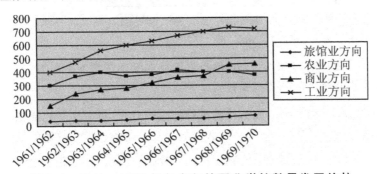

**图 3-6　1961—1970 年各方向的职业学校数量发展趋势**

来源:根据教育部年度数据编制

　　在 1971—1972 学年工业方向的职业学校发展到了 743 所,商业方向的职业学校达到了 467 所。在接下来的两个十年里,与以前相比职业学校呈负增长趋势,尤其是工业和农业方向的职业学校有明显的减少。商业方向的职业学校有少许反弹,而同时旅馆业方向的职业学校总是变化不大,并有显示正增长的趋势,如图 3-7 和图 3-8。

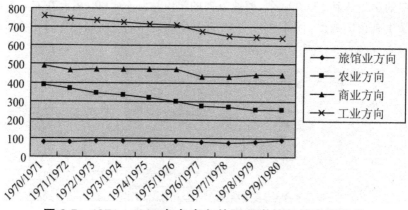

**图 3-7　1971—1980 年各方向的职业学校数量发展趋势**

来源:根据教育部年度数据编制

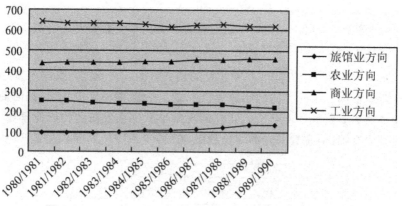

**图 3-8　1981—1990 年各方向职业学校数量发展趋势**

来源:根据教育部年度数据编制

对职业学校 30 年的数据背景进行广泛的分析,可以更好地描述它发展的轨迹和历史。第一个十年学校数量的增长是与学校学生数量的增长一致的。工业方向职业学校的数量翻了一番,达到 700 多所;商业方向的职业学校也增加了 2 倍,超过了 460 多所;同样的现象也发生在旅馆业的职业学校上,但它的基数很有限,在 1969—1970 学年发展到 73 所。

对接下来的两个十年的分析也很有意义,70 年代的数据表明一个下降的趋势。尤其是农业和工业方向的职业学校所占的比例有所下降。而另外两类旅馆业和商业方向的职业学校几乎没有影响,仍呈增长趋势。最后十年的情况呈相对稳定状态,与前期相比工业和农业方向的职业学校仅有稍微下降,旅馆业和商业方向的职业学校有稍微增加。

图 3-9 表明各类技术学校从 1961/1962 学年至 2000/2001 学年间的发展趋势。可以看出至 1990/1991 学年增至最高点,各类学校注册的人数都有所增加。而在接下来的 10 年里学生数量又突然下降,尤其是商业技术学校、建筑技术学校和工业技术学校里的,而旅游技术学校的学生则保持不变。

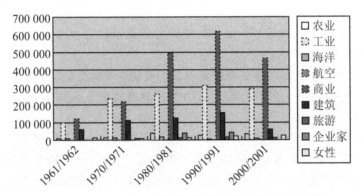

**图 3-9　1961—2001 年各类技术学校注册学生数**

来源:ISTAT

注:1.1961/1962 学年为估计数据,因为商业技术学校与建筑技术学校没有分离。

　　2.1961/1961 学年还没有旅游技术学校。

# 第六节　小结

从历史上来看,意大利技术教育产生于 19 世纪末。职业教育产生于 20 世纪 50 年代,它是通过 1939 年的规定,在技术教育领域成立"有着特殊目的和组织的学校"。它的课程按照 2＋3 年来组织。因此,起初它是作为技术教育的下级组织,入学者总是那些经济不好的学生和那些在学校成绩不好的学生。然而,战后经济的复苏对职业活动的要求越来越强烈,最后决定发展职业教育来为青年参加就业做准备。

技术教育的建立和发展是为了满足国家生产的需要。同时,技术教育的发展使学生可以进入大学继续学业。在过去的几十年里的变化引起了对培训的数量和质量的发展。大多数的课程都发生了深刻的变革,无论是通过更有效的教学方法,还是通过新科技的传播,尤其是信息、通讯和自动化技术。这些变革可以分为不同的时期,每个时期有自己的特征:

(1)1859 年颁布的卡萨蒂法(Legge Casati)对统一意大利王国很有作

用,奠定了迄今为止的意大利教育制度的基础。该法规定了小学为免费的、强制的和统一的原则。在中等教育里确立了两个相互分离的制度,即提供普通教育的中学(liceo)和技术学校;

(2)1923年秦梯利改革更加强调了这一"双轨制"的"精英教育"思想;

(3)1948年1月1日生效的新宪法规定了至少8年的义务教育是强制性的和免费的教育制度,开始了从中央到外围进行权力的"去中心化"的进程;

(4)1959为了满足不断变化的工作世界和新信息技术的发展,引进了新的职业形象的培训;

(5)1962年废除初等职业教育与培训使初中一体化;

(6)1977年权利的"去中心化"使大区具有在职业培训方面权利,同时由国家负责职业教育;

(7)20世纪80年代末开始的"92工程('92 Progetto)":对职业学校课程的重组。至1990年,实验项目进一步扩大,尤其是增加资助的项目。这些项目有效地推动了形象的多样化和每所技术形象的发展,在全国的学校里迅速展开创新活动,包括教学内容、教学方法、根据实际生产的需要的变化,培养新的职业形象所要求的能力;20世纪90年代后半期,在行政管理方面有所革新,给予学校在教学、管理和实验的自治权。1995—1996学年开始的"2002工程"的课程更加弹性化、教学更加有效化、与当地和工作世界的联系更加紧密方面向前迈了一大步。

总的来看,意大利教育制度的发展经历了几个方面的变化:

第一,权利的"去中心化"。立宪以来(1861)到法西斯的倒台(1943—1945),意大利一直是一个集权国家。1948年共和国宪法颁布以来,开始了从中央到外围进行权利的"去中心化"的进程。在刚开始时还仅限于行政管理方面,后来对职权进行了更细致的划分,有些已经被通过,有些还在审议之中,这也包括教育方面在国家、大区、省和市的职责划分。这些部门和学校拥有更广的自治权,如教学、组织、科研和实验;

第二,义务教育年限的延长。义务教育的年限不断延长,从1877年法律规定的基础教育的前2年,到1948年宪法规定的8年义务教育,一直到1999年的第144号法令规定的至18岁的义务教育和培训;从仅仅规定教学内容到将来的班级管理,从过早的职业定向到一体化的制度来延迟教育与培训的分化是一个渐进的过程;

第三,办学类型多样化。从国家垄断教育到宪法第33条规定的办学的多元化(法律保障国家或法定团体有权办各种类型、各种层次的学校),到学校平等权的法律规定;

　　第四，教育理念的转变。从学校帮助学习的教育理念到"学习权利"的理念，即有能力的学生有权进入高层次的学习，残障学生也同样有学习的权利。从以教师和学校为中心的教育，到以学习者为中心教育。终身教育思想深入人心。

　　但是，我们从上述的意大利教育制度的改革发展历程来看，对与高级中等教育阶段的改革还是非常滞后的。虽然先后颁布了许多的法案，但都没有在全国进行真正的推行。这其中的一些原因正如有的学者认为的那样，一是该阶段的学校错综复杂的分流是一种对经济和社会需求作出无计划的和零散的反应而发展起来的。尽管文科高中在规模上被压缩了，但与它古老的具有高人一等的优越感的传统联系在一起，仍然保持着良好的声望。技术和职业教育学校有时候以一种短视的方式或者满足非常狭隘的目标而获得了发展。二是许多人担心新的改革可能会破坏目前的体制，并由大量的普通中学来代替现存的学校体系，可能造成的损害要多于能得到的效益。三是意大利的政府官员不急于彻底改革现存的教育制度，因为他们对现有的体制的运行正常感到很满足。再者，地方当局和各学校的行政人员未能积极参与教育体制及课程的改革，没有发挥其积极主动性。四是经济因素导致教育经费不足，尤其是对改革实验经费的拨款有限，影响教改实验的广泛开展。五是缺少对高级中等教育问题的有计划的研究，即使进行研究，也固守传统的观念，把它作为一种理论研究，对实际研究普遍持怀疑态度。①当然除此之外，意大利的政治因素也是制约改革发展的重要原因，政府更迭频繁，政令不能连贯实施，国家、大区、地方和机构之间的权利纠纷，无不为意大利的教育制度改革设置了种种障碍和壁垒。但随着20世纪90年代以来，受到国际化和欧洲一体化的推动，意大利教育与培训制度进行彻底的重建已成为必然。

---

　　①　汪霞，张怡春.意大利的教育及存在的问题[J].学科教育，2000(2)：46—47.

# 第四章 21世纪意大利教育与培训 制度的改革与重建

## 第一节 改革的背景与动因

所有国际上在教育方面的报道,不管是在世界范围的(UNESCO)还是欧盟范围的,都强调要尊重学校的传统功能。在今天的工业化国家有着不同的道德标准,即知识社会是一个复杂的社会、多元化的社会,是多元文化、国际化和全球化的社会。① 意大利也同样面临着对教育的新的要求,寻求应对的措施,对教育与培训制度进行重建。

### 一、全球化和欧洲一体化的推动

如上所述,自50世纪后半叶以来,全球化及区域一体化对各个国家都带来了很大的影响。各国也都在致力于培养适应这一时代变革的人才,以增强国际竞争力。随着欧洲经济、政治一体化进程的不断深化,欧洲教育一体化也在不断向前发展。全球化、信息化社会的到来也无不深刻影响着欧洲和意大利的教育改革。在欧洲,意大利的教育制度与其他欧洲国家相比有很大的不同。意大利在参与会议中总是作为跟随着、效仿者,同时又对改革的意图很确定,意识到自己目前的教育制度落后了几十年,这在大量的文献中都提到了,并在全国进行了各种各样的改革。

著名的里斯本目标要求各国教育制度必须在2010年实现,而意大利的位置远远低于欧洲的平均水平。这要求意大利必须进行改革来克服这些困

---

① Delors, J. (a cura di), Nell' educazione un tesoro, Armando, Roma, 1997; Cresson, E e Flynn, P. *Insegnare e apprendere*. Verso la società cognitive, Commissione Europea, Bruxelles. 1995; Nanni, C. *L' educazione alle soglie del XXI secolo*[J]. Salesianum, 2000(62), n. 4, 667—682.

难和历史的障碍。

自从 2000 年里斯本战略发起之后,在欧洲范围内引起了非常激烈的对教育与培训政策的争论。该战略强调了对具有竞争力的知识经济和具有凝聚力的社会的需要。为了使欧洲更具有竞争力和到 2010 年有更多更好的就业机会,里斯本欧洲委员会把教育与培训作为一个有力的政策杠杆。基于此,委员会号召欧盟成员国促进他们的教育与培训的现代化。巴塞罗那目标和教育与培训 2010 工作计划①制定了路线图来保障人们终身都能够更加容易地获得高质量的教育与培训。目的是统一欧洲学位结构、促进国际学生流动、劳动力自由流动和国际学术认证。

为了预防未来技术短缺,职业教育与培训要为中青年提供适当的技能准备。2006 年 12 月在赫尔辛基举行的教育部长会议上把这作为欧洲职业培训发展中心(CEDEFOP)的主要使命。赫尔辛基会议旨在发展欧洲 VET 制度,使欧洲社会国家更加具有凝聚力和竞争力。教育与培训被认为是一个有力的政策杠杆,能够使欧洲更具有竞争力,提供更多更好的工作以及加强社会的凝聚力。为促进教育与培训现代化的发展进程,制定了欧洲在 2010 年需要达到的 5 个基准。其中有 3 个是与职业教育与培训有关的:

(1)降低早期辍学者(18—24 岁)的比例至 10%;

(2)保证至少 85% 的 20—24 岁的青年完成至少高级中等教育;

(3)保证至少 12.5% 的成年人(25—64 岁)参与终身教育。②

值得注意的是意大利没有任何证书和学位的早期辍学者(18—24 岁)将近 1/3,比欧洲平均数字(约 18%)高出许多,要达到 2010 年使这一数字降到 10% 的目标还有很长的路要走。为了迎接全球化和欧洲一体化带来的机遇与挑战,以及实现 2010 优先项目这一宏伟目标,意大利对其教育与培训制度的改革与重建势在必行。

总的来说,欧洲一体化/国际化对教育与培训的主要影响有下列方面:

(1)流动性和促进创新的措施(例如证书和能力的认证,欧洲通用制度,

---

① European Commission. *Copenhagen declaration*：*declaration of the European Ministers of Vocational Education and Training*, *and the European Commission convened in Copenhagen on 29 and 30 November 2002*, *on enhanced European cooperation in vocational education and training*. Brussels：European Commission, 2002［DE/OL］. http：//ec. europa. eu/education/copenhagen/copenahagen_ declaration_ en. pdf, 2007-5-24.

② Council of the European Union. *Council conclusions of 5 May 2003 on reference levels of European average performance in education and training*（Benchmarks）［R］. Official Journal of the European Union, 7 June 2003：3—4.

欧洲 CV 和欧盟计划,莱昂纳多·达芬奇、苏格拉底计划等);

(2)制度创新,传播好的培训方法、模式、培训手段、教具等;

(3)在教育体系、培训体系和工作世界创建跨国合作关系和合作网络,由地方、国家和跨国合作者参与,目的是加速和促进横向和纵向一体化进程。①

或许欧盟政策最重要的影响是对在非正规教育中获得的知识和能力进行认证的程序(即使用培训手册),这在意大利仍是争论的问题。

对于各种里斯本基准,意大利提出了"福利到工作(welfare to work)②"的政策和进行了对提高人力资源价值的开发活动。意大利近年来对劳动市场、社会安全和职业教育与培训制度的改革都朝着"福利到工作"的方向进行。其中一个主要的目标就是促进劳动市场的包容性,尤其对失业者、弱势群体或处于失业危险的人们。2003—2006 年间"福利到工作"战略的目标是制定把求职者融入劳动市场的政策,目的是通过就业政策(就业服务、指导和培训)与维持失业者的收入制度相结合,来提高整体就业率。实现"福利到工作"政策的方法,一是增加劳动市场的流动性,废除过多的规定;二是改革职业培训制度,加强培训活动和提升个人责任。

欧洲一体化进程也对教育与培训部门开发和传播使用新的信息与通讯技术(ICT)产生了积极的影响。对意大利公共机构开发 E-学习越来越受到重视,最明显的例子就是在意大利学校和大学的第三级课程(所谓的网上大学也被授权开办),对学生购买个人电脑提供经济刺激,该政策的目的是对公务员进行电脑扫盲。意大利政府为促进信息技术的传播和使用。通过向信息和技术部赞助的"与互联网一起飞翔(Vola con Internet)"之类的工程,使个人、家庭和其他非商业实体(如,学校、图书馆等)都能够使用信息技术。它的目的是促进和鼓励年轻人使用互联网。这一举措经过 2003 年财政修正案审批获得资助。它对 1987 年以后出生的青少年在购买个人电脑使用互联网时给予 175 欧元的补贴。③

"里斯本进程"认为 E-学习是对人力资本的最后的投资。但直到今天仍然很难评价 E-学习对终身教育的贡献和效果。因为在意大利使用和接

---

① Isfol. *The Vocational Education and Training System in Italy*: *short descrip-tion*[R]. Luxembourg: Office for Official Publications of European Communities,2003.

② 原是美国的一个社会项目,理念是割断父母对其子女的经济依赖,并鼓励他们重返工作——作者注。

③ European Commission. Innovation Policy in Europe 2004[R]. Luxembourg: Office for Official Publications of the European Communities,2004.

受 ICT 的制度仅对早期采用者和某些社会群体,他们拥有更多的财力和更好的能力来理解 ICT 的潜力。

欧盟活动的影响还可以从个人培训活动中看出,如新的大区项目"个人培训账户(Individual Learning Account-ILA-Carta prepagata di Credito Formativo Individuale)"。该项目在 3 个大区(托斯卡纳、翁布里亚、皮埃蒙特)进行试验,促进失业者和/或自由职业者就业。劳动部对 ILA 进行资助并传播其经验。有关监控里斯本进程的欧盟指标,在 2004 年参与培训活动的成人占 6.8%,比 2003 年多出 2 个百分点。对终身教育的投资主要针对具有初级中等层次证书的劳动力,占 43.6%。此外,在继续职业培训(CVT)中大多数是中—高级的专业人员,因此在未来将有必要吸收那些受教育水平和资格低的个人参加培训,因为普遍的现象是这些人对参加 VET 的兴趣低。[①]

## 二、提高就业率和劳动市场的需要

失业已成为影响各国的一个周期性的现象。意大利的失业率是欧洲少数几个高于 20% 的欧盟国家之一,其失业率高于欧盟 15 国的平均水平。甚至有好几年的失业率在 30% 以上。尤其是 15—24 岁年龄组的青年失业率甚至是其他年龄组的 2 倍(见图 4-1)。因此,保证 15—24 岁青年的第一次就业是一个重要的问题,是意大利所面临的严重挑战。

OECD 的研究表明,个体受教育水平与就业力呈正比。在意大利 25—64 岁的人口中受教育水平低于高级中等教育的就业率只有 52%,而受过高级中等教育或中等后非第三级教育的人口的就业率为 74%,受过第三级教育的人口的就业率为 82%。对于女性就更加明显,低于高级中等教育水平的女性的就业率仅约 1/3。尽管自 1995 年以来所有教育水平的失业率都有所下降,但具有高级中等教育或第三级教育的人口的失业率下降幅度比低于高级中等教育水平的人口失业率下降的幅度要大。在 2004 年 7.8% 的低教育水平的失业成人中,受过第三级教育的人口失业率为 4.8%。在 25—29 岁的青年中,教育水平对就业的影响就更加明显,在意大利 11.9% 的低于高级中等教育水平的青年辍学并失业,这带来了社会的负担,而受过高级中等以上教育的青年的失业率下降到 7.2%。除了就业,受教育水平还影响收入水平,在意大利 25—64 岁的人口中,低于高级中等教育水平者

① Isfol. *The Vocational Education and Training System in Italy*;*short description*[R]. Luxembourg:Office for Official Publications of European Communities,2003.

的收入比受过高级中等教育者的收入低22％，比受过高等教育者低一半。①

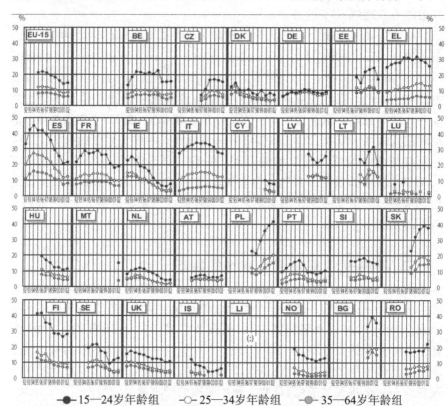

**图 4-1　1992—2002 年欧洲各国各年龄组的失业率(％)**

来源：Eurostat，Labour force survey。

注：EU-15：欧盟 15 国；BE：比利时；CZ：捷克；DK：丹麦；DE：德国；EE：爱沙尼亚；EL：希腊；ES：西班牙；FR：法国；IE：爱尔兰；IT：意大利；CY：塞浦路斯；LV：拉脱维亚；LT：立陶宛；LU：卢森堡；HU：匈牙利；MT：马耳他；NL：荷兰；AT：奥地利；PL：波兰；PT：葡萄牙；SI：斯洛文尼亚；SK：斯洛伐克；FI：芬兰；SE：瑞典；UK：英国；IS：冰岛；LI：列支敦士登；NO：挪威；BG：保加利亚；RO：罗马尼亚

2001 年政府在有关意大利劳动市场的白皮书中起草了职业培训的目标和优先项目。白皮书对职业培训做出了战略性的规划，把它作为提高就业率的主要措施，并定下到 2010 年就业率达到 70％的目标。在对发展职业培训的议案中，尤其鼓励学校—工作交替制培训。这是因为它不仅有助于解决这一问题，而且延长了从学校到工作之间的过渡时间。同时继续培

---

① OECD. *Education at a Glance 2006*；*OECD Briefing Note for Italy*〔DB/OL〕. http://www.oecd.org/dataoecd/51/23/37392799.pdf,2008-9-18.

训也为提高人力资源的质量提供了保障。

如上所述(见第二章),我们可以看出意大利的 15 岁以上的人口中拥有高等教育证书的比例很小。职业教育与培训是终身教育的主要支柱。它能提高青年和成年的就业能力和公民技术,因此它是不同政策之间的一个连接平台。为保证人口的技术水平和促进社会包容,需要制定整合的政策来减少早期辍学者和增加年长者提高技术的机会。

## 三、终身教育思想的影响

1996 年为欧洲终身教育年,它使人们更多地了解和传播"全民终身教育"这一理念,这也是很有影响的经合组织(OECD)在同一年的出版物的标题。从那以后,终身教育已经在大多数的欧洲教育与培训政策和会议议程中凸显出来。但要把理论付诸实践还有很大的空间。

在终身教育方面意大利的制度极为落后,排 21 位。这不仅低于许多新成员国,而且与所有 EU15 成员国相比就更加落后。令人担忧的是,似乎除了欧盟支援框架(CSF)的目标 3 之外,没有应对这一挑战的具体措施。①

在意大利,正如欧盟的其他国家一样,正在进行的教育改革还有很长的路要走。它产生于教育与培训制度之外并需满足一系列全球化新的要求和更加专业化市场对技术创新的需要,不仅在经济方面,也在社会交流方面。②

20 世纪 50 年代以来,意大利就在讨论对教育与培训制度进行改革的需要问题。在法西斯主义倒台之后,在民主共和主义的重建的背景下开始了对各个方面的变革,尤其是对学校与培训以及更广泛的教育方面的改革(新的小学、统一的初中、幼儿园和相关的计划)。20 世纪 70 到 80 年代进行了一系列的"微观的改革"(政令、合作机制、全纳教育、初中、小学和幼儿园的新计划)。这些改革都具有民主的性质、创新的文化、鼓励实验、个性化创新力和地方的主体性。20 世纪 90 年代初开始寻找在学校、家庭、社会和青年的问题之间的联系,为了更加舒适、方便和自由的美好生活。另外还有一些改革是通过创新实验的途径进行的。然而,在 20 世纪 90 年代中期,新

---

① European Commission. *Innovation Policy in Europe 2004* [R]. Luxembourg: Office for Official Publications of the European Communities, 2004.

② Richini, P. *Lifelong Learning in Italy: The Extent to Which Vocational Education and Training Policy Is Nurturing Lifelong Learning in Italy* [M]. Berlin: Cedefop-European Centre for the Development of Vocational Training, 2002.

政治联合(中—左政党的橄榄枝(Ulivo)集团和中—右政党中自由党的极端(Polo)集团)的计划中,学校和培训的问题成为最重要的焦点,在选举的计划和宣言中学校创新成为政府政治活动的重要目标。事实上,这是由于教育与培训不能满足家庭、社会和生产世界面对变革而不断增长的需要。其实,在 20 世纪 80 年代就已经试图对高级中等学校进行改革,但由于两院没能达成一致意见,致使改革没有成功。在 20 世纪 90 年代,人们普遍认识到仅从一方面或另一方面进行改革是远远不够的,必须对整个教育与培训制度进行重建。

另一个尤其重要的方面是新的制度的产生必须考虑对现存条例的批判和对社会变革的反思。不断加快的变化和它所引起的效果,使一些职业被淘汰和失业情况的加重变得更加迫切,对能力和方法的获得关注取代了以前传统社会对知识传播的重视。

一方面是需要加强对普通文化的培养。"在我们所处的新的社会结构里,人们必须具备考虑复杂的不可预知情况的能力;要求能够面对不断变化的社会情况、地理与文化背景,以及不断变化的目标;能够在信息爆炸的支离破碎的片段中,和对此成倍增加的解释和片面的分析中,找到有用的信息。普通文化打开了通向智力世界的道路,能够储备、收集和解读有用的信息,并加以创造和判断。"①

所有这些意味着要提供给青年理解现实的工具,对他们进行指导,做出理智的决定和承担宪法所赋予的责任。教学不再是为了教一些规定好的知识和能力,而是为了培养终身学习的能力、选择的能力、合作的能力和解决问题的能力。国家的发展不再是建立在少数精英的基础上,而是所有的公民普遍达到适当的水平,为就业做准备。从这一点来看,教育制度必须与产业界保持联系,与职业培训保持联系,它们要与学校有着平等的地位。

另一方面,要与职业和工作世界保持联系。学校的改革是对不断增加的个人、社会、经济的需要的回应,符合宪法对人的形象的要求:它是社会中的人、公民和劳动者。共和国现行的宪法保证"全面发展的人"和"清除参与国家生活的障碍"。学校成为实现宪法目的的一种途径。此外,这一复杂的和变化的历史时刻要求职业教育与培训能够成为人们新的、个性化的选择且具有同样的地位。

科学和技术的迅速发展和国际化的到来,加强了国家与欧洲及世界在政治、生产、国际化和全球化市场的联系。人们对和平和民主生活的期望要

---

① Malizia,G. *La legge53/2000 nel quadro della storia della riforma scolastica in Italia*[A]. Milano:FrancoAngeli s. r. l. 2005:42—63.

求对公民提供适当的教育,能够对不断增加的信息具有批判的分析能力,能够融入社会的能力,能够积极地、有责任地和稳固地参与团体的生活,能够克服被动地随波逐流和强制的思想灌输。

最直接的改革是克服公共教育中不同层次间的不连贯性;消除目前学校专业的极度分化和僵化;不仅要与大学、工作世界和职业保持联系,还要与个人的文化经验保持联系,以免他们重新回到文盲状态。对终身教育的强烈需要,不仅是经济上的差别,而且是南半球与北半球的差别,是代与代之间的差别,是不断发展与新的贫穷之间的差别,是迟缓的和谐与新形式的排外和窘迫之间的差别。学校地位的提高,为满足社会的需要以及消除社会的偏见,需要在教育、培训和教养之间建立合作的模式。①

## 四、科学技术发展带来的挑战

信息技术的革命,使传统的教育已不能适应社会的需要。科学与技术之间形成了更为复杂的解构模式。科学与技术不能简单地认为是复杂的知识,它们代表一种文化,在这里它们具有平等的地位。因此,科学文化和技术文化被认为是知识和经验的产物,是通过学习和认识科学与技术的关系获得的。

为了界定新的技术培训模式,既要对科学知识和技术知识的构成进行重新思考,又要对二者之间的关系进行重新思考。

科学学科主要是指对科学现象的解释;技术学科主要是指寻找实际问题的解决办法。科学与技术之间新的关系既要求内容上的密切联系,又要求方法上的密切联系。这些联系导致两种学科有着叠加的目的,因为:

(1)科学学科也必须发展应用能力,即解决现实问题的模式;

(2)技术学科也必须发展对普通模式的分析和研究。

在内容方面:

(1)科学学科必须不仅致力于自然世界,还要致力于人造世界;

(2)技术学科必须不仅引入普通理论因素,还要对各种技术领域进行分析、理解和深化。

对两种学科的学习必须领会科学—技术之间的内部结构。不同的技术代表一组繁多的分枝,它们在内容上和方法上都呈现统一的要素:

(1)确定一些具有统一内容的基本范例;

① Malizia,G. La legge 53/2003 nel quadro della storia della riforma scolastica in Italia[A]. Milano:FrancoAngeli s. r. l. 2005:42—63.

（2）通过使用类似的方法和工具找到方法上统一的组织，如设计的系统化方法、模拟分析的方法、在计算和设计中使用信息化工具的方法。

充满活力和不断变化的生产和工作的现实，对目前的职业技术学校所能提供的专业化水平提出了挑战和要求：

（1）一种基于平等的多样化的培训；

（2）具有很好的交流能力；

（3）更好的外语交流能力，尤其是英语；

（4）更好地掌握数学和科学工具；

（5）使用新技术的知识和能力，尤其是信息和自动化技术；

（6）掌握科技，尤其是统一不同的科技的知识和能力。[1]

由于整个的科技发展更加复杂，尤其是信息技术在所有科技领域和部门的规划、生产和监控过程中的应用，使得生产过程发生变化而提出的上述要求。

新职业的特征是不断增加的对内容和方式的不可预知性。这是由于越来越复杂的科技之间有越来越多的相互影响。这要求在中等学校既要培养会"做"的能力，又要培养能够进行解释其中的原因。这对职业教育与培训提出了挑战。这些"中间科技人才"的职业角色有所变化和扩大：

（1）生产过程的领导，由于引进自动化，他们的职业特征除了具有技术能力，还要具有组织的能力；

（2）设计、安装和维修要求有高度的专业化水平，这可以通过获取证书的高级技术教育与培训的课程或大学课程里获得；

（3）新的职业形象的需要，要求具有系统（软件和硬件）的科技能力来满足用户的需要，这些能力在综合科技和不同的功能中发挥作用。[2]

从上述角色的扩大，要求新技术必须在工作中学习，而不仅仅是具有某一个部门里的全部的和系统化的知识，还要求具备综合的跨学科的知识和能力。

## 五、提高创新力的要求

意大利是最初的几个欧盟成员国之一的大国。它的 GDP 略高于欧盟平均水平，但按照欧洲创新排行榜（EIS）计算的主要创新指数却相当低。

---

① Mengucci, R. e Romano, R. *L'evoluzione dell' istruzione professionale*[J]. Studi e Documenti degli Annali della Pubblica Istruzione,2006(115—116):111—136.

② 同上.

意大利经济增长趋于平缓且低于欧盟平均水平,在过去的 5 年里,年增长率仅为 1.4％,因此它的相对地位也一直处于劣势。与发达国家相比,与创新相关的人均 GDP 效率很低,但与所有欧盟国的平均值相比还比较高。①

根据 2006 年欧委会对成员国创新业绩的进展报告,意大利的创新业绩在原先的 EU-15 国中是最差的国家之一。但由于新的 10 个成员国的加入,它的相对地位有所提高,创新综合指标在 EU-25 国中排在第 12 位。在创新力上意大利尤其弱,在 EU-25 国中排在第 21 位,在创新与企业家精神的指标方面排在第 20 位。创新力弱主要的原因是第三级教育和终身教育的效果差。在科学与工程(S&E)的毕业生的供应上也很低。意大利的 S&E 毕业生仅为欧洲平均数的 65％,排在第 24 位。更糟的是受过第三级教育的人口仅占 EU 平均数的 53％,排在 第 30 位。另一个原因是 SME 的合作的创新水平低(欧盟平均水平为 23％),风险资本的提供崩溃(EU 的平均数为 20％),以及对 ICT 的投入略低于平均水平。② 意大利的经济和创新业绩主要集中在传统部门的中小企业(SME)的发展上,而不是以科技领先的 SME 的发展上。有太多的用来节省劳动力的程序上的创新,而不是产品的创新;合作伙伴也都是国内的而不是欧洲或国际的合作伙伴;公共和私有科研机构的分离的。最后,在创新的实际执行方面存在很严重的问题。

自从 2000 年里斯本制定教育目标以来,增加研发(R&D)的投入达到 GDP 的 3％,成为意大利 R&D 政策的主要目标。意大利的商业 R&D 开支是欧洲平均数的 44％,排在第 20 位。在过去已经引入了一些资助的方案,如支持创办新的创新企业;通过科研支持基金的实施法案(1999 年 7 月 27 日,第 297 号法案),它是基于大学与科研部对工业科研活动的投资;对规章的重组和对程序的简化,包括大学与科研部对支持工业科研进行了重组和合理化改革;支持创新的一些措施,像由大区政府负责管理的一些措施,在整个国家开展了对工业公司的自动税收鼓励措施,目标是促进研究和提高开发活动的竞争力。

但考虑到《稳定公约》(Stability Pack)对公共开支的限制,里斯本目标是不现实的。意大利政策规定的目标近年来已被大大地改进。然而,对有关加强基础研究的目标的制定非常概括,没有分为具体的、可测量的和量化的指标。意大利政府的计划似乎有些积极性但却是一个不协调的措施。尽

　　①　European Commission. *Innovation Policy in Europe 2004*［R］. Luxembourg：Office for Official Publications of the European Communities,2004.

　　②　European Communities. *European Innovation Progress Report 2006*［R］. Luxembourg：Office for Official Publications of the European Communities,2006：159—163.

管政府已经详细规定了目标,但在政策实施中,整个政策框架缺少一致性。不同时期的政府提出了各种各样的措施,结果使整个的政策不一致,目标没有充分考虑长期的效果。意大利政策的主要问题是这些方法在地方和国家两个层次的实际执行的问题。

意大利的创新业绩差与它在经济领域作为 G7 的成员国的地位,以及它在中—高科技的研发投入上的高排名形成反差。有限的创新能力可能会逐渐破坏意大利的竞争力。传统的充满活力和弹性的意大利经济在近年来已处于风雨飘摇的境地。部分原因是国际经济的负增长,也由于机构的改革还没能够扭转这一趋势。

总之,意大利在几乎所有的 EIS 指数上都很低,但各方面正努力赶上。在大多数方面她的地位保持稳定,而在终身教育和欧洲专利办公室(EPO)的高科技专利方面却越来越落后。

在 2001 年 5 月当选的意大利政府把发展经济放在最为重要的位置,包括提高意大利的创新竞争力和定下宏伟目标来简化行政管理。意大利已经开发了一系列相关联的措施来鼓励创新和技术开发。其中一些方法也相当先进和有创意。直接促使意大利政府于 2003 年开始了对教育与培训制度的大范围的改革。并开发了 EDA2010 工程来保障成人教育(20—29 岁)并引进了范围很广的终身教育课程。这些举措希望能够扭转现在的弱势并在中期提高劳动力的水平。

# 第二节 法 30/2000:教育结构的重组

从 1996 年开始,在由 Ulivo 中—左政治集团领导的政府开始进行改革。这次改革重新对中—右政府的政策进行修改。

在中—左政府执政期间,教育部长贝林格(Luigi Berlinguer)和他的继任德·马洛(Tullio De Mauro)进行了"马赛克式的"改革;[1]在所谓的"马赛克式的"改革中,与国家考试有关的一部分制度仍继续有效(L. 10. 12. 1997,n. 425,莫拉蒂进行了部分的修改);对校长的领导质量的规定(DL 6. 3. 1998,N. 59 把领导作为"经理");学生的法律地位(部级令 29. 5. 1998);延长义务教育至 15 岁(L. 20. 1. 1999,n. 9),其中又增加了到 18 岁的义务培训(L. 17. 5. 1999,n. 144);学校自治(L. 15. 3. 1997,n. 59,art. 21 和 DL31. 3. 1998,n. 112,与

---

① Malizia,G. e Nazzi,C. *Il mosaico delle riforma. Luci ed ombre di un disegno* [J]. Orientamenti Pedagogici,1998 (45):773—794.

各种行政职能去中心化有关,和 DM 8.3.1999,n.275,它对学校自治进行了重新规定);对学制的重组(L.10.2.2000,n.3);具有同等地位的学校和学习权利的法律(L.10.3.2000,n.62)。

## 一、法律的主要内容

教育与培训是一个统一体,具有教养的性质。法 30/2000 对基本的和总的目的做出规定:"人的成长和开发,要根据年龄增长的特征,根据每个人不同的个性特征,在学校与家长的合作框架内,在学校自治权的范围内和根据宪法在宣言中授予的人的普遍权利"(art.1 c.1)。在第 2、3 条规定了与教育与培训有关的条例。"教育分为幼儿园、基础教育和中等教育的第二轮"(art.1 c.2)。

幼儿园:招收 3—6 岁的儿童,学制 3 年。是为了培养和发展儿童情感的、认知的和社会的能力,并根据家长的导向进行综合培养。共和国的任务是增加入学率。

基础教育:学制 7 年,包括小学和初中,减少了一年的教育,它的特征是统一的教育,是根据学生的发展需要划分的(art.1 c.3)。开始于 1997 年的法律进行了不同的设计,它区分了 2+2+3 的三个阶段的目标,学校课程的发展是一个渐进的过程,从"整个学科领域到单个科学",它对总目的的界定为:获得和发展基础知识和能力;学习新的表达方式;加强有关能力和指导;进行基本原则和共同生活的教育;巩固基础知识;提高素质和个人选择的能力。该轮教育结束时进行全国考试。

中学:"目的是对在第一轮教育中获得的能力和素质进一步加强,重组和评价;支持和鼓励学生的态度和倾向,丰富对学生的文化、人文和文明的培养;加强责任心,提供学生适于升入大学和非大学的高等教育的知识和能力,以及进入工作世界的知识和能力"(art.4,c1)。在 5 年制的课程中分为以下领域:古典—人文、科学、技术与科技、美术与音乐。每个领域又分为不同的方向。

中学里进行普通(学术)教育的中等学校称之为"高中"。在第一个两年里,为保证进入另一个模块的可能性,在不同方向中也进行其他类型的综合教学,为重新选择做准备。在第二年可以"补充"与现实中各种文化、社会、生产和职业有关的课程。这可以通过其他职业技术学校、经过认证的培训机构或中介来进行。这是根据公共教育部、劳动部和国家—大区常务大会之间的协议制定的准则进行的。在义务教育结束时可以获得证书,证明所收到的教育和获得的能力。

在进入高级中等学校的每一个阶段(学年或模块)都由培训学分组成,可以在职业培训的不同领域或不同方向之间转换,即进入职业培训的各个阶段所取得的成绩也对进入(学术)教育有效。第二轮教育结束后有一个国家考试,证书表明所学的领域和方向。在最后的三年里有短期的实习,它与IFTS和大学衔接。

为了实施这一法律制定了"五年计划",包括:课程组织的总标准(2000);教师资格的总方案;职业技术学校培养的总标准;实施的时间和方式;适当的基础设施的计划。另外还要求议会每三年对法律的实施情况进行评估。

## 二、对该法的评价

对该法的评价可以从积极意义和存在的问题两方面进行分析。

从积极方面来看,有学者认为①该法对整个教育与培训制度结构的重新设计,是一个新的组织和统一,有利于教育的各个路径之间的相关性。另外,改革是建立在"以学习者为中心"的基础之上。因此,它强调要加强学校与家长之间的联系与合作。延长了义务教育(从8年延长到9年)并引入了义务培训(15—18岁),这有助于提高基础教育水平和减少辍学率,尤其是在两年制的中等学校里。减少了一年的学校教育,使得在学制上与其他欧盟国家一致。一个值得注意的积极方面是它在实施过程中可以根据不断变化的背景加以修改。②

但也有宗教界学者对5年制的计划课程中的宗教方面不太满意。他们认为,教育制度的重组没有对同等学校(scuole paritarie)③进行适当的考虑。在对学校课程的重组中不仅要给国立学校以自治权,还要给同等学校自由制定有关具体的文化指导和教育—教学方向的计划的权利。另外,要保证教育与培训的平等地位,必须在财政上平等。众所周知,一个阻碍职业培训发展的主要障碍就是职业培训的资金分配是由地方负责。④ 对教育与培训制度的改革一方面加强了教育与培训的统一,另一方面引入了自治权、

---

① Benadusi, L. e Cataldi, P. E Censi, A. *Riforme: una lettura sociologica* [J]. Scuola Democratica, 1997, 20(2/3):5—254.

② Corradini, L. *Coerenza e realismo di fronte alla legge 30* [J]. La Scuola e L'uomo, 2000(57):297—298.

③ 即法律承认的非国立学校。

④ Malizia, G. *La legge53/2000 nel quadro della storia della riforma scolastica in Italia* [A]. Milano: FrancoAngeli s. r. l. 2005:42—63.

平等权,在培养计划中保证不同的教育的和文化的价值,是对社会中各种不同的教育要求的回应。在欧盟其他国家职业培训具有与学校教育同等的地位,而不是教育的辅助部分。这一可能性不是作为一种妥协,而是对教育权利的真正的扩大,更加接近于与结果的平等——尤其在计划、内容和结构方面——今天国际化成为教育制度的核心。对职业培训的平等地位的承认不仅是在初始培训阶段,而且还包括高级阶段的培训和在工作中的培训以及继续培训:在欧洲其他国家在这方面比意大利发展得更好。

此外,义务培训的引入具有重要的价值。该改革的重要成果之一就是给予义务教育后所有路径平等的地位。换句话说,在职业培训中注册不再被看作被遗弃的不得已的选择,而是有着同样质量的正常的培养课程。因此,"辍学者"不是仅仅指未完成学校教育的学生,而是指脱离整个教育与培训制度,没有获得毕业证或资格证的学生。

从这一点来看,政府的关于 5 年制计划的文件对学制的重组必须使学校和职业培训两个体系有自己的特色和自治权,既能进行合作又要保证各自的特点。但很明显该文件对这一问题没有适当的进展。[①]

总之,我们可以说对学制重组的改革条文使教育制度与培训制度一体化意义上前进了一步。但要真正实现学校与培训的平等地位还有很长的路要走。最后,值得一提的是由于该法颁布之后就引起了很强烈的争论,不久就面临着政府的再次更选,因此根本就没有真正付诸地实施,而仍然沿袭的是按照法 9/1999 制定的教育制度。该法虽然没有实施,但其中一些精髓被下届政府的改革所吸收。

## 第三节　法 53/2003:莫拉蒂改革(Riforma Moratti)

意大利对其教育与培训制度一直不断地进行改革和完善,但在新世纪具有划时代意义的重大改革则是 2003 年 3 月 28 日的第 53 号法(legge53/03)的颁布。该法对意大利的教育与培训制度进行了改革和重建,即"莫拉蒂改革(Riforma Moratti)"。改革的重点是高级中等教育与培训阶段。改革的主要方面有,延长了义务教育与培训的年限;体现了教育与培训制度的"多样化""一体化""开放型""平等性"和权利的"去中心化"的特征,并采用欧洲质量框架(EQF)的质量保障制度和证书制度。

---

① Bertagna,G. *La fretta fa i micini ciechi*[J]. Scuola e Didattica,2001(46),14:8—13.

## 一、改革的目的

法 30/2000 的实施计划遭到了大区行政法院(T. A. R.)的反对而没有全部实行。然而,2001 年 5 月在选举胜利后,布卢斯科尼(Berlusconi)政府任命莫拉蒂为教育部长,立刻着手对意大利教育与培训制度进行改革。在中—右政府执政期间,教育部长莫拉蒂(Letizia Moratti)采取了"政令"的形式来进行改革。正如法 30/2000,新法也是建立"以学习者为中心"和根据年龄发展的规律以及每个人不同的个性特征的基础之上。因此,必须加强学校与家长的合作,重视家长对教育的选择。按照宪法的原则,根据大区更具体的权限,以及学校的自治权,政府颁布了一些有效期为 24 个月的政令。这些政令规定了有关教育与职业培训的总原则和重要标准。所有这些也是为了促进终身教育,在这一意义上,正如德落尔(Delors)报告中所强调的,教学过程和教师不再是中心,而是以学习者和他们自学能力的需要为中心。这既从历时的维度(内在的),又从共时的维度(正规、非正规和非正式),来促进完人教育。因为不仅要有利于培养人的文化、职业和情感,还要培养人的精神与道德,增强历史感和地方、国家与欧洲文明的归属感。①

莫拉蒂在其施政报告中指出当前意大利教育制度滞后主要表现在:经过大量的投入,却看不到任何实质性的效果。这些投入包括大量资金,其中大部分用于学校教学及工作,另外有少量投资用于培养师资、更新教学。她指出,欧洲经济合作与发展组织在工业国家进行的一项调查表明:意大利每10 名学生拥有一位教师,高于每 15 名学生拥有一位教师的平均水平;但同时意大利却有 65.5%的成人没有完成高级中等学历教育;在学生理化知识掌握方面,意大利位于第 21 位,而在数学方面则处于第 23 位。意大利的学生教育费用比欧洲平均水平高出 15%,但仅有 40%的成人拥有高中以上学历,而法国和德国则分别有 61%和 84%的成人拥有高中以上学历。以上这些数据表明分散和低效正在导致教育与就业市场之间产生严重脱节。如今在发达工业国家中,只有意大利存在大多数从业人员仅具有初中以下学历的现象。在职业培训方面,意大利与其他发达工业国家间也存在差异。尽管用人单位一再要求高素质的专业人才,但仅有 5%的年轻人在高中毕业

---

① Delors,J. *Nell' educazione un tesoro*[M]. Roma:Armando,1997.

后选择职业培训课程。① 因此,意大利教育急需迅速和切实的调整,制定一系列的方案和措施来改善意大利的教育状况。

教育部长莫拉蒂在以教育家贝塔涅(Giuseppe Bertagna)为首的委员会的工作的基础上(通过"听证会"的方式,来"听取基层的声音"),从2001年9月开始,对以前的学制重组的法律及与此相关的各种规定,以不同的方式重新进行了改革和重组。此外,她还成立一个委员会来制定国家评估的标准,另一个委员会致力于教师的义务;同时也为小学一年级制定学习计划。还在议会中讨论了对学校自治中的学校委员会的重新规定。

这一进程从很久就已经开始,直到新的宪法条文(宪法3/2001)对此做出规定,即从中央集权制到三种不同的权利之间的相互作用,这三种权利是国家、大区与地方政府、学校的自治权:国家在对教育做出总的规定和最本质的方面拥有绝对的权利,除了学校自治权之外的权利全部属于国家和大区,而大区在职业教育与培训方面具有绝对的权利。一方面国家、大区与地方政府以及学校各有自己的权限;另一方面要互相尊重他方的权限,同时要团结合作来制定政策,根据当地的要求来满足青年和家庭对教育与培训的需要。

在全国教育大会(Stati Generali dell' Istruzione)后,莫拉蒂部长于2002年1月10日向部长委员会提出了第一个法律议案。该议案既考虑到了委员会的指示,又参考了全国教育大会的成果;既考虑了各党派的要求,又考虑了社会力量和大区代表的意见。因为主题的复杂性,时间的紧迫性,有必要使一些议案更加清楚,尤其是在财政的有关方面,建议延期进行改革。

从"中央集权——等级制度——多元化"这一发展过程,体现了对地方和学校自治的重视。但是这也存在两方面的危险:一是使制度丧失统一的可能性;二是两极分化的问题使处于劣势和边缘者更加不能享受教育、社会和民主方面的发展。因此对这些危险要有清楚的认识,使其朝着积极的方向发展,采取一些策略来扫除这些障碍。实际上,在地方政府、大区和国家之间"同时"的立法的规定根本不清楚,不具体;另外,所有的相关规定都面临着被现任的所谓"联邦主义"政府(他们加强了地方的立法权)进一步修改的危险。

墨拉蒂改革废除了原来的按照法9/1999制定的教育制度。旧制度的局限性主要表现为两个方面。一是学生在初中毕业后对接受学术教育还是

---

① 意大利教育部长施政报告(基础教育部分)[J]. 教育情报参考,2003(1—2):38—40.

职业教育的选择为 15 岁,二是学术教育和职业教育与培训地位不平等的双轨制。在旧制度中学生 14 岁初中毕业时,不能立即接受职业教育与培训,需在 15 岁以后方可做出选择。这使教育与培训制度中间出现了断层。人们还应该看到这样一个事实,在初中 3 年级辍学的学生每年有 35 000 之多。很明显,也不能再对他们进行强制义务教育。这在很大程度上损害了青少年的利益,尤其对那些处于边缘和弱势的学生而言,使他们白白浪费一年的大好青春不能对他们的未来做出更好的选择。从而,越发使他们陷入社会、经济和政治与民主的边缘地位。多元智力的研究也同样表明,人的智力有多种表现,不仅仅表现为对知识和学术学习方面的能力,有很多人更擅长于动手操作的能力及其他方面的能力。墨拉蒂这一新的改革把这一选择的时间提前到了 14 岁。这是基于发展心理学的研究结果,教育应该根据人在不同发展阶段所具有的特征,对其进行符合其年龄和个性特征的教育。研究结果表明,青少年在 14 岁左右心智发展已经达到成熟,具备了做出选择的能力。并且意大利统计局(ISTAT)的调查也同样表明,绝大多数的教师和家长以及 40%的学生同意在 14 岁进行职业和学术的选择。[①]

另一方面,在旧制度中,在高级中等教育与培训阶段选择学术流(普通高中体系)和职业流(职业教育与培训体系),决定了在结束这一阶段的学习之后是升入大学,还是就业或接受高级职业培训。并且职业流的社会地位明显低于学术流。在人们的思想意识中把职业流做为治疗有学习障碍的学生和失业问题的"医院"。而忽视了它同样也应该具有教育与培养"全人"的职能。因此,有人认为"墨拉蒂改革"打破了自 1971 年以来在高级中等教育与培训不平等的政策,往前大大进了一步,它建立在 4 个支柱之上:①在职业的概念上应该具有学校的教育特征,职业教育不是救治问题学生的"红十字会";②它应该克服传统的等级化和普通教育与职业教育与培训相分离的双轨制;③它应该承认普通教育与职业培训具有同等的地位;④它应该重新发现工作与职业的文化养成功能。[②]

## 二、改革的原则

莫拉蒂改革是建立在以下几项基本原则之上的:

---

①　Robert Franchini e Renza Cerri. *Per una istruzione e formazione Professionale di eccellenza*[A]. FrancoAngeli s. r. l. ,Milano,Italy. 2005:42—63.

②　Bertagha G. *Gli indirizzi del Liceo* ,*le abitudini del passato le possibili novità dell Riforma Moratti*[J]. Nuova Secondaria,2003(20),10:22—32.

（1）一体化原则，即在第二轮教育中必须有明确的唯一的"教育、文化和职业的形象"（PECUP），同时使每个学生有可能进行任何一种选择（第1条，第5款）；

（2）多样化原则，即除了"普通教育制度"外还有大区和自治省负责的"培训制度"。保证他们达到关键能力水平（Livelli essenziali delle prestazione-LEP）根据学校自治权具有同样的立法权（第1条，第4款）；

（3）自由选择的原则，即家长有决定其子女的教育路径的优先权，在LEP方面，在"入学要求的满意度"的标准方面（第16条，第1款），这包括该原则在制定计划的优先权和随后的方面；

（4）个性化原则，即在学习计划中要根据家庭和学生的要求，在注册时进行说明有关的教学活动的自由选择项目（第3条，第2款）；

（5）本土化原则，即从狭义上来说，在一体化的基础上尽可能地扩大——高中和职业教育与培训——培养的专业（第1条，第15款）；从广义上来说，所有的主体——文化的、社会的、制度的——他们所提供高质量的教育要与地方的普通教育制度和培训制度达成协议。①

在20世纪60年代前，欧洲很多国家的教育发展模式都是"以学校为中心"的，即按照从上世纪初以来的初期的发展中，学校与其他教育机构相比在培养过程中占据统治地位。从20世纪70年代开始，"多元化"开始成为新的宏观结构战略。人的和谐发展需要在整个一生的不同阶段参与到学校和其他各种形式的机构中去，这些机构有着同样的培养地位。这些机构根据自己的性质，采取不同的方法和方式对人进行培养。除此之外，国家、团体、协会、工会、地方机关和中介机构必须密切合作来完成它们各自的教育责任。

我们可以清楚地看到这一转变过程，即从"以学校为中心"的结构转向多中心的结构（这是后工业化的特征）。在工业化国家，不再是仅仅由学校组成的制度，而是趋于一种复杂的由不同机构和组织组成的制度，即一体化的制度。除了学校具有教育计划的职能外，不同的机构将提供其他不同类型的培训，尤其是为立刻开始工作生涯做准备和提供"第二次机会"的培训。

一体化必须是更加弹性化。教育与培训制度必须保证在整个阶段从幼儿到成年都可以有机会接受教育/培训。另外还必须保证学生能够有横向和纵向之间的通路，能够从同一个学校/中心的一个层次升入另一个层次，能够从一个机构转到另一个机构，从一种教育转向另一种教育，能够从教育

---

① Malizia, G. e Nicoli, D. *Il decreto sul secondo ciclo tra conservazione e riforma. Un primo commento*. [A]. Roma: Federazione CONS-FAP, 2005: 7—8.

转向培训,或从生活转向学习,反之亦然。此外,所有的路径还必须能够允许升入高级和继续教育与培训。

此外,它要确保体系的连贯性,使其能够在全国范围内实行。选择进入职业培训路径并不是终结性的选择,而要允许选择的多样化,提供教育的机构在横向和纵向都是开放的,不存在进入职业培训路径就关闭了返回的路径。在每一轮结束时都允许做出新的选择进入下一个层次的学习。它们颁发职业资格证书、技术证书和高级技术证书。这一路径必须保证自主权的稳定性,全国的普及性和资金的保障。

必须强调的是,一体化不是雷同化,而是在"相互协调的框架下的多样化"。在这一意义上,职业培训不再是大部分欧洲国家以前认为的处于边缘地位的培训和手工艺的传授,也不是与教育有着截然区别,即教育是不管所处的背景只注重知识,而培训是致力于在工作世界中实现就业。因为职业培训有自己的工作文化,学校也开始对工作文化感兴趣。职业培训不再是边缘的和终结的,而是具有教育原则,能够对人全面发展的需要做出反应,能够采取交替的方式,基于真实的经验和反思,参与整个人格塑造的过程。在这一背景下,允许家长在国立的和法律承认的学校教育和培训之间进行自由选择。这是人类的基本的权利。

职业教育是弹性的和个性化的,它考虑青年选择的课程和目的的需要。学生和家长根据自己的情况、要求和兴趣,可以具有自由选择的权利。并且,在经过一段时间的试听后,可以对最初的选择做出更好的更改。

国家新的地位给予教育与培训制度以很大的自治权。这些权利既有法律层面的也有教育学层面的。事实上,自治权允许每所学校在教育主体(教师/培训者、家长和学生/学徒)自由的基础上管理自己的生活,尤其是能够有效满足学生需要。此外,还能够根据地方需要开放培养机构,使他们更加关注当地的需要,同时有能力即时做出反应。提高教育和培训的质量,这是目前所有制度的共同问题。自治是一个重要的推动力来鼓励基层的创新。

同样的原因,人们和家庭的"教育选择的自由"也是一个基本的认识。事实上,两者(自治和自由)有着共同的国家和社会的前提。此外,自治和平等建立在教育主体自由的基础上。再者,平等的机制有助于在面对目前欧洲国家讨论的中心问题——质量上,取得胜利。

自治是建立在学校和培训机构都是一种教育机构的理念之上。有人——为了区别其他的教育机构(如家庭或特殊形式的团体)把学校和培训中心称之为"学习机构"。它拥有适当的教学、教育、组织和财政的自治权。此外,自治的核心是对"规划权"的承认:每所学校和培训中心都能够制定自己的教育计划,通过它来展示出自己的身份和面貌。①

尽管有着明显的区别,我们必须强调的一个事实是在国立职业和技术学校的历史都是为了"建设"它所在的地方这一愿望。这需要对地方的了解,对企业和劳动市场需要的理解,与传播传统和职业文化的要求相结合。地方的发展,从中小企业和区域生产来看,职业和技术学校是发展的关键。它培养领导人才,以及大量的小商人,使它们成为地方具有知识和组织能力的管理者,并能够传播职业知识,不仅是以正规的形式,也能够根据场景和非正式的形式来传播。因此企业根据它们的利益来保护和利用这些领域的研究。

根据贝林格-德·马洛改革对课程的指示,教育部制定了课程的总指导方针和全国性的规定,而每所学校有自己的理解,并根据自己的具体需要和教育背景有自治权。要求教师以创新的方式制定培养计划来实现国家的指导方针。这在莫拉蒂的改革中没有做出必要的要求,个性化的学校计划是为了开发智力,承认以学生为中心。相反,不是废除国家的总方针和规定,国家有权做出指示。保留对学校和教师制定原则的权利,学校和教师在进行教育时必须考虑学生、家长和当地背景的需要,要经常进行对话,共同制定计划。

职业教育的权限下放给大区以后,可以更好地发挥大区的积极性和主动性。可以根据当地的情况开设不同的培养计划和课程,以便更好地适应当地劳动市场的需求,推动当地社会和经济的发展。

## 三、重建后的教育与培训制度的特点

### (一)义务教育与培训的延长

法53/2003对教育与培训制度进行了改革,废除了法9/1999,该法曾将义务教育从8年延长至10年。而新法旨在从纵深两个维度重新定义义务教育和义务培训,来保证所有公民有权力/义务接受至少12年的教育(在普通教育体系)或至18岁达到就业资格(在职业教育与培训体系)。

但对于高级中等教育的改革由于各种原因被推迟到2007年9月1日开始实施。因此在这里有必要对改革前的教育制度结构予以说明。

---

① Ciofs/Fp e Cnos/Fap. *Dell'obbligo scolastico al diritto di tutti alla formazi-one : i nuovi traguardi della Formazione Professionale* [A]. Roma : Ciofs/Fp e Cnos/Fap,2002 : 27—29.

2003—2004 学年前(图 4-2),意大利的教育制度包括:

(1)学前教育(*scuola materna*),3 年,招收 3—6 岁儿童,为非义务教育;

(2)小学(*scuola elementare*),5 年,6—11 岁,义务教育。改革后增加了外语和计算机的教学,取消了小学毕业证的国家考试。

(3)初中(*scuola media*),3 年,单一的义务教育。新的改革主要是增加了第二外语和计算机的教学,且引入了国家统一考试。

(4)高级中等教育包括:普通高中(licei),5 年,分为文科高中、理科高中、艺术高中、师范高中、语言高中;技术学校(*istituti tecnici*),5 年;职业学校(*istituti professionali*)和(应用)艺术学校(*Istituti d'arte*),3+2,在改革前,所有这些都属于国家的权限。所有学校的学生在通过第 5 年的考试都可以进入大学。

(5)文科高中和理科高中都是 5 年,是为了升入大学或中等后教育。颁发高级中等文科或理科毕业证书;

(6)语言高中,5 年,提供外语方面的专业教育。颁发语言毕业证书,可以在旅游、会议等部门就业;

(7)师范高中,5 年,很多属于实验的形式,培养在教育领域就业的学生。颁发师范毕业证书,可以就业。

(8)美术高中,4 年,提供美术的普通教育,然后可以升入美术学院(*Accademia di Belle Arti*),或在参加 1 年的补习后升入大学;

(9)(应用)艺术学校(*Istituti d'arte*),3 年,培养在艺术领域(装饰画、陶艺、塑料装饰,等)工作和生产的人才;

(10)技术学校和职业学校提供理论和实践的指导,使学生能够具备在商业和工业的各种部门工作的职业技能。

表 4-1　2000—2001 学年高级中等教育的学生在各类学校的分布比例

| 普通高中 | 师范教育(a) | 美术教育(b) | 职业学校 | 技术学校 |
|---|---|---|---|---|
| 30% | 8% | 4% | 21% | 37% |

来源:ISFOL-Area sistemi formative processing of MIUR data。

注:(a)学前教育和学习教师培训　(b)美术高中和应用美术学校

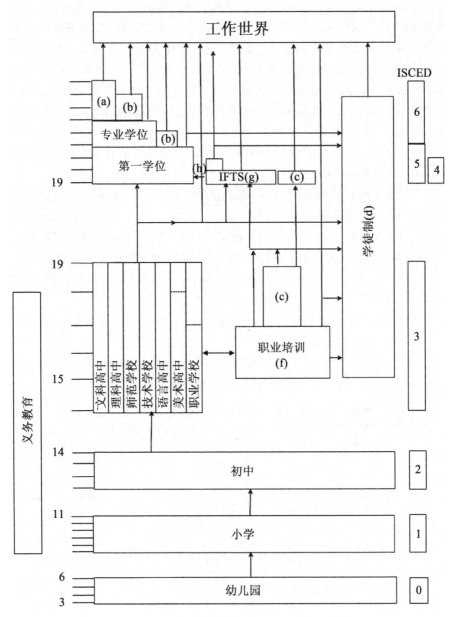

**图 4-2　2003 年改革前的教育与培训制度**

资料来源：ISFOL。

注：(a)研究生院/博士学位；(b)硕士学位；(c)大区证书后课程；(d)学徒制的学制由聘用合同规定；学徒年龄除非特殊情况一般在 15—24 岁之间；(e)对以前的学习进行认证后可以入学；(f)学生在 18 岁前完成义务教育可以获得证书；(g)IFTS-高级技术教育与培训；(h)对学分进行认证后可以入学

国立的学前教育、小学、初中和高级中等教育的学校均为免费（仅高级中等教育的学生需付注册费和选课费），但法律承认的非国立学校的学生需付费。职业教育包括职业学校与技术学校，应用美术学校和极少的前教师培训学校。高级中等职业培训有大区负责，学生在 15 岁之后方可接受培训，学制至少 2 年，在接受第 3 年的专业培训后有可能获得专业资格证书。新的改革对普通高中体系的学校种类有所改变，分为：美术、文科、理科、语言、音乐、经济、技术和人文科学八类。

第三级教育，大学教育由公立和私立机构，教会大学和神学院提供。根据 MD509/1999 对大学的改革，提供下列课程计划：

（1）第一学位（*laurea*），3 年，提供理论教育，并补充职业教育使学生能够更好地进入工作世界；

（2）专业学位（*laurea specialistica*），2 年，在第一学位之后进行，是为了提供专门的技术和知识，为了更好地适应高级技术所要求的从业能力；

（3）硕士学位（*master*），1 年，是一种学位后课程或专业学位课程，提供技术、操作或设计层次的专业类知识和技能；

（4）博士学位（*dottorato di ricerca*），3 或 4 年，是大学教育的最高层次。入学要求具备专业学位。

非大学高等教育（2—8 年）也包括各种级别的学院，提供艺术教育、军事学院（Accademie militari）和警察学院（*Istituto di Polizia*）。

表 4-2　2001—2002 学年学生注册各学科课程的分布比例

| 人文科学 | 体育科学（a） | 自然科学 | 医学 | 工程学 | 农学 | 经济学 | 政治与社会学 | 法学 |
|---|---|---|---|---|---|---|---|---|
| 24% | 1% | 10% | 5% | 17% | 2% | 14% | 10% | 10% |

来源：ISFOL-Area sistemi formativi processing of ISTAT and MIUR/MURST data。

（a）发动机科学的学位课程，原来是发动机科学的大学学院（ISEF）

法 53/2003 把意大利教育与培训制度的结构如下（见图 4-3）：

1.幼儿园（非义务教育）

3—6 岁，可以提前至 2 岁 4 个月入学；目的如法 30/2000 所规定的，是为了开发儿童重要的相关潜力，发展心智，尤其是道德和宗教。与以前相比革新之处是，在当学年的 4 月 30 日前满 3 周岁的儿童可以注册。

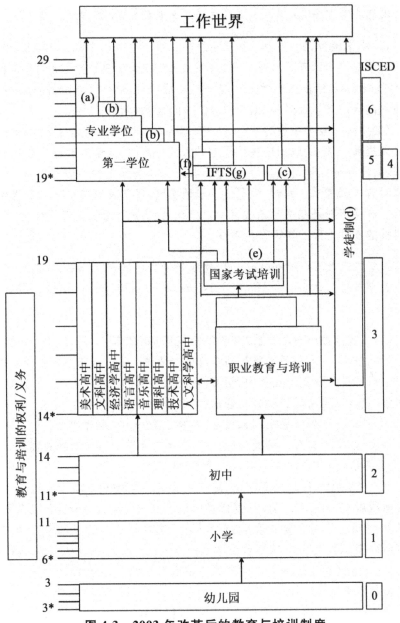

**图 4-3 2003 年改革后的教育与培训制度**

资料来源：*Isfol*.

注：＊学生可以比该年龄提前 8 个月入学；(a)研究生院/博士学位；(b)硕士学位；(c)大区证书后课程；(d)学徒制的学制由聘用合同规定；学徒年龄可以是在 15—18 岁之间来完成义务教育与培训或 18—29 岁的在职学徒制；(e)对以前的学习进行认证后可以入学；(f)对学分进行认证后可以入学；(g)IFTS—高级技术教育与培训

2. 第一轮教育（*primo ciclo*），包括小学和初中（中等学校一级教育）

(1)小学教育，6—11 岁，可以提前至 5 岁 4 个月入学；第一年掌握基本的工具和后 2 个两年的教学阶段。同样的革新是在学年的 4 月 30 日前满 6 周岁注册一年级的可能性上。规定要开始学习至少一门欧盟国外语和信息技术的入门知识。另外，结束时，在 5 年级参加考试。

(2)中等学校一级教育 11—14 岁，因为法 53/2003 规定了幼儿园和小学可以提前入学，所以到这些孩子该升入这一级时，入学年龄也将会相应提前；该阶段要加强学科的学习：规定学习第二外语和更深的信息技术。3 年结束时有国家考试。另外，为了进一步地发展，还要具有选择下一个路径的能力。有关革新是在第一轮教育中对学生在传统文化以及当前社会、文化和科技的发展方面的知识进行考评。

3. 第二轮教育（*secondo ciclo*），包括普通高中体系（*sistema dei licei*）和职业教育与培训体系（sistema dell' istruzione e della formazione professionale）

(1)普通高中(licei)体系，由各类学校组成（艺术、文科、经济、语言、音乐、理科、技术、人文科学），重视对青年进行教养、文化和职业的提高，发展知、做、行及批判思维。在高中，学习传统的、古典的、科学的和艺术的文化；同时学习新的、经济的、技术的、音乐的、语言的和人文科学的文化。通常学生在 15—19 岁。该体系由国家负责，主要是为升入大学做准备。

许多情况下，只有一种类型的高中不能满足学生多样的教育需求。因此，在艺术、经济和技术高中可以开设多种学科。

所有的高中学制均为 5 年，它由 2 个为期 2 年的教学阶段和第 5 年的提高阶段组成。前两个两年的基础教学活动和第 5 年偏重专业科目和更高的教养、文化和职业的知识和能力的学习。高中毕业生通过国家高中综合考试所获得国家高中考试毕业证书（*diploma di superamento dell' esame di Stato*），凭此可以进入大学或高等艺术和音乐培训（*AFAM*）学习或者接受高级技术教育与培训(IFTS)。

普通高中的文科高中和理科高中的目标是为升入大学做准备。艺术高中的目标是进行艺术教学，它与应用工业艺术分离开来。

(2)职业教育与培训体系。该体系由大区负责，学制至少 3 年，毕业生可被授予职业资格证书（certificato di qualifica professionale）。该证书在全国和欧洲均被承认。持该证书，一是可以进入劳动市场；二是可以参加证书后课程，而后获得高级中等职业毕业证书，该毕业证是升入 IFTS 的条件；

三是可以在参加一年的补习课程后进入大学。另外,在该路径注册的学生不仅保证他们在每一年都可以转到高中,并且在第 4 年后还可以继续第 5、6、7 年的学习,以获得高级职业资格证书。再者,在第 5 年还可以参加升入大学的国家考试。在任何情况下,都可以从一个体系转到另一个体系。在 15 岁具有毕业证和资格证还可以进入学校—工作交替制或学徒制的学习。

这里要详细说明的是高级中等教育阶段的职业教育和技术教育的情况。

高级中等职业教育包括技术教育、职业教育和艺术教育。技术教育是为一些行业如贸易、服务、工业、建筑、农业、航海和航空部门的技术和行政做准备。职业教育的目标是为贸易、服务、工业、手工业、农业和航海部门提供所需的理论和实践上的从业资格做准备。艺术教育是为了根据当地工业传统和典型原材料制作艺术作品和产品做准备。

提供高级中等职业教育的学校有:

技术学校,它的学制分为一个 2 年的普通基础阶段和一个 3 年的更专业化的学习;

职业学校,它的学制分为一个 3 年的可以获得资格证书的阶段和一个 2 年的证书后阶段,完成这一阶段的学习可以进入大学;

艺术学校,它的学制为 3 年,根据艺术的门类分为不同的部分:装饰绘画、装饰雕塑、制图、木制品艺术、陶艺和金属应用艺术等。应用艺术课程包括在工作室的实践。3 年的课程结束后可以获得资格证书。艺术学校也开设 2 年的高级课程,然后可以升入大学。

法 53/2003 对职业教育与培训体系做出了修改,并通过它的实施法令对其路径进行了规定。这些路径可以使学生在不同的层次获得各种资格和证书;如果它们的学制为 4 年,将很有可能为升入大学或 AFAM 而进行第 5 年的学习。

此外,法律允许 15—18 岁的青年参加由学校和培训机构负责的,工作/学习交替制的 2 级课程。这一形式是基于企业和职业行会、公立或私立机构之间的协议组织的。或者还可以参加由职业教育和培训机构组织的综合课程,这是这两个系统共同开设的学习计划。所有这些规定于 2007 年 9 月 1 日开始实施。

4. 中等后教育、非第三级教育,它包括 2 级培训课程和 IFTS

中等教育后培训课程为 6—12 个月,也称为 2 级课程,对 18 岁以上的青年提供专门的职业技能。IFTS 的目的是使学生能够迅速进入劳动市场。IFTS 课程是为具有毕业证书的青年和成人设计的,是为了获得专业化的高等资格证书和专门的职业技能。IFTS 课程学制为 2—4 学期,颁发职业证书。

5.高等教育,包括大学教育和非大学的高等教育

高等教育的目的是促进科学的进步和为职业实践提供必要的科学文化。意大利整个的高等教育部分都正在按照以下欧洲协议规定的欧洲模式进行改革:索帮(1998),博洛尼亚(1999),布拉格(2001),柏林(2003)和卑尔根(2005)。根据欧洲的前景,意大利高等教育制度改革可以分为 2 个部分:大学教育和高等美术与音乐培训(AFAM)

大学是负责教育和传播知识的重要途径;它把科研与教学系统化地结合在一起,并仅有自治权。大学的管理原则是基于自治的职责。大学已经采取了新的自治条例来建立他们的管理机构(校长、大学评议会(senato accademico),管理委员会)和他们的教学和科研组织。大学通过院、课程、系、学会和服务中心来实现机构的目的,如教学和科研。

AFAM 由美术学院、国家歌剧艺术学院、工业艺术高等学院(ISIA)、音乐学院、国家舞蹈学院和官方承认和音乐学院。这些教育机构在高等教育中占据主要席位,也是美术和音乐领域专门的研究机构。它们之间的活动也都有相关性。它们具有法律地位和法定的教学、科研、行政管理、财会的自治权。

在非大学的高等教育中,还有下列教育机构:

(1)中介语言高等学院(*Scuole Superiori per Mediatori Linguistici*),即以前的翻译高等学院;毕业证与大学毕业文凭(lauree)同等;

(2)文化遗产部的文物保护中央学院和研究所,是专门的文化遗产保护和修复的机构;

(3)罗马的电影技术试验中心是国家高等电影和视听教育机构;

(4)大学评议会(senato accademico);

(5)档案学和古文献学学院,在意大利主要城市的国家档案馆;

(6)军事学院和警察学院;

(7)由大区和欧洲社会基金资助的职业培训课程。[①]

---

① Cedefop. *Sistema di istruzione e formazione professionale in Italia:Breve descrizione*[R]. Lussemburgo:Ufficio delle pubblicazioni ufficiali Comunità europee,2003.

（二）采取有效措施保障教育的权利/义务

1. 法律/政策上的措施

权利/义务法将遵照新的第二轮中新的体制逐步实施。

从 2003—2004 学年起 MIUR 和劳动与福利部就开始与大区和地方权力机关起草协议在职业教育与培训体系来实施权利/义务的计划。这些计划将有助于保障已经执行的义务教育的连贯性。根据协议制定的大区的计划将有 3 年的期限，根据由国家/大区联合会议（Conferenza unificata Stato/Regioni）共同制定的标准，颁发全国承认的资格证书。权利/义务法将逐步通过法令的规定和联合会议的协议来得以执行。

目前，至少 8 年的义务教育可以通过国立学校或同等学校（scuole paritarie）来实现。它包括 5 年的小学和 3 年的中等一级学校。它也可以通过家庭学校来实现，在这种情况下学生在每学年末必须通过由国立学校或同等学校举办的相应年级的考试。然而申请家庭教育的数量非常少。

实现义务教育总的规定有以下几方面：

（1）在 8 月 31 日满 6 周岁的儿童必须入小学一年级就读。而在 9 月 1 日以后满 6 周岁的儿童没有强制入学规定。此外，在 4 月 30 前满 6 周岁的儿童可以在当学年一年级就读；

（2）父母或监护人有责任让孩子接受义务教育；

（3）社区市长和各类和各层次学校的校长负责监督居住该区学生义务教育的实行；

（4）在 12 月，社区要把该区居住的应接受义务教育的学生的名单列出，并呈报有关部门。责成父母在国立学校、同等学校或法律承认的学校给孩子注册，否则他们必须自己承担教育责任（即所谓的私塾教育或家庭教育），并每学年向校长做出特别的汇报；

（5）校长（Dirigenti scolastici）要在 20 天内向社区提供居住该区义务教育一年级学生的资料以被审查。对不是一年级的学生，校长只需提供辍学的情况。对于转学的学生，校长要将有关学校资料和学生资料的学生档案送到新的学校；

（6）对违反义务教育规定者，社区向负责人予以警告并通知社会援助服务部门，使他们采取最适当的措施来保障义务教育的入学率；

（7）校长负责审查学生的入学情况，对那些一再要求下无法证明其合理性的不入学者，他们必须采取最适当的举措来保证义务教育的入学率；

（8）在完成义务教育后不再继续学习的学生，会得到证明其完成义务教

育及获得能力的毕业证书,这将是达到任何职业资格的学分制的组成部分;

(9)该规定适用意大利公民和欧盟成员国的公民,同样也适用非欧洲国家的少数外国人。

法令 59/2004 已经批准了对那些不进入第一轮教育者所采取的一些措施。

义务培训是在完成义务学校教育之后进行的,它要求学生至 18 岁的综合的教育与培训。职业培训体系的入学由大区负责或通过学徒制进行。

2.经济/资助措施

义务教育阶段为免费,高中学生需要交纳注册费和学费。但在权利/义务法实行以后,一年级的学生仍然免费。国家收费很低(1990 年 5 月 25 日第 118 号政府公报),但上职业课程,大区可以根据课程类型的不同而收取不同的费用。

国家和大区都对助学资金有所规定。对于国立学校和同等学校(scuole *paritarie*),根据 2000 年 3 月 10 日第 62 号法令的有关平等权的规定,对于完成义务教育的低收入家庭的学生,有优先进入中学学习的权利;这一权利并没有规定钱数,但这些家庭可以从税务中免去付给学校的那一部分。大区对学习权利负有责任,因而资助的力度更为显著。这些措施可以由大区直接执行或通过省或市来实施;各区的规定有所差异,但一般都包括以下方面:

(1)学校优惠卷,包括部分教育费用;

(2)购买课本的资助;

(3)免费交通和饭菜;

(4)对低收入和社会弱势家庭的学生慈善行为;

(5)对残障学生的特别资助;

(6)在国立寄宿学校(*convitti nazionali* )和国立女子教育寄宿学校(*educandati femminili dello Stato*)及技术学校和职业学校附属的寄宿学校免费住宿。

学校资助问题已经授权给大区政府,他们保障学生在完成义务教育后能够根据他们的职业和愿望继续学习。因此,每个大区政府必须单独或集体提供教育硬件和服务,以及资金上的资助,使那些"有能力和愿望"的学生能够继续学习(1977 总统令第 616 号)

(三)开放型和一体化的教育与培训制度

法 53/2003 把传统上相分离的教育与培训制度一体化,承认它们有着共同的目标：促进人的进步与发展。在新制度下，学生在完成初中教育后可以继续接受高中（*licei*）教育或职业教育与培训。两者具有同等的地位和自己的特色与具体目标。它的目的是让年轻人在进入劳动市场前至少具有毕业证或职业资格证。莫拉蒂改革最突出的一点就是对职业教育与培训制度的改革。新的教育与培训制度一个最大的特点就是在学术流与职业流之间纵向和横向都是互相开放的。职业流不是处于边缘和终结性的而是可以升入高一级的大学或 IFTS；职业教育与培训不再仅仅是为了培养手工艺人，也不是与教育截然分离，它是基于真实的经验，培养与工作世界有关的知识和技能，它也同样具有文化养成的功能，根据基本教育原则，通过具体的方式，满足人全面发展的需要。学术流与职业流之间也可以互相流动转换；从而大大削弱了学术流与职业流之间的地位差距，使二者具有平等的地位。"新的改革法体现了'新人文主义'和'融合'的精神。体现了自法 30/2000 就已经定下的'以学习者为中心'的理念。使教育与培训更加符合人的年龄发展规律和个性特点。"①

普通高中与职业教育与培训两个系统都与高等教育、高等职业培训和工作世界有着密切的联系。同时学生可以在普通高中内的不同专业之间以及在普通教育和职业教育与培训两个体系之间互相转换。学生在中断学业后继续接受教育和在不同体系之间互相转换时学分仍被承认。另外，学生在意大利或国外通过实际工作、培训和学习所获得的由学校和培训机构颁发的特殊技能证书均被承认。此外，学生在满 15 岁后也可以通过"学校—工作（scuola-lavoro）"交替制或学徒制（*apprendistato*）获得职业资格证书和毕业证。

## （四）权利的"去中心化"

从 20 世纪，尤其是在欧洲大陆开始由集权制国家走向民主制国家，走向市场经济和开放的社会，多种族和多元文化，集权制被多元的"共和制"所取代。在这种背景下，对"共和制"的定义也发生了变化，它被理解为"更广义的，有着共同目的，促进多元制的每一个领域的服务和权利去中心化"。尤其是后者被认为在外围的机构真正具有自主决策权。②

---

① Bertagha G. , Gli indirizzi del Liceo, *le abitudini del passato le possibili novità dell Riforma Moratti*[J]. Nuova Secondaria, 2003(20), 10; 22—32.

② Ciofs/Fp e Cnos/Fap. *Dell' obbligo scolastico al diritto di tutti alla formazione; i nuovi traguardi della Formazione Professionale*[A]. Roma; Ciofs/Fp e Cnos/Fap, 2002; 27—29.

在对学校创新和意大利教育制度改革的讨论中,自治权一再被提出,它被称为"所有改革之母"。自治权的引入彻底改变了学校的经营和生存方式。

很久以来,意大利的公共行政表现为高度的中央集权制。自 20 世纪 50 年代以来,有效的职权和服务逐渐从中央权力机关(部)向设在大区或省的国家行政办公室转移。新国家可以保证所有公民的基本需要:换句话说,它的地位是保持持久的和必要"辅助"作用来"保证进步"[①]。因此,要实现福利国家不能只靠国家直接给予或管理所有的物资和服务,而是在国家的帮助下,来保证公民个人或集体按照自我管理和自我组织的形式来生产。

根据法 59/1997,即"巴萨尼尼(Bassanini)法",意大利开始了更广泛的改革,把更多的权利授予大区和其他的地方政府,其中也包括学校制度方面。这是第一次立法改革,它对宪法第 5 章进行了修订。根据巴萨尼尼法第 21 条规定,学校自治"目的是实现提供弹性化、多样化、和有效率和效果的教育,使教育一体化,更好地利用资源和组织,引进技术创新并与当地背景相结合",它是"旨在遵守有关教学自由、家庭选择教育的自由和学习的权利等国家总的教育目标。它的主旨是对教学的方法、结构、组织和时间的自由选择和计划……"。[②]

部级令 275/1999 第 1 条和第 2 条对"有关学校制度自治的规定"重申了自治权和保障自由和多元主义,它成为实质的"对教养、培训和教育的计划和执行,目的是使人得以发展,适应不同的背景,满足集家庭的要求并具有有关主体的具体特征"。

从两个文件来看,它是在组织、行政、财政、以及教育、教学、实验和科研上的自治权。该自治权在很多学校进行了实验,并于 2000—2001 学年成为所有学校的义务。

从由部负责的对学校集权化的管理和由省负责的官僚主义的管理到由地方的学校自治,使学校像一个社会的企业一样来根据地方的需要提供教育的服务。这是一种共同负责的管理,尽管还必须对各个层次的职责进行更好的界定。还没有制定教师和学生必须遵守的计划。在教师方面,与学校和地方的其他主体一起负责制定培养计划(FOP),制定具体的课程(即对

---

① Runi,C. *Prolusione*,in CSSC-Centro Studi per la Scuola Cattolica,"*Per un progetto di scuola alle soglie del 21 secolo. Scuola cattolica in Italia. Secondo Raporto*" [R],Brescia:La Scuola,2000:55—68.

② Malizia,G. e Nanni,C. *La riforma del sistema italiano di istruzione e di formazione:da Berlinguer alla Moratti*[A]. Roma:Cnos-Fap e Ciofs/Fp,2002:43—63.

内容和学习经验进行整体的组织)。课程或学习计划是根据部级指示(国家课程)、根据地方需要(地方选修课程),和根据家庭和学生的具体要求(选修课程)组成。同时最好还要把不同课程的"学时量"相互结合起来。

在学校自治中,教师有着更少的国家的任务,更多的教学自由;不仅仅是对规定好的内容的遵从者和解释者,更多的是校园文化的创造者。根据规定(第3条)他们是"提供教育的创造者"。他们"有着制定计划和执行教与学过程的任务和责任"(第6条)。

但是值得注意的是,所有的这些都被推迟,它几乎就是"一个遗憾的开始",这一"去中心化"的准则,目的是把中央的权利分给地方。但是并没有决定真正的自治,即地方的自治政府和人民的自治社会。另外,从它的"司法—行政"的本质来看,没有给学校的行政和教学方面以重视,即在研究项目和发现知识或教育的主动性方面很多被忽视。再者,学校自治既没有教育学思想的强大支持,也没有学校团体的强大支持,因此不能适应新的和未来的需要。最后,由于缺少资金,而没有为辅助做好准备。这将很容易造成一个严重的后果,就是在学校与学校之间、大区与大区之间、在质量上和在教育、培训与教养的平等性上都会产生很大的差别。

"意大利教育行政管理的发展经历了从'中央集权制(centralistico)'到'等级制(gerarchica)'到'多元化(poliarchico)'的发展道路。"[①]这体现了对地方和学校自治权的重视。教育与培训的组织与管理权力是三个部门之间的相互作用:国家、大区与地方政府、学校自治。新的宪法条文对他们的权限做出了规定,在普通教育方面国家负责决定其基本原则,大区除了有与欧盟有关的职责外,还有相应的关于普通教育的立法权。此外,大区在职业教育与培训方面具有绝对的立法权(详见第六章)。这三种权力之间,一方面各自行使自己的权限,另一方面也要尊重他方的权限。同时也要加强团结与合作共同为满足年轻人和家庭的需要而努力。

大区在教育与培训方面的职责也有下放给省和市的趋势,而自己只保留指导、规划和监督的职能,管理的职能则越来越少。这些职责将通过宪法改革重新进行界定。

---

① Bertagha G. *Gli indirizzi del Liceo*,*le abitudini del passato le possibili novità dell Riforma Moratti*[J]. Nuova Secondaria,2002(20),10:22—32.

## 四、新制度实施中出现的问题、争议与评价

### （一）中央与地方权限方面的关系与矛盾

主要的争论围绕着大区和政府的关系上，在处理有关高级中等教育结构，特别是教育与培训两个体系之间的关系上和从一个体系到另一个体系转换的可能性上，以及在初中结束时的最初的选择上和职业技术教育的地位上。正是由于这些原因，使得对于高级中等教育的一些重要改革迟迟不能得以贯彻落实。为了能够对上述问题达成协议，2005 年秋的国家/大区会议决定把对高级中等教育的改革推迟到 2007 年 9 月 1 日实施。然而所谓的"协议"只不过是所有"玩家（包括工会和制造业联合会）"在权利的"博弈"中妥协的临时结果。尤其是两党轮流执政的政治制度对政策的贯彻和执行带来了一些负面的影响。新政府上台后不是继续上届政府制定的政策，而往往是推翻重来；在野党看到执政党的改革中的错误不是帮助其改正，而是使其更糟，以便在选举中抓住其把柄，使其下台。意大利全国教育制度的改革由目前的公共教育部执行，一些新的举措也将继续出台。但层出不穷的改革由于政治和经济和原因，这些改革实现的情况和效果与理想之间还存在很大的差距。

在意大利进行的教育制度改革提出了使学校、培训和工作体系间的"一体化"问题。教育制度体现出多样化的管理；这一多样化给在不同模式间的一体化规划程序带来了一定的困难。同时，也要求制度本身具有弹性。因此，要使不同培养体系之间一体化，必须重视创建学校、培训和工作之间的坚固的联系。

此外，职业技术教育与普通教育体系之间的多样化与一体化存在着如何沟通和协调的问题。如何使学生在不同的体系间或同一个体统内不同专业间的转换成为可能且畅通，所学内容又能够很好的衔接，仍是一个需要不断探索和完善的过程。虽然从理论上和法律上看，两种制度之间的转换具有可能性。但根据现实情况的调查表明，这种转换的情况很少，而且多是从普通教育体系转到职业教育体系。原因是高中的学术化教育课程相对较难，本来注册职业教育的学生的文化水平和学习动机就不如高中，转过去会存在很大的适应困难。因此实际上从职业教育转到普通教育的案例很少。

学校的普通特征，教育与培训的目的都是为了人的全面发展，是以学习者为中心，是以终身教育为主线，是在教学中理论与实践相结合。但明显的是国立学校占据领先地位。但必须重复的是这些还仍处于法律或政令层

次,要在日常的实践中实施,在国家和地方执行,和形成公众的意见,仍有很大的不确定性。另外资源的匮乏也是一个问题。这表现在对学校和培训的不同的观念,以及学校教育的质量,国立的、私立的和地方的关系上。

从这些和其他的问题来看,尤其是那些普遍强调的问题,从贝林格到莫拉蒂。后者有更多的人不接受她的政令,阻止各利益相关者之间在变革的过程中进行对话,并强迫学校接受决定。根据国家教育委员会(CNPI)对学校的自治权和大区课程学时的组织也是负面的。①

由于政治上的"两党之争"使得今天的职业教育与培训状况很难看清楚。在野党的目的是阻止政府政策的执行,而非支持和促进。基于此,任何一个上台的政党往往不是很好地利用上届政府所取得的成就,巩固和继续其政策,而是终止其政策,推翻重来。目前,教育制度表现出明显的弱点,正是由于政治的错误导致的,从 20 世纪 60 年代以来,统一的原则占据优先权,而与多元制和选择的自由相抵触,对职业化有社会偏见,而不是把它看作有助于促进公民教育一个有效途径。尽管如此,各届政府付出了很大的努力,有意识地按照欧洲式的制度来改革,使职业教育的证书与学校教育的学位证具有同等的地位作为教育制度改革的目标。

## (二) 资金的问题

权限的下移,使地方和学校拥有了更多的自治权。另一方面,也不能排除它存在着两方面的危险。一是有可能损害国家教育制度的统一性,二是使处于劣势和边缘者更加不能得到适当的发展。近几年的情况也表明,由于意大利北部和南部存在很大的地区差异,北部发达而南部则相对落后,因而各大区对职业教育与培训投入的资金也有很大的差距使得强者更强,弱者更弱。特别是有的大区对此认识不够,根本不予重视。所以,在职业教育与培训的权责全部由大区负责以后,在有些大区开展的很好,而在有些大区几乎濒临消失的危险。

另外,除了对法律的批评和对改革的建议之外,我们还要预见到改革在服务和资金方面存在的很大的困难。资金的保障是发展职业教育与培训的坚强后盾。国家必须保障其所需的资金。近年来职业教育与培训的资金来源有扩大的趋势,除了欧洲社会基金、国家的投入,地方的投入之外,还有来自私立部门的投入,其中包括来自企业的投入(详见第六章)。但是也必须预见到企业的投入有时对职业教育与培训的发展并不全部有利。企业出于

---

① Malizia,G. e Nanni, C. *La riforma del sistema italiano di istruzione e di formazione:da Berlinguer alla Moratti*[A]. Roma:Cnos-Fap e Ciofs/Fp,2002:43~63.

自身暂时利益的考虑,总是希望尽快得到自己所需的人才,而不为人才的继续发展考虑。

除了上述问题之外,似乎更加迫切的是改变公众思想对职业教育的成见及达到家长和学生的满意,克服思想中的抵制和偏见。更加复杂的问题是培训、招聘、课程的更新、教师和培训者职业的发展(详见第五章和第八章)。同时事实上,大家都一再强调教师和培训者在改革中具有重要作用。但似乎并没有把他们纳入改革的过程中,或没有使他们更新自己。相反却给他们肩上施以重担,要他们承担宪法中所希望实现的那样,对所有人的教育的义务、对作为高质量的人、劳动者和公民的教育与培训的义务。

（三）评价

在整个教育与培训制度的培养计划中提供了一个全国性的、基础的、核心的、统一的教育体系,反映了国家的文化、传统和形象。此外,还为大区保留了一些学时,可以根据他们自己具体的兴趣和当地的现实来制定课程。这一规定在意大利教育与培训制度中具有重要的意义。贝林格-德·马洛(Berlinguer/De Mauro)的课程改革刚刚从计划到实践,既把中央集权转向学校和教师;莫拉蒂的政令则通过引入个性化的学校计划,使学生和家长对自己的教育负主要的责任。它的明显特征是实用主义。在教育部的政令中把中央的权利下放给学校和教师,有助于发挥他们的积极性,所有的班级以一致的方式更严格地适应他们的指示。这些计划和指示是以学生的需要制定的。①

对宪法第5章的修订所引起的许多争论。尤其是国家与大区、省、地方政府之间的制度上的意见,因为它给了管理学校和职业培训的新的形式。事实上,宪法第117条,第3款,第n点,是根据2001年10月18日的第3号宪法修改法,对1948年的宪法第2章,第33条的修订。它赋予国家在制定"教育的总准则"的绝对的立法权。后来,还区分了由国家和大区共同立法的"普通教育"和由大区有着绝对权限的"职业教育与培训"。实际上,在地方政府、大区和国家之间的立法权的规定根本不清除,不具体;另外,所有的相关规定都面临着进一步修改的危险。因此,我们更应该试图从重要的政治-教育学来说明各个部分,然后提出批判的意见。

首先,它必须真正的保证所有人至少12年的义务教育和培训,或至18岁以任何方式获得资格证书。这既要求一方面,在14—21岁期间,职业培

---

① Malizia,G. e Nanni, C. *La riforma del sistema italiano di istruzione e di formazione:da Berlinguer alla Moratti*[A]. Roma:Cnos-Fap e Ciofs/Fp,2002:43—63.

训要与学校至大学的教育保持平行,来保证它们能够获得职业证书或学位,使他们在 14 岁时在教育体系和职业教育与培训体系之间所做出的选择有所成效。另一方面,我们也应该保卫那些到了 18 岁还没有获得证书或学位的人的权利。另外,只有在第二轮教育中全面贯彻这一法律,才能实现教育与培训的权利。这需要保证大区和省的自治权和足够的资金。

对新法的一个最基本的认识是它体现了"新人文主义"和"团结"的精神。使教育与培训制度更加符合人和发展规律。然而,它对社会中的学校的假设并不是很清晰。莫拉蒂试图给教育规定一个总的标准,但她没有明确地提出国家的教育制度不仅仅是由国立学校组成的,还有大量的私立学校和地方学校。该法还应该更加公开的宣布宗教教育在教育和职业培训课程中的重要地位,并在制定培养计划中予以考虑。不管怎样,与以前的法律相比,这一法律还是向前迈了很大一步。它是一个保证经济发展的公共教育制度,并迈向一个能够克服国际市场困难的制度。①

另外一个积极方面是,引进了与学校和大学处于平行地位的 14—21 岁的职业教育,并颁发证书和学位。事实上,在欧洲国家职业培训已经不再仅仅是为了培养手工艺人,也不是与教育截然分离,而是培养与知识和工作世界有关的技能,以及工作文化。职业培训不是处于边缘的地位和终结性的制度,其教育原则是为了满足基于现实经验,根据具体方式对人进行全面发展的需要。并把这反映在工作实践上。它可以对人格的培养进行干预。这并不意味着是与教育一样:教育重在培养学生的"知",职业培训重在培养学生的"行"。有人认为莫拉蒂法打破了 1971—2001 年以来在高级中等学校改革政策。②

对国家—大区协议的初次评估来看,很明显它具有积极的意义:它使在结束第一轮教育后,希望接受职业培训的学生不必等到 15 岁之后。为了使普通教育和职业培训之间的通道更加畅通,协议规定在普通高中和学徒制中都承认在职业培训中所获得的培训学分。

但从社会上来看,对职业教育与培训的一种"红十字"的态度(既为了挽救辍学者)仍然很普遍。另外,"一体化"这一思想把职业培训变成了实验室里的职业培训。协议似乎只倾向于按学科来组织课程,而不是按照领域。

---

① 　Malizia,G. *Occupazione giovanile e riforma Maratti:quali prospettive?* [J]. Rassegna Cnos:problemi esperienze prospettive per la formazione professionale,2004,20 (3):31—44.

② 　Roberto Franchini e Renza Corri. *Per una istruzione e formazione professionale di eccellenza*[M]. FrancoAngeli s.r.l.,Milano,Italy. 2005:42—65.

再者,必须看到它的两方面的缺点:一是忽视道德教育;二是不关心继续高级培训。制造业联合会要求在技术高中的课程中有最好的技术教育。这使得教师把技术学校等同于技术高中,有时他们把职业教育和职业培训当作技术教育。

学校的教育质量、培养全面发展的人、以学习者中为中心、终身教育、教学中理论与实践相统一,所有这些都是改革明确提出的要求实现的理想。在创新方面,不仅仅是在语言上,也不仅仅是为了实现学校当前的"成功教育"的需要上,更是为了满足新信息和通讯技术"革命"的要求。即使是在这一复杂的政治妥协的游戏中,我们也可以清楚地认识到培训和教育不仅仅是为了经济的发展服务,还是为了占领国际市场服务。事实上,这也反映了对人文和个性化的需要(这从《自治权规定》和《学制重组法》以及莫拉蒂的《法律议案》的很多条文中都可以看到)。

莫拉蒂改革把传统上相分离的教育与培训制度一体化,承认它们有着共同的目标:促进人的进步与全民发展。在新制度下,学生在完成初中教育后可以继续接受普通教育或职业教育与培训。两者具有同等的地位和自己的特色与具体目标。其目的是让年轻人在进入劳动市场前至少具有毕业证或职业资格证。"莫拉蒂改革"的最突出一点就是对职业教育与培训制度的改革。新的教育与培训制度一个最大的特点就是在"学术流"与"职业流"之间纵向和横向都是互相开放的,从而大大削弱了"学术流"与"职业流"之间的地位差距,使二者具有平等的地位。

意大利的教育与培训制度经过了从"双轨制"到"一体化"的一系列的改革,在这一改革进程中职业教育的地位也在不断地提升。与"学术流"的教育相比,它从地位低下,处于从属地位的"侍女"升级到了具有平等的法律地位的"姊妹"。"莫拉蒂改革"开辟了职业教育的新局面。然而,仅仅法律形式上的平等并不代表事实上的平等。要想彻底改变人们传统思想观念中对职业教育的偏见和在社会上的地位不是朝夕之功。

# 第四节 最近的改革

2000 年 3 月 10 日法 62 规定了有关公立和私立教育的平等权;

2001 年 10 月 18 日宪法第 3 条对国家和大区在教育方面职权的划分做了修订,并于 2003 年 6 月 5 日出台相应的第 131 号法,对上述宪法的修订做出了调整;

2002 年 7 月 6 日法 137 对学校的组织机构(organi collegiali)的职权进

行了改革；

2003年3月28日法53对教育与培训制度进行了改革；

2003年7月18日法186对天主教教师的聘用做出了规定；

2004年2月19日第59号法令执行对幼儿园和第一轮教育的改革；

2004年11月19日第286号法令是有关教育制度的国家评估工作(Servizio nazionale di valutazione)制度的规定；

2005年4月15日第76、77号法令是改革法的执行法令，分别是教育与培训的权力/义务的提出和对在第二轮教育中改变培训途径的执行法令；

2005年10月17日的第226号法令是对第二轮教育改革的执行法令；

2005年10月17日的第227号法令是对教师教育改革和进行教学的执行法令。

改革仍在进行中。随着政府的更迭，一些议案尤其在资金方面的一些主要行动会随之而变。后者尤其重要，因为改革是由教育部直接发起的，参与学校和职业培训领域的社会上各个相关方面之间的合作尤其复杂，存在种种的问题和矛盾。

2006年新政府上台后，对教育又进行了一系列的改革。但该政府没有改变和废除法53/03，而是对它进行了修订。清除了一些制约和阻碍的方面，提出了一些修改和/或创新使教育与培训制度更加有效和公平。

2006年12月27日颁布的第296号财政法规定延长了在学校里的义务教育至16岁，该法将于2007—2008学年开始实施。该法还规定了14—16岁期间的2年的普通的义务教育，这将于2009—2010学年开始实施。此外，还将合并"国家改革文献和教育研究所(INDIRE)"和"大区教育研究所(IRRE)"，成立"国家学校自治发展办事处(Agenzia nazionale per lo sviluppo dell' autonomia scolastica)"全面负责上述两个机构的职责。同时该法也将对"教育与培训制度国家评估所(INVALSI)"的组织结构进行改革，改善管理，增加和完善对校长的考核。①

2007年4月2日颁布的第40号法，即2007年预算法，对高级中等学校的体制将有进一步的改革，属于第二轮教育的普通中学、技术学校和职业学校将有待实现2年的普通义务教育。普通中学中的"经济学(Economico)"中学和"科技(tecnologico)"中学的名称被废除，因为技术学校和职业学校也同样属于第二轮的教育。一体化的教育制度削弱了普通教育和职业

---

① EURYDICE. *Schede Sintetiche Nazionali sui Sistemi Educativi e sulle Riforme in Corso in Europa*：*Italia*. 2007 (7)Edition. http://www. eurydice. org. 2007-8-8.

教育地位上的差别。该法重申了对职业与技术学校的重组和加强,把它们纳入高级中等教育之中,在地方的组织上通过与工作世界、职业培训、大学和科研保持稳定的联系。通过适当的规定继续对各个方向进行缩减使其合理化,使学时的组织使学生能够承受,留出更多的空间给实验室的活动,校内培训与校外实习相结合,这是职业教育教与学过程中非常重要的一点。①

2007 年 11 月 27 日法 NO.298 赋予职业教育以重要性,并确定以下方面作为其工作重点:

(1)提高普通义务教育年限为 16 年;

(2)对特殊学生的全纳教育;

(3)对成人和移民的教育;

(4)重视科学和技术;

(5)加强高等技术与职业培训。

基于最近的一些决定,现在职业教育终于成为国家中等教育制度中的公民权利,并重新发挥杠杆的作用,取得一定的成就。但值得一提的是,由于该政府任期不到 2 年(2008 年倒台),由贝卢斯科尼第三次担任新一届政府的总理,新政府对前任政府的这些措施的执行情况如何,又会做出哪些新的改革和举措,我们将拭目以待。

# 第五节　　小结

随着欧洲经济、政治一体化进程的不断深化,欧洲教育一体化也在不断向前发展。全球化、信息化社会的到来也无不深刻影响着欧洲和意大利的教育改革。里斯本目标要求各国教育制度必须在 2010 年力求实现。而从经济、劳动力受教育水平、失业率、创新力、学生的学业成绩等一些主要指标来看,意大利的位置远远落后于欧洲的平均水平。这要求意大利必须进行改革来克服这些困难和历史的障碍。第一,为了迎接全球化和欧洲一体化带来的机遇与挑战,以及实现 2010 优先项目这一宏伟目标,意大利对其教育与培训制度的改革与重建势在必行。第二,为了克服公共教育中不同层次间的不连贯性,消除目前学校专业的极度分化和僵化以满足人们对终身教育的强烈需要也必须对整个教育与培训制度进行重建。第三,科学和技

　　① Salerno,G. M. *L' istruzione e la formazione professionale dopo la legge finanziaria2007*[J]. RASSEGNA CNOS:problemi esperienze prospettive per la formazione professionale,2007,23(1):21—34.

术的迅速发展,信息技术的革命,知识社会的到来,使传统的教育已不能适应社会的需要。所有这些促使意大利政府必须对整个教育与培训制度进行彻底的改革和重建。

在贝林格任教育部长期间颁布的法 30/2000 对整个教育与培训制度结构进行了重新设计。改革建立在"以学习者为中心"的基础之上,强调要加强学校与家长之间的联系与合作,延长了义务教育(从 8 年延长到 9 年)并引入了义务培训(15—18 岁),这有助于提高基础教育水平和减少辍学率,给予义务教育后所有路径平等的地位。但是,该法刚刚颁布就面临着政府的再次更迭,因此根本就没有付诸真正的实施,而仍然沿袭的是按照法 9/1999 制定的教育制度。该法虽然没有实施,但其中一些精髓被下届政府的改革所吸收。

2003 年 3 月 28 日新政府颁布了第 53 号法(legge53/03)。该法对意大利的教育与培训制度进行了改革和重建,即"莫拉蒂改革(Moratti Riforma)"。改革建立在"一体化"、"多样化"、"自由选择"、"个性化"和"本土化"的原则之上。改革的重点是高级中等教育与培训阶段。改革的主要方面有:延长了义务教育与培训的年限至 18 岁,并采取经济、法律等措施来实现这一目标;体现了教育与培训制度的"多样化"、"一体化"、"开放型"、"平等性"和权利的"去中心化"等特征,并采用欧洲质量框架(EQF)的质量保障制度和证书制度。

新制度在实施中也出现了一些问题,引起了一些争议。主要的争论围绕在大区和政府的关系上,在处理有关高级中等教育结构,特别是教育与培训两个体系之间的关系上和从一个体系到另一个体系转换的可能性上,以及在初中结束时的最初的选择上和职业技术教育的地位上、资金的配置上等方面。

新法体现了"新人文主义"和"团结"的精神,使教育与培训制度更加符合人的发展规律。意大利的教育与培训制度经过了从"双轨制"到"一体化"的一系列的改革,在这一改革进程中职业教育的地位也在不断地提升。"莫拉蒂改革"不仅把各阶段的教育连贯起来,而且把传统上相分离的教育与培训制度一体化,承认它们有着共同的目标:促进人的进步与全民发展。新的教育与培训制度一个最大的特点就是在"学术流"与"职业流"之间纵向和横向都是互相开放的。从而大大削弱了"学术流"与"职业流"之间的地位差距,使二者具有平等的地位。

# 第五章 意大利职业教育的
# 培养模式及其特色

## 第一节 重视基础能力的培养目标与课程

### 一、职业培训的总目标和能力要求

1978 年关于职业培训的框架法（1978 年 12 月 21 日颁布的 NO.845 法）规定：“（意大利）共和国根据宪法第 3、4、35 和 38 条来促进对公民的培养和专业水平的提高，以实现其工作的权利和自由选择的权利，并通过培养其职业文化来促进工人个性的增长”（第 1 条）。作为提高就业率的工具，职业培训的目的是“推动就业、生产和随着科技的进步发展来组织工作”。据此，“职业培训的举措是与公众利益切实相关的服务，目的是传播理论和实践知识，更好地履行工作任务，并重视构建对工人的从第一次就业、培训、再培训、专业化、更新、到继续培训这一终身教育的框架”（第 2 条）。这意味着，“职业培训举措面对所有公民……此外，根据国际协议和法律，这也适应于对居住在此的外国人”（第 2 条）。

政府在关于意大利劳动市场的白皮书中起草了职业培训的目标和工作重点（2001 年 10 月）。白皮书中这一战略规划把职业培训作为主要的方法来提高就业率，并计划到 2010 年就业率达到 70%。一些发展培训体系的议案，尤其是鼓励交替式培训（alternance training），它可以弥补出现的问题和延长从学校到工作的过渡时间，和通过继续培训来保证和提高人力资源的质量。

这些目标在 2002 年 7 月意大利公约（Patto per l' Italia）和政府与主要雇主和工会组织（除了意大利总工会—CGIL 除外）的协议中被进一步强调和充实。根据国家就业行动计划（NAP, 2002）制定的指导方针（NAP 依据欧洲就业战略制定了为促进就业行动的工作重点），政府承担促进科研和创新的责任,资助教育与培训制度改革和支持成人教育体系的发展(制定了在 2003 年有 700 000 人受益的目标)。

在教育体系中要实现的主要目标有:

(1)根据权利—义务法规定的至少 12 年的教育/培训对教育与培训制度进行改革;

(2)加强交替式培训和高级技术培训与教育(IFTS);

(3)在 2003 年使成人教育体系的受益者达到 700 000 人来促进高层次技能和基本技能的普及。

更具体地来说,对进入工作世界的青年提出了一系列的基本能力要求,这包括知识、技术和个人的能力。这些能力的获得可以是青年在具体的活动中所承担的任务和责任,而不仅仅是通过正规教育背景下的学习。这些获得的能力,尤其包括下列方面:

(1)科学与技术学科的知识,既包括基本的知识也包括专门的知识,这些知识是所选方向的有关活动的基础;科技的迅速发展需要在活动中发展更高的能力,从终身教育的观点来看要求青年要有相当强的学习能力和与时俱进的能力;

(2)掌握意大利语言和表达的能力,尤其是书面语言的能力;

(3)熟练的外语能力,口语和书面能力,和可能的第二外语的能力,至少是书面与口语;

(4)掌握信息工具,熟练使用市面上的软件包的能力;

(5)进行规划的能力和进行生产的能力,以及非物质的生产能力,商业能力;

(6)开展小组工作的智力和能力,尤其是在多学科的和不同水平和职责的小组中;

(7)根据"目标"进行工作的态度,和"结果文化"的导向,学会对某种标准的表现做出反应,及时和经济地对自己的工作,根据道德标准和职业道德,以主人翁的态度进行监控和反应。

职业技术教育制度必须能够为这些基本的能力做准备,并与工作世界保持紧密的联系。要实现这一目标,国家还面临着四个主要的困难:恢复强大的科学与技术的文化;更好地利用人力和社会资源;多样化和一体化的培养路径能够更直接地进入现实生活;加强继续教育的举措。①

---

① Ministero della Pubblica Istruzione. *Persona*, *Tecnologie e Professionalità*: *Gli Istituti Tecnici e Professionali come Scuole dell' innovazione*. http://www. cislscuola. it/files/MPI_DocumSuIstTecnProf_3mar_08. pdf,2008-03-03.

## 二、职业教育与技术教育的具体目标的区别与联系

欧盟大部分国家的职业技术教育制度不像意大利的那么分离。事实上,欧洲的趋势是在终身教育的理念下,鼓励继续教育,使人们有机会获得持续的、专业化的和高级的资格证书。这包括必须避免那些重复的和无用的教育与培训。因此需要对培训制度进行重组和界定。在目前的组织结构中,培训的各个层次和类型都有着很大的差异,它们必须要有各自的具体目标。

这些差异要求:培养目标是为了获得国家承认的高级中等水平的毕业证书;打开通向继续升入第三级教育的大门和具有某种从业资格;职业化方向的最终目的是直接进入劳动和职业世界。根据欧盟的研究,5年制的培训(相当于 EQF 分类的 4 级)可以获得资格证书和毕业证,它与大区的职业培训制度以及学徒制共存。

职业学校和技术学校是公共教育的一部分,它们提供职业方向和技术方向的教育,各自有着自己的特征。这两类教育的具体的标准有所不同,这些具体的不同表现在它们的目的、职业形象、获得证书后的主要出路、课程组织、内容和培养方法等方面。①

从它们的目的来看,技术学校的目标是获得相关科学的和技术的发展全貌和框架。而职业学校的中心任务是以对技术应用和实践为维度。总之,它们的区别在于它们的性质和职能的复杂性。例如,技术学校的毕业生可以操控一般的生产程序,能够从生产和服务的市场供应来解释,能够协调技术方面和/或管理方面;而职业学校的毕业生通过应用技术的实践程序,知道如何更好地进行管理,尤其是能够处理与地方背景有关的一些方面的关系。

从职业形象来看,这一情况就更加复杂。事实上,从职业形象的出路来看是远远不够的,必须考虑到职业的种类和学生的能力。而职业学校就更加职业化。要想保证每一个方面能够满足劳动世界的不同的需要和各种要求,必须与地方的具体生产实际结合起来。正如在技术学校中按照科学和技术方向进行划分,而在职业学校则按照部门和背景来划分。这些方向的主要特点必须根据劳动市场的发展和变化以及青年的要求为标准。

---

① Ministero della Pubblica Istruzione. *Persona*, *Tecnologie e Professionalità*:*Gli Istituti Tecnici e Professionali come Scuole dell' innovazione*. http://www. cislscuola. it/files/MPI_DocumSuIstTecnProf_3mar_08. pdf,2008-03-03.

从获得证书后的主要出路来看,技术学校的学生大部分继续升入大学(2006 年 54％的毕业生升入大学①),技术学校方向也以升入大学为导向,同时那些更加专业化的方向的学生也可以升入高等技术学校或 IFTS。对于那些国家承认的职业学校,它的组织必须根据当地的背景而变化。那些基于地方的职业技术中心,从这一点来看有更多的机会提供合理化的职业技术培训。

从课程组织来看,是一种弹性结构,但有着统一的框架——在 5 年制的初始阶段保持科学和技术宏观领域的特征——在前两年的课程的目的是对所有方向的学生培养同样的能力。教育制度有着同样的培养目的,它按照新的义务教育法分为素质、能力和知识。这一目的是使任何学习形式的结果能够被承认和具有可比性,来保证学生和其他相关者(企业、家庭等)的利益。同时,也采取了一些措施来对学习进行评估,并根据普通文化领域(语言、数学、科学—技术、历史—社会)和专业进行划分。在教学的自治权方面,在开始的前两年占总学时的 20％,随后的几年根据统一的标准有所增加,以保证学生在 5 年的学习结束时,对共同的学习结果进行国家认证。在培养模式中,传授科学—技术知识、提高对社会文化背景的认识、建立关系和交流与合作的能力、使文化与生产的背景相适应。因此,在培训学分制的基础上,有可能从一个方向转向另一个方向,同时也克服了在不太了解的情况下做出的选择的终结性。为此,课程必须遵照个性化的逻辑和规定专业结构,但也要制定专门的方案来预防和抵制辍学和边缘化的现象。

一般来说,课程从第一年到第五年要按照宏观职业技术领域来组织,然后是根据职业形象确定更加具体的职业方向,最后能够达到更高的水平,并与劳动世界和职业的要求保持一致。

青年在职业技术学校学习结束时必须能够获得更深的知识和更好的与他人建立关系的能力,以及在语言、数学、科学—技术和历史—社会方面的能力。这些知识和能力的获得是与基础的公共文化课程有关的,这是最近几年,根据欧盟的指示,在国家和大区及自治省的联合大会的协议中明确强调的。

在技术学校,学生除了具备一些文化知识和技能外,还要具备下列的能力:

(1)能够解释科学与技术的关系,克服传统的准备—应用的顺序;

(2)能够找到社会—经济、科学、技术和组织发展的内在的动力特征,及

---

① Confindustria. *La Scuola；il punto di vista delle impresa*［R］. Roma：Nucleo Education,2007.12.

与技术发现和科技体系发展的关系；

（3）了解相关部门（材料、科技、体系、程序、组织和规定的原则）的科技的基本要素；

（4）了解科技创新和应用对社会、生产、经济和环境的意义；

（5）建设和使用模式来模拟对经济、行政和科技程序的管理；

（6）能够把计划、管理、监控和文献的方法应用于经济的、行政的、科技的和组织的程序中；

（7）能够具有可靠的、负责的和积极的态度来面对地方社会经济的发展、工作场所的环境与安全，特别是对有关的科技创新；

（8）能够确定自己职业发展的方向，参与继续和终身教育。

在职业学校，学生除了要具备一些文化基础知识外，还要具备下列的能力：

（1）掌握相关部门（材料、技术、生产、规则和技术手册与诊断）的基本科技知识；

（2）在不断变化的科学—技术背景下工作，从知识到具体的应用能力，与社会—经济环境保持联系，与科技和组织背景保持联系；

（3）为客户/用户提供服务；

（4）对工作场所的环境和安全表现出负责任的和积极的行为；

（5）确定自己职业发展的方向，参与继续和终身教育。[①]

每个方向的不同专业的具体文化课则根据制定的培养目标的要求分为具有各自特征的知识和能力。它是从第一年开始，根据规定，由不同数量的和连贯的学时组成的。在任何情况下，在学校组织的自治领域的课程，都要保证各个方向的质量，尤其是在前两年的学习中。

基于培养模块的课程目标是：

（1）使学生具有宽泛的学科知识，避免他们只从一种视觉看问题和受有限的方法的限制；

（2）高度重视每一个科目的核心内容，及用关键问题和合理方法促进学生的进一步发展；

（3）根据具体职业培训部门的需要和当地经济和社会的要求来调整达到目标的内容和方法。

在这一框架下的职业学习领域的课程目标有：

---

① Ministero della Pubblica Istruzione. *Persona*, *Tecnologie e Professionalità*：*Gli Istituti Tecnici e Professionali come Scuole dell' innovazione*［DB/OL］. http：//www. cislscuola. it/files/MPI_DocumSuIstTecnProf_3mar_08. pdf，2008-03-03.

(1)优先考虑课程中不同学科的内容和目标的共同点以形成制度化的职业文化；

(2)使用合适的方法来达到职业培训的多重目的，并对进一步的专业发展有利；

(3)通过实践活动来增加学生的经验，促进学生对生产程序及部门的特征的理解。

从教学方法和策略来看，要保证培养关键的能力和有利于学习的个性化的条件，在职业学校和技术学校根据理论学习、使用实验室和在岗位上的实习，制定不同的教学模块。尤其是在职业学校从第一年的教学模块开始就为了有助于发展积极的学习程序，注重体验和在实验室的实践。在教学过程方面，要通过学生个性化的学习、对话、与他人相处、分享知识、对经验的反思、利用他们的创造性来加强终身教育所要求的关键能力的培养。在第二轮的教育中，教育的一般目的是相互关联的，所有的方向是平等的，目的是为了提高教育的、文化的和职业的素质，发展他们的自主能力，培养他们个人和社会的责任感。

在界定职业和技术教育的任务时既要考虑共同的目标，又要考虑各自的目标。技术教育与职业教育有着共同的教育的、文化的和职业的框架。该框架的目的是培养知识社会的公民，重视劳动和职业的文化。

技术教育的任务尤其是要保证高深的科学文化和基础的技术理论；培养学生必要的能力来批判地看待与技术有关的科学和历史—文化问题；使数学知识能够得以应用和实践；发展他们创造力和进行创新计划的能力。这些方法，除了有利于进入劳动世界之外，必须保证进入第三级教育的可能性，尤其是可以进入科学和技术类的本科方向的学习路径。

职业教育的任务是要保证在大的生产领域环境中，对计划的实施和对解决方案的执行能力，以实现对过程、制度和/或服务的管理。这些能力，同样也适用与技术相关的任务，也需要具备基础的科学和技术知识。它的明显特征是根据组织秩序和技术工具来培养个性化的使用技术的能力。

## 三、普通教育和职业教育课程的比较

课程是最能体现教育目标的主要方面。为了更好地体现意大利职业教育的特征，这里把与之平行的普通教育中的高中课程进行对比。高级中等职业教育主要包括技术学校、职业学校和艺术学校。通常在第一年，班级由不少于 25 名、不多于 28 名学生组成；在接下来的几年，班级学生不少于 20

名。根据大区学校办公室对学校教师数量的规定,上述数字有可能增加或减少。教学活动(课程、选举、考试)从 9 月 1 日至 6 月 15 日期间进行。初中国家综合考试在 6 月结束,高级中等学校的毕业考试在 7 月的中上旬结束,对培训课程没有规定。高级中等学校的时间安排根据不同学校开设的不同科目的数量会有很大的差别。在文科和理科学校每周学时在 27—28 之间,在技术学校和职业学校为 40 学时,在艺术学校为 44 学时。上课时间从 8:00—8:30 开始,在 13:00—14:30 结束。有些技术学校或职业学校有时下午还会去上学。技术学校和职业学校的食堂由市和省政府负责。职业培训和 IFTS 课程根据它们各自的特点有不同的安排。

高中教育的法律基础是 1923 年的秦梯利法,其中技术教育:1931 年 6 月 15 日,法 NO.889;职业学校:1939 年 6 月 2 日,法 NO.739;艺术学校:加强法案 279/1994 及 1923 年 12 月 31 日的法 NO.3123。

## (一)普通高中的课程

几乎所有的普通高中都把 5 年制的课程分为 2+3 两个阶段。从第一阶段升入第二阶段无须考试。在第一阶段学习基础课程,在第二阶段学习比较专业的课程。前期的学习的共同特征是引导学生从基础文化培养到专业的学习。第一阶段的课程相对应的学生年龄是 14—16 岁,第二阶段的课程相对应的学生年龄是 16—19 岁。随着新的法 53/2003 的实施,在小学一年级的入学年龄可以提前 6 个月,相应地高中阶段的入学年龄也会提前。

### 1.文科高中

1945 年通过的教学计划不断更新,有关学科的法令是:希腊语,1967 年 9 月 25 日总统令 NO.1030;拉丁语,1967 年 3 月 20 日总统令 NO.223 和 1980 年 3 月 31 日的 NO.316;历史,1960 年 11 月 6 日总统令 NO.1457;物理,1982 年 10 月 1 日总统令 NO.908。

除了宗教和选修课之外的学科为:意大利语、拉丁语、希腊语、外语(只在前 2 年)、历史、哲学、自然科学、化学和地理、数学和物理、艺术史、体育。前两年的周课时是 27 学时,第三、四年为 28 学时,第五年为 29 学时。

在文科高中,标准的一周课时安排如表 5-1 所示:

表 5-1　文科高中的周课时

| 科目 | 前两年 | | 后三年 | | |
|---|---|---|---|---|---|
| | I | II | III | IV | V |
| 意大利语言与文学 | 5 | 5 | 4 | 4 | 4 |
| 拉丁语言与文学 | 5 | 5 | 4 | 4 | 4 |
| 希腊语言与文学 | 4 | 4 | 3 | 3 | 3 |
| 外国语言与文学 | 4 | 4 | —— | —— | —— |
| 历史 | 2 | 2 | 3 | 3 | 3 |
| 地理 | 2 | 2 | —— | —— | —— |
| 哲学 | —— | —— | 3 | 3 | 3 |
| 自然科学、化学和地理 | —— | —— | 4 | 3 | 2 |
| 数学 | 2 | 2 | 3 | 2 | 2 |
| 物理 | —— | —— | —— | 2 | 3 |
| 艺术史 | —— | —— | 1 | 1 | 2 |
| 宗教 | 1 | 1 | 1 | 1 | 1 |
| 体育 | 2 | 2 | 2 | 2 | 2 |
| | 27 | 27 | 28 | 28 | 29 |

注:宗教教育为选修。

2.理科高中

1945 年及以后对理科高中的教学计划进行规定的有关法令为:拉丁语,1967 年 3 月 20 日总统令 NO.223;历史,1960 年 11 月 6 日总统令 NO.1457;体育,1982 年 10 月 1 日总统令 NO.908。除了宗教和选修课之外的学科为:意大利语、拉丁语、外语、历史和哲学、自然科学、化学和地理、数学和物理、艺术史、体育。周学时数在第一年为 25 学时,第二年为 27 学时,第三年为 28 学时,第四年为 29 学时,第五年为 30 学时。理科高中一周的课时安排如表 5-2 所示:

表 5-2　理科高中的周课时

| 科目 | 理科高中 | | | | |
|---|---|---|---|---|---|
| | Ⅰ | Ⅱ | Ⅲ | Ⅳ | Ⅴ |
| 意大利语言与文学 | 4 | 4 | 4 | 3 | 4 |
| 拉丁语言与文学 | 4 | 5 | 4 | 4 | 3 |
| 外国语言与文学 | 3 | 4 | 3 | 3 | 4 |
| 历史 | 3 | 2 | 2 | 2 | 3 |
| 哲学 | — | — | 2 | 3 | 3 |
| 自然科学、化学和地理 | — | 2 | 3 | 3 | 2 |
| 物理 | — | — | 2 | 3 | 3 |
| 数学 | 5 | 4 | 3 | 3 | 3 |
| 设计 | 1 | 3 | 2 | 2 | 2 |
| 宗教 | 1 | 1 | 1 | 1 | 1 |
| 体育 | 2 | 2 | 2 | 2 | 2 |
| | 25 | 27 | 28 | 29 | 30 |

注:宗教教育为选修。

### 3.美术高中

1924 年的皇家法令对教学计划做了规定。根据 1970 年 1 月 20 日的部级函件成立的教师委员会对此做了适当的修改。1960 年 11 月 6 日的总统令通过了历史的教学计划;1982 年 10 月 1 日总统令 NO.908 通过的体育的教学计划同样也适用于美术高中。美术高中为学生提供专业的美术教育,尤其是在绘画、雕塑、舞台设计和建筑领域。

美术高中课程为 4 年制,分为 2 个专业:一个是学习视觉艺术和舞台设计,另一个是学习建筑。两个专业的前两年是一样的课程。在后两年根据不同的专业学时分配有所差异。第一个专业是为升入美术学院(Accademia di Belle Arti)做准备,第二个专业是为升入建筑学院做准备。学生进入附加的第五年的学习可以获得高级中等美术教育毕业证书,持该证书可以进入所有的大学学习。在试验阶段,实际上所有的美术学校都提供 5 年制的学习课程,为了使学生在结束时可以不需参加附加的综合课程的学习而直接升入大学。

除了宗教和选修课之外的学科为:意大利文学和历史、艺术史、数学和物理、自然科学、化学和地理、体育、人物绘画和造型（figura disegnata e figura modellata）、装饰绘画和造型（ornato disegnato e ornato modellato）、几何制图（disegno geometrico）、透视、解剖。第一年周学时数为 39 学时，第二年为 40 学时，形象艺术和舞台设计专业的第三年和第四年分别为 43 学时和 44 学时，建筑专业的第三和第四年为 41 学时。

一些进行实验的学校，不仅开设新的专业，还开设新的科目（ICT、前 2 年的艺术史、文科高中开设的 3 年的外语等）或对某些科目的学时数进行了调整。

在美术高中，必修课分为公共科目和艺术科目，如表 5-3 和表 5-4 所示：

**表 5-3　美术高中公共科目和周学时**

| | 第一年 | 第二年 | 第三年 | | 第四年 | |
|---|---|---|---|---|---|---|
| | | | 第一阶段 | 第二阶段 | 第一阶段 | 第二阶段 |
| 文化科目 | | | | | | |
| 文学和历史 | 3 | 3 | 4 | | 4 | |
| 艺术史 | 2 | 2 | 2 | | 3 | |
| 数学和物理 | 4 | 4 | — | 4 | — | 5 |
| 自然科学、化学和地理 | 3 | 3 | — | 2 | — | |
| 宗教 | 1 | 1 | 1 | | 1 | |
| 体育 | 2 | 2 | 2 | | 2 | |
| | 15 | 15 | 9 | 15 | 10 | 15 |

**表 5-4　美术高中专业类科目及周课时**

| | 第一年 | 第二年 | 第三年 | | 第四年 | |
|---|---|---|---|---|---|---|
| | | | 第一阶段 | 第二阶段 | 第一阶段 | 第二阶段 |
| 艺术科目 | | | | | | |
| 人物绘画 | 10 | 6 | 8 | 4 | 8 | 4 |
| 装饰绘画 | 10 | 6 | 8 | 4 | 8 | 4 |
| 人物造型 | — | 4 | 4 | | 4 | |
| 装饰造型 | — | 4 | 4 | | 4 | |
| 几何制图 | 4 | 3 | — | | — | |
| 透视画法 | — | — | 4 | | 4 | |
| 建筑元素 | — | 2 | 4 | | 4 | |
| 解剖学 | — | — | 2 | | 2 | |
| | 24 | 25 | 34 | 26 | 34 | 26 |

注：宗教为选修。

（二）技术与职业学校的课程

1. 技术学校

技术学校学制 5 年，它提供青年能够在学习、职业和工作中应用的理论知识，还有一系列的必要的认知能力、解决问题的能力、自主管理的能力，在一个以不断创新为特征的环境中，表现出对使用所获得的结果不断增加责任感并对其进行改进。技术学校提供学生必要的知识和能力是为了使他们直接进入工作世界、通向国家的和/或大区的第三级教育、大学、ITS 和 IF-TS，以及将来为了成为职业精英而进行的专业学习和实践。①

从第一年开始，技术学校的方向就划分为对所有学生一样的普通教育领域、相关技术领域、生产、服务和高级服务领域、以及其后的为了成为职业精英而进行的专业学习和实践。

教育部对技术教育进行了很大的改革和实验，因此 1961 年 9 月 30 日总统令 NO.1222 对教学计划、科目和时间的安排很久以来就不再执行。取而代之的是在技术教育所有专业进行的实验方案。以下仅是一般的指示：

（1）法令规定的一些实验方案的教学计划是基于加强人文、科学和技术科目的学习，减少了实践练习。前两年的计划相同，而后 3 年的学习根据专业的不同而不同；

（2）前 2 年期间除了宗教和选修课之外的学科为：意大利语、历史、外语、数学、物理、自然科学、化学和地理、一些专业科目和实践练习。后 3 年比前两年增加了专业科目；

（3）根据不同的班级和专业，周学时数在 32—38 学时之间。

技术学校的专业课程：

商业专业：贸易、对外贸易、商业管理等。

工业专业：机械、电器工程、电子、工业物理、化学、纺织等。

测量职业。

农业专业：林业、生态学等。

海运专业：船长、机械操作员、造船工程师。

旅游专业。

社会专业（以前的女生技术学校）。②

① Mengucci, R. e Romano, R. *L'evoluzione dell' istruzione professionale* [J]. Studi e Documenti degli Annali della Pubblica Istruzione, 2006(115—116):111—136.

② 同上。

技术学校也在进行一些实验性的职业学习(如生物—卫生、信息等专业);为了获得额外的计划、学科和时间表,大多数的技术学校都开设教育部规定的实验计划。

技术教育的分枝和进化的特征是以创新来开辟其道路。不仅是教师、学生和家长也对此都有清楚的认识。新的规定和高等实验课程与以前的规定相比,要求具有同样的基本的准备、能力和动机,尽管与高中课程相比它属于不同的种类。对这认识的不足使得他们低估了这类培训课程,选择高中课程的学生在增加,认为在这样一个瞬息万变的社会—经济的背景下,它能够提供文化的准备,能够获得更好的能力和多种价值。

2.职业学校

1992年对职业教育的改革是基于这样一种假设:如果职业教育不太专业化,那么学生的个性发展会更有弹性,因而他/她能够更好地进入工作世界或接受继续教育。因此,那些为了获得职业资格的课程被大大削减。

职业学校学制5年,分为3年制证书课程和2年制证书后课程。它提供青年普通教育、与工作文化和活动有关的技术与职业的教育,以及一系列的必要的认知能力、解决问题的能力、自主管理的能力,在一个个性化生产与服务为特征的环境中,表现出在监控、评价和改进工作结果中的责任感。[①] 新的体制引进了在前3年进行基础培训的理念,同时也是为了学生能够顺利地转向其他的课程或学校。在第4、5年才进行更为专业化的选择。

职业学校提供学生必要的知识和能力为了使他们直接进入工作世界;升入IFTS和大学学习;具有从业资格。

从第一年开始职业学校的方向就划分为对所有学生一样的普通教育领域。在前两年的文化课程是为了实现教育目标,为了获得公民的知识,尤其是通过实验室的实践获得的经验,为了促进在宏观经济文化中对基础科学、技术和组织的批判思维。

在后面的3年专业学习中,根据渐进的与弹性的标准和工作世界和地方的需要来发展。发展与加强普通文化与整个职业技术领域的文化相结合。此外,职业学校还要贯彻国家大区和自治地方机构联合大会制定的协议,其中法40/07第13条,第5款规定的使学生能够获得资格证书和毕业证书。

(1)3年制证书课程

3年制证书课程(corsi triennali di qualifica)按照2+1进行组织,最后

---

① Mengucci,R. e Romano,R. *L'evoluzione dell'istruzione professionale*[J]. Studi e Documenti degli Annali della Pubblica Istruzione,2006(115—116):111—136.

进行考试和颁发具有职业资格的毕业证书并可以参加就业,希望继续学习的学生可以进入 2 年制的证书后课程。3 年制证书课程的科目分为:

①公共领域(*area comune*):意大利语、历史、外语、法律和经济、数学和计算机科学、地理和生物、体育、宗教(选修),前 2 年周学时数为 22 学时,第 3 年为 12—15 学时;

②专业学习领域(*area di indirizzo*):技术和职业科目在 1、2 年级为每周 14 学时,3 年级为每周 21—24 学时;

③职业学习领域(*area di approfondimento*):各年级每周均为 4 学时。

职业学校的 3 年制的专业有:

①农业专业:农业、农—工业;

②工业和手工业专业:经济与商业、服装和时装、建筑、生物—化学、机械—热能、电器—电子;

③服务专业:经济—商业—旅游、广告、旅馆和餐饮服务、社会服务。[1]

对资格证书的形象和时间表的决定受到工作世界需要的影响,也受该校在这一领域开展多少年的影响。表 5-5 是提供培训的一般的课时表。

表 5-5　3 年制资格证书的课时表

| 周课时表 | | | |
|---|---|---|---|
| 类型/学时 | 1 年级 | 2 年级 | 3 年级 |
| 公共领域对所有学生同样的课程 | 22 | 22 | 12—15 |
| 专业领域与各专业有关的课程 | 14 | 14 | 21—24 |
| 职业课程自主计划的学时 | 4 | 4 | 4 |
| 总学时 | 40 | 40 | 40 |
| 学年总学时 | 1 320 | | |

来源:ISFOL

在结束 3 年的专业学习后,可以接受 2 年的高中层次的文化和实践教育。

根据公共领域的教育和专业学习领域的课程大纲标准和内容,教师按照学校的总目标,对其具有很广的决定权。而学校必须根据职业培训部门和当地文化、经济和生产传统发展的实际情况来制定其目标。

在职业学习领域,授权给每个学校自行制定计划来达到所规定的一般目标。所有学生必须参加必修课的学习,根据具体的培养目标进行分班。

---

① Mengucci,R. e Romano,R. *L'evoluzione dell' istruzione professionale*[J]. Studi e Documenti degli Annali della Pubblica Istruzione,2006(115—116):111—136.

课程可以根据总的课程计划安排,也可以在每年的学校计划里制定适当的一个或多个课程模块。班级委员会必须根据学校计划制定教学内容。在职业学习领域的 2+2 的教育中,教师联合会对每一期的教育活动进行检查时,必须考虑社区的具体情况。

对课程进行的创新须遵守对高级中等教育的改革。然而,学校自治权授予学校可以采取任何方式来实施其培养计划规定的教学、科研与实验的自治权。

自从 1969 年 10 月 27 日法 NO.754 规定,在职业学校 3 年的学习结束后成立 2 年制的课程,使学生能够获得职业资格和中等 2 级的文化及实践的教育。对此,1970 年批准了该计划,更加强调了文化的教育而非操作实践。表 5-6 和表 5-7 是职业教育的类型、从业领域和证书的类型情况。

**表 5-6　职业教育的部门、从业领域和证书类型——普通专业**

| 部门 | 资格证书 | 毕业证书 |
|------|----------|----------|
| 农业—环境 | 农业—环境从业者<br>农业—工业从业者<br>农业旅游从业者 | 农业技师<br>农业技师<br>农业技师 |
| 工业与手工业 | 建筑从业者<br>电器从业者<br>电子从业者<br>电讯从业者<br>机械从业者<br>热能从业者<br>时装从业者<br>生化从业者 | 建筑技师<br>工业电器技师<br>工业电子技师<br><br>工业机械技师<br>热能系统技师<br>服装和时装技师<br>生化技师 |
| 服务 | 公司经营者<br>旅行社从业者<br>广告从业者<br>饭店服务(烹饪)从业者<br>饭店服务(酒吧)从业者<br>旅馆服务从业者<br>社会服务从业者 | 公司经营技师<br>旅游服务技师<br>广告技师<br>饭店服务技师<br>饭店服务技师<br>旅游服务技师<br>社会服务技师 |
| 卫生医疗 | 光学机械从业者<br>机械从业者<br>假牙制作者 | 光学技师<br>牙科技师 |

来源:ISFOL

"特殊"专业是指那些不能普遍开设的专业,但在学校里实际开设的专业,有时仅有一所学校开设,它是与当地的专门的经济领域里生产历史的背景有关的专业。

在三年制证书课程里教授对所有学生都提供一样的公共课程和根据所选专业的专业课程。

在前两年是为了加强普通人文和科学的培养。因为,学生的年龄要求教育主要目的是支持人的发展;对不同专业的学生进行大部分学时的共同的教学和计划是为了便于改变最初的选择和方便在不同专业之间的转换。

在第三年提供专业课程是为了获得更好的职业基本技能,使青年能够完成义务培训和获得资格证书。

表5-7　职业教育的部门、从业领域和证书类型——特殊专业

| 部门 | 资格证书 | 毕业证书 |
|---|---|---|
| 面点业* | 面食业从业者<br>糕点业从业者 | 面食技师<br>糕点技师 |
| 木业 | 家俱和木制品从业者 | 家俱和木制品技师 |
| 大理石业 | 大理石手工业从业者<br>大理石工业从业者 | 大理石技师<br>大理石技师 |
| 制陶业 | 制陶业从业者<br>陶器加工业从业者 | 制陶工艺师<br>制陶工艺师 |
| 印染业 | 印染从业者 | 印染技师 |
| 海运业 | 海洋从业者 | 海洋技师 |
| 视听业 | 视听通讯从业者 | 视听业技师 |
| 盲人行业 | 电话接线员 | |
| | 按摩师 | |
| 诗琴制造业 | 诗琴制造从业者 | 诗琴制造技师 |
| 摄影业 | 摄影从业者 | 形象摄影和加工师 |
| 金饰品业 | 金制品从业者 | 金制品加工业技师 |
| *有大区负责(根据法令112/1998),根据国家—大区的协议在国立职业学校里开设 | | |

来源:ISFOL

意大利主管教育部门充分结合大区实际、发挥当地资源优势办职业学校。意大利的职业教育不但整体上特点鲜明,给人印象深刻,而且每所职业

学校都非常有特色。意大利专业特色是制革、制鞋、服装、纺织、首饰、机械、大理石和电子工业等。意大利旅游业非常发达,旅游资源非常丰富。教育主管部门大力发展旅游学校,不但发展了职业教育,而且取得了很好的经济效益。学校在此基础上有较大的发展,很多旅游学校都有自己的实习饭店。①

职业领域的课程是给予每所学校以自主计划的空间,在这里他们可以有很大的弹性来自行规定。在这些学时里每所学校可以开发自己的校本课程和活动,其中它们可以是接待学生、对学生进行定向与重新定向的指导;文化补习、对优秀者进行评价或对弱势学生的补习;加强课程的学习;对更好的了解当地背景而进行的文化的提高;为加强文化科目和职业科目联系的模块;与工作世界有关的模块等。上课是强制性的,但每个学生有着个人的培养目的;班级是按照共同的或个人的教学方式分为各学生组(也可以有来自其他班级的学生)。表 5-8 是公共课程的科目即学时的安排。

表 5-8　公共科目和学时

| 周学时表 | | | | | |
|---|---|---|---|---|---|
| 学时/科目 | 1 年级 | 2 年级 | 3 年级 | 4 年级 | 5 年级 |
| 意大利语 | 5 | 5 | 3 | 4 | 4 |
| 历史 | 2 | 2 | 2 | 2 | 2 |
| 外语 | 3 | 3 | 2—3 | 3 | 3 |
| 法律与经济 | 2 | 2 | — | — | — |
| 数学与信息 | 4 | 4 | 2—4 | — | — |
| 数学 | — | — | — | 3 | 3 |
| 体育 | 2 | 2 | 2 | 2 | 2 |
| 总学时 | 22 | 22 | 12—15 | 15 | 15 |

来源:ISFOL

(2)2 年制证书后课程

该课程是第四年和第五年的资格证书课程。由 3 个紧密相连的领域组成:

①两个国家负责的教育体系的领域:公共课程领域,致力于培养人文和

---

①　高瑛.法国、意大利、马耳他职业教育印象[J].世界职业技术教育,2003(1):6—8.

科学方面；专业领域，发展在 3 年制里获得的职业技能培训；

②第三个领域由大区负责，但在课程中占有平等的地位（学时也同样）："职业化领域"，是专门为获得基础职业培训的课程领域。

在两年制结束后，学生可以获得课程学习的最终的毕业证书和专门的职业证明书。

2 年制证书后课程的类型和学时如表 5-9 所示：

表 5-9　2 年制证书后课程的类型和学时

| 周学时表 | | |
|---|---|---|
| 类型/学时 | 4 年级 | 5 年级 |
| 公共领域<br>所有专业的公共课程 | 15 | 15 |
| 专业领域<br>与所选专业有关的课程 | 15 | 15 |
| 年度总学时数 | 990 | 990 |
| 职业化领域<br>大区负责的年度职业化模块 | 300—450（年总学时） | 300—450（年总学时） |

来源：ISFOL

这一课程的特点是带有专门的职业培训的综合职业教育，是属于大区的权限。在学校进行公共领域和专业领域的教学活动，同时还有大区负责校外的职业化领域的活动课程，这些课程不占用学校课时的时间。在这种情况下，学生在职业的背景下的活动所获得的经验也促进了他们专业课程和普通文化课程的学习。对在学校理论学习和职业的实践活动时间的分配和计划也考虑到参加职业课时的需要。在课时分配上大部分的时间是聘请职场里的专家来上课以及采取工作—学校交替制的方式。作为整个课程的一部分，职业化领域学习的成绩，也是教师委员会对学生进行整体评价的一部分。在大区不参与职业化领域课程的管理的情况下，由职业学校采用同样的方式自行计划和管理，并出具学生上课的证明。

3. 艺术学校

艺术学校的目的是为培养学生使用地方的原材料，掌握传统的工作方式和工业艺术生产。这些学校总共包括 34 个行业的课程（制陶、黄金饰品、纺织、珊瑚工艺、雪花石膏工艺、印刷、木制品、镶嵌工艺、玻璃工艺等）。课程为 3 年制，通过毕业考试颁发应用艺术熟练技工证书（*Diploma di Maestro d' arte applicata*)。在有些学校还通过另外 2 年制的实验课程,这使学生可以获得高级中等教育应用艺术毕业证书(*Diploma di Arte Applicata*),该证书可以使他们进入高级艺术学院继续学习。也有些艺术学校开设 5 年制的实验课程,由 2 年的普通学习阶段和 3 年的专业学习阶段组成。

学校有很大的自治权,根据专业的不同学校可以组织每周 5—6 天的学习。国家层次对艺术学校的教学计划没有具体规定,而由学校自行决定。除了宗教和选修课之外普通文化科目(意大利语、历史、数学、物理、自然科学、化学和地理、艺术史)在所有类型的学校基本一样;技术科目和实验活动根据不同专业而定。每周至少 36—44 学时。1969 年 10 月 27 日法 NO.754 规定成立 2 年制的课程,使学生在获得资格证书后能够在高级中等层次接受文化和艺术教育。

在艺术学校,专业课程分为必修科目(普通科目和艺术科目)和选修的艺术科目,它根据不同的专业而定。

必修科目:

(1)普通科目:意大利语言和文学、历史、公民、艺术和应用艺术史、数学和物理、自然科学、化学和地理。

(2)艺术科目:几何和建筑制图、写生和造型艺术。

宗教属于选修课。

这些基本的科目对所有方向都一样,根据不同的艺术分科,还有不同的工作室、实习活动作为补充。教师根据自己和小组的计划选择教学方法。在这些学校通常是基于实验室/工作室的活动。

艺术学校在 3 年制的学习里开设的专业有:绘画、雕塑、制图、陶艺。在结束 3 年的专业学习后,可以接受 2 年的高中层次的文化和艺术教育。

从上述的情况可以看出,不论是普通教育还是职业教育的各类学校都开设有意大利语、历史、外语、数学、科学和宗教(选修)方面的课程,尤其是在前两年。这体现了职业教育"普通化"的趋势。这一部分的教育在过去的 10 年发生了很大的变化;这些变化主要影响到技术学校和职业学校,他们失去了他们强大的职业化本质。它们的计划已经逐渐朝着加强文化科目和内容进行调整而减少了进行实践的时间。这一变化削弱了以前普通高中和高级中等职业教育之间明显的差别。但职业与技术学校的学时也比普通高中的学时多出许多,加重了这些学生的学业负担,这不但没有提高这些学校学生的学习成绩,反而在学业评估方面低于普通高中的学生,并且辍学率也较高。

## 四、新课程模式的思考

近年来注册职业技术学校的学生有所减少,原因之一是人们不断增强的接受高等教育的愿望是转向高中的一个因素。同样对于家长,尤其是处于对社会地位期望的原因,更愿意选择传统的高中课程,而不是创新的技术培训课程,如科技高中或新的技术教育课程。此外,目前社会—经济的现实和发展促进了技术学校的创新因素和呈现新的发展需要,对培训制度内部和外部因素的所具有的特征引起一些教育专家和学者的重新思考和设计新的科学—科技、科技—技术的经济领域的培训课程,使其能够提供:

(1)较高的文化形象;

(2)科学与技术融合而成的潜在形式;

(3)为科学、技术、经济领域的继续学习打下更坚固的基础;

(4)为进入新的实际工作的现代化培训;①

这些课程必须使高级中等学校的青年获得中—高等的专业能力,以回应生产和服务体系的要求,即:开放思想;阅读的能力和对社会—经济进化的全景进行分析的能力;多元文化的能力;和对技术过程、经济制度、技术服务和高级第三产业进行分析的能力。

多种专业文化的能力的特征是为了对文化不同的思想代表共同的中—高级专业形象培训的产物,即人文的、艺术的、历史—社会的、科学的、技术的、创新的和经济规律的。

科学—科技和科技—技术领域的课程的特征是与其他文化相比具有更大的科学和科技的空间。同样,经济领域的课程的特征是与其他文化相比具有经济规律文化的更大的空间。对科学—科技和科技—技术领域课程的能力的深入分析,尤其值得注意的是这些学科之间科学与技术紧密的融合的特征。也可以在它们结合的领域发现其他的基本模式:能源、自动化、信息和创新。在这一模式中我们可以发现具有科学—科技—技术文化的语言:能源和自动化互相作用的科技—技术语言;自动化和信息相互作用的信息—多媒体语言;信息和创新相互作用的创新语言。另外还有一些其他领域相互作用的文化语言:口头和书面的意大利的和外国的语言;逻辑—数学语言;科学语言;设计语言。

在与科学—科技—技术有关的模式领域里,我们可以发现它们的核心

---

① Mengucci,R. e Romano,R. *L'evoluzione dell' istruzione professionale*[J]. Studi e Documenti degli Annali della Pubblica Istruzione,2006(115—116):111—136.

是既能够达到应用基本能力目标,又能够达到其他具体操作、路径领域的一般能力的目标。构建新的科学—科技—技术文化必须寻找方法论方面的共同之处和在不同的技术领域中使用相似的方法和工具;使用信息工具、类比分析的工具、研究—发现方法、设计的系统化方法和能够融合分析和批判研究的途径,并具有深刻的逻辑。为了理解概念和理论之间的关系,它不能够仅仅在认知的层次获得,更重要的是在下列活动中获得:实验、设计、程序管理和学校—工作交替制。这些方法的导向必须是发展学生的开拓精神、创新、对做出的选择的责任感、对待变化的适应性和积极的态度。这种培养模式是以保证不断增长的能力为中心,它是:为进入工作世界的一个现代化的培训;为终身教育的继续培训;为继续接受高等技术教育与培训;为在大学层次的继续学习。

越来越高的职业水平要求在科学—科技—技术领域的培训具有制度化的联系,大学是科研和应用技术的中心,尤其是在新材料和新程序方面。另外,这也是促进和推动目前工业技术学校的实验分析和质量管理发展的机会。作为一种有效的方法,它与生产现实和生产过程中的科技—技术问题联系起来。它们是生产过程和应用研究联系的桥梁。

2007 年 4 月 2 日法 NO.40 重申了对职业与技术学校的重组和加强,把它们纳入高级中等教育之中,在地方的组织上通过与工作世界、职业培训、大学和科研保持稳定的联系。通过适当的规定继续对各个方向进行缩减使其合理化,使学时的组织让学生能够承受,留出更多的空间给实验室的活动,校内培训与校外实习相结合,这是职业教育教与学过程中非常重要的一点。

## 第二节　弹性化和注重实践的教学

教育部推进的,涉及到几乎所有的技术学校的实验方案,对教学方法做了许多一般的指示以及对具体到某些学科的指示,在职业学校的创新尤其突出。课程具有两方面的目标:一是保证更突出的文化成分,二是要使课程更加有效地适应外面的市场。为了达到这两个目标,教育活动必须具有高度的弹性。

职业教育提供多样化和弹性化的培训,目的是给予所有形式的智力以价值,也给那些在其他路径很少培养的智力以价值。在工作环境中培训的经验——它可以是在企业、文化机构或模拟实验室——普遍受到青年的欢迎,通常它也是比在学校进行的学习更加有效。此外,还可以使他们获得在工作世界有用的和被认证的能力。因而,教育计划中实际的组织,连续的相关具体的经验和实验室的活动都有教育和培训的价值,它超越了具体的内容并激发了学生在非正规和非正式的环境里继续进行学习。提高学生的文化和增加直接经验有利于获得职业资格;同时,期望的职业形象鼓舞他们通过创造性的方式成功地学习课程,而不是通过抽象的特征。

## 一、个性化的模块教学和实验室的操作

职业学校的教学有着自身的特色和要求。教育必须以学生为中心。这在职业技术学校的学生表现尤其突出。随着年龄的增长表现出的不确定性,他们所希望接受的教育是可以激发他们的好奇心,使他们参与其中,要求他们具有敏感性、开放的头脑和社会性;但也反对另一种教育,即非人性化的,它强调抽象的知识和对学科僵化的组织,以教学的行为和表现为中心。

年轻人不同的意识形态和多元文化使他们的认知方式、动机、学习水平、语言、个性特征和价值观有很大的不同。为了把这些不同的文化统一在一个制度的视野下,学校必须提供有趣的和有吸引力的教育来满足青年的要求,传播知识和能力,但也帮助他们规划自己人生和未来的工作。

研究表明,在职业技术学校的学生与高中的学生在最初的准备和动机方面来看不太一样。职业技术学校的学生在他们对自己的期望值上也有很大区别:

(1)具有很好的能力和强烈的动机的技术学科的青年,期望为升入高一级的学习做准备,即能够使他们升入高等教育和/或大学的科学、技术和经济等领域学习;

(2)有些技术学校的青年期望一种理论—实践的课程能提供给他们中等职业的能力;

(3)与此相反,还有一些职业技术学校的青年希望不要给他们太多的要求。[1]

因此,职业教育的教学要考虑职业学生的不同个性特征,考虑青年选择的课程和目的的需要,教学必须是弹性的和个性化的。这些目的是通过下列方式进行的:

(1)对学科内容重新规定,目的是找到每个教学的"要素":即那些真正需要学习的,与所选课程的培养目标有关的,是必需的知识和能力;

---

① Mengucci,R. e Romano,R. *L'evoluzione dell' istruzione professionale*[J]. Studi e Documenti degli Annali della Pubblica Istruzione,2006(115—116):111—136.

（2）弹性的和发展的教学，根据模块和能力进行组织，按照每个模块在课程中所占的份额自主进行；

（3）利用信息技术和多媒体技术，对各个不同的学科和活动中都一样使用；

（4）为适应不同的地方情况和学生不同的社会—文化特征，教育要进行研究并做出适当的反应，这可以通过对职业领域的额外的教学或个性化组织来实现；

（5）加强基础文化课程和专业学习课程之间的新的"链接"，为了能够吸引更多的青年；

（6）在计划中列出不同的模块式课程，它们是一组既与当地现实的文化和经济相关，又与课程所涉及的领域的职业文化有关；

（7）给予实习更多的时间，不仅仅是培训活动，而且是为了使所学的知识与能力的发展综合化和系统化，随着不断增加的自治权，展示明确的职业的角色。①

目前，技术教育，尤其是职业教育的学校里更表现出多样的文化，这主要是由于来自外国的青年大多数就读这类学校。但是这些差异，必须在承认它们具有平等的文化，并相互补充的认识基础上，才能成为它们都发展的机遇。这既要以建立在个性化的基础上的多种方式来获得知识和能力，又必须使培养方向多样化，并保证它们的平等性。个性化的过程就要保留教育的多元因素，要引入学生可以根据自己的时间和方式进行学习这一理念，此外还要发展和加强他们个人的态度和性向。在家庭方面，它们总是对青年进行教育的中心。这不仅因它是青年成长的地方，而且还对他们的学业方向的选择起着主要的作用，这也决定着对工作的态度，决定着未来的职业和生活，虽然也受同龄人的态度和大众媒体的影响。因此，家庭不能避免对青年的教育的责任，学校也必须对他们在教育过程中的功能和职责有所认识。学校与家庭的联合建立在教育协议的基础之上，随着学生年龄的增长，他们的主角地位也越来越重要，但仍必须把父母作为重要的对话者。

从对意大利的职业与技术学校的调查来看，学校与家庭有着密切的联系。每月都有规定的接待家长日，家长在学校的管理和决策中占有一席之位（详见第六章第四节）。

青年选择职业技术教育不仅出于家庭的经济、社会状况的考虑，还由于在小学之后所传授给他们的有关工作和技术的形象。职业技术学校吸引青

---

① Mengucci, R. e Romano, R. *L'evoluzione dell' istruzione professionale*[J]. Studi e Documenti degli Annali della Pubblica Istruzione, 2006(115—116):111—136.

年的一部分原因是它生动和实践性的教学、实验室的活动、学校—工作交替制、跨学科的活动和项目；因为它试图避免纯粹的抽象的学科知识，这些知识与现实相去甚远，因而似乎是无用的东西。这些青年期望职业技术学校对他们提供学习实际生活中有用的文化的机会，并有助于他们进入劳动市场。因此，他们寻求的是一个能够提供现代化的教育内容和方法的"创新的学校"。因此，学校必须不断更新信息和通讯技术，使青年在家庭中和在社会化的环境中以相互作用的方式进行学习。事实上，这种技术可以极大地有助于教学的组织。

实际操作是很有吸引力的学习和教学方法。在学生中很大程度表现出对理论知识的学习兴趣很小或希望能尽快进入工作世界。但到目前为止，职业技术教育对教学方法的改变还很少，因此辍学率大大增加，这严重破坏了职业技术教育的形象。解决这一问题和辍学生问题的基础是彻底改变教学方法，这也意味着对培养方向多样化的组织计划。这就要求克服学科的特征和学校里的抽象的规定，教学活动要克服以课本为中心和以教师为中心的传授，要转向以学生为中心的教学理念。

学校如果是建立在教育协议基础上的，是一个愉快的专家的团体，它可以全面开展自己的工作；这一个团体培养青年成为积极的有责任的公民，能够行使民主的权利，尊重法律，重视人与人关系中的施与受，重视共同的幸福。但是，如果学校缺少一种精神、一种共同的信念、一种理想、一种热情，这些就不会得以实行。正是这些东西使学生和教师能够体验发现、探索、建构知识的乐趣，从创造新的东西、属于自己的东西和与众不同的东西中得到满足；从创造一些对自己的历史、对自己的选择有意义的东西，对一个更加公正和团结的社会规划有意义的东西中得到满足。①

意大利在框架中对大多数的科目的规定是努力从传统的观点转向新的观点，它需要使用人类学和教师群体使用共同的方法，由具有批判思想、创造、创新精神、解决问题的能力、风险分析、决策、管理、概念形成。所有这些个性特征要求一种创新的模式，以具体背景中的实际问题为中心，对培训过程的管理根据以学生为中心的方法。这可以理解为义务教育解决实际生活中出现的问题。所学的知识是有意义的和有用的，真实的和积极的学习情

---

①    Ministero della Pubblica Istruzione. *Persona*, *Tecnologie e Professionalità*: *Gli Istituti Tecnici e Professionali come Scuole dell' innovazione*. http://www.cislscuola. it/files/MPI_DocumSuIstTecnProf_3mar_08. pdf, 2008-03-03.

景。把学习的主体与所学的文化客体"有机的"结合起来。① 这种教学方法必须以问题开始，提出问题让学生必须找到答案，发现下一步要达到的目标，正确地把问题置入问题产生和分化的框架。

为了引起学生清楚地认识到各种因素相互作用的变化和相互交流的多种价值，培养学生"迁移"能力，教学方法必须用所有我们能够想得到的工具（演绎与计算、归纳与推广、教育、外展、提炼、模拟、混合），必须教如何区别和控制每种工具的本质特征，它们的优点和不足。以一种学生容易达到和理解的方式，必须利用操作来实现和并理解为什么操作的背景。"实验室环境"就提供了这样一个平台，它是指按照一种模式来做，使学生既能积极参与动手的、使用思维和肢体语言的实验。它能使学生积极参与学会一些思维模式，明白一种模式的价值意义和必须遵守的程序，以此制定计划、监控、控制自己计划的发展。

"迁移"能力的培养通过上述的"思维工具"，在适当的跨学科的环境中，可以称之为"学习计划单元"，它从课程内部的整体管理，通过适当的小组工作和对不同能力的教学，到专业教学的教师在班级里起着支持、组织、指导和协调的作用。这些单元需要建立一个"学习环境"来组织那些通过工作来互相学习的活动或通过解决问题的学习活动，这既激发和鼓励小组工作，又明显体现了"组织"的重要性。目标必须是那些促进学生提高自我管理和自我组织的能力，使他们逐渐成为活动的设计者和最终成为质量的监控者。

鼓励学习者进行研究，利用工具和资源找到有效的解决办法和学到必要的知识，最后胜利完成任务。对目标的反应，必须组织更多的解决方法，假设，多种标准来评估最后的结果、动机、兴趣和意义。通过这种经验，学生可以获得自己的能力并认为知识是具体的目标，是现实的、有效的、实际的和与时俱进的。在这种方法中，教师不仅是具体学科领域的专家，还是知识的"中介"，是可以解决问题的资源。对知识的个人发现要求教师能够解释学生生活中的期望和问题，以友好的、好奇的精神来与他人分享经验，有效地获得个人的文化。

在这种积极的学习活动中，评估起着基础的作用。它支持每一个学生获得他们所学方向发展进化的知识，发现负面结果的原因，为了能够引起他们的动机和承担起责任，根据他们的能力给他们适当的任务，同时也承认正面结果的价值，为了不断发展"成功的教育"，使他们具有自信和自尊，使他

---

① Nicoli，D. *Un sistema di istruzione e formazione professionale di impronta europea*[J]. Rassegna Cnos：problemi esprienze prosppetive per l' struzione e la formazione professionale，2007，23(1)：35—50.

们能够自主地、独立地、更成功地完成下一项任务。

教师与学生的关系是在学校教育过程中不可取代的中心。从能力产生的质量和赋予它科学与技术知识的价值，来激励学生，激发他们的创造力和达到结果。但同时也强调科学和技术素质的重要性。但是如果充分利用学校自治的规定所授予的职责，那么每个教师的活动就都能充分展示学校的潜力，如对时间表、课程、分组和分班的组织措施。

教育活动的质量和效果也与其他的参与者有关，如最重要的就是学校领导。领导的职责除了现有的管理之外，与其他类型的学校相比，还有支持教学的任务，使其与现实生产、技术的创新和新的职业的发展保持一致。尤其是对学校的指导要通过评价和自评的程序，不断改善提供的教育，来满足青年和社会的要求。

但是，与学校里其他的职业形象一样，实验室里的技术员在创新方面起着决定性的作用，同样也在青年对自己的工作产生自豪感和意识到技术方面文化与能力的价值上也起着重要的作用。所有这些因素之间的合作取决于学校建设性氛围的加强，这种氛围有助于提升学生的文化和人文素养。

因此，教学是让学生获得能力、技巧和从业能力，使学生获得综合知识的维度，获得对自己的操作和组织能力的认识。学校要与工作世界相适应，培养学生的责任感，鼓励批判思维和开放思维的态度，加强面对问题情景的创新力。这种学习环境有着重要的教育功能，可以发展学生完成复杂任务的能力。

## 二、加强学校、企业和地方的相互作用

研究表明，在真实工作环境中的学习具有重大的学习效果，人们通过执行任务，具体的环境和问题并向他人学习。71％的欧洲员工认为他们是在他们工作的环境中学习新的东西。[①]

马利兹亚(G. Malizia, 2003)强调理论与实践的结合在职业技术教学中的重要性。他认为，要依据教育的要求、国家的指示和有关职业教育与培训的建议，构建一种统一的、有机的、基于教育学的制度化的教育蓝图。首先，人们必须清楚地说明这一原则并不为所有人熟知，即目的是对人的综合培

---

① Eurofound. *Mobility in Europe；analysis of the 2005；Eurobarometer survey on geographical and labour market mobility*. Luxembourg：Office for Official Publications of the European Communities，2006. Available from Internet：http：//www. eurofound. eu. int/pubdocs/2006/59/en/1/ef0659en. pdf，2006-11-22.

养要结合相关的行业、经济现实和工作,并且必须提供实现"成功教育"的策略。职业培训应该与高中相结合,用适当的培养方法,基于真实的任务和教学活动,基于经验的学习,同时也通过与该行业的工厂企业里的培训阶段加强密切合作。同时,也应该重视信息指导的重要性。为了开发对自己权利的认识,个人的目标,从业的方向,包括个人的能力,如自我意识、交流和与他人的关系,对自治权、责任和解决问题方面的素质,从经验中获得学习的能力。其基本特征是把学会认知、学会学习、学会做事、学会生存紧密结合起来。目的是把理论与实践,操作活动与对其的反思活动结合起来,任何的理论知识都必须通过具体的实践来检验。

技术学校有着很有特色的学习方法:分析和解决问题、工作项目、在组织背景下对程序的管理、使用模块的方法和具体的语言。这些方法的获得除了通过上述的发展实验室教学,采取适应主体、目标和终身教育的模式外,还与工作世界和职业保持联系,包括一些组织和私立团体;与大区职业教育与培训制度的组织保持联系,在科学—技术机构的环境里学习;与大学、高等技术学校和公立或私立的科研机构保持密切的联系。因此,在职业学校的创新教学方法包括发展在岗位的实习和交替制;利用归纳的教学方法,实验室教学和模拟;与工作世界和企业保持密切联系,包括志愿者机构和私立团体;与职业培训和学徒制保持联系。

除了学校之外,起着重要作用的还有所谓的"利益相关者",即企业、地方政府、社会—经济主体、职业协会、地方机构。他们的联合行动,或以他们之间更好的协议方式,使学校的教育更加有效,提供真正发展的机会;这尤其是在职业技术教育中,它们只有与地方现实相结合才有可能生存。

学校教育与社会—经济主体、企业和职业协会的关系,在确定方向和课程中具有第一位的合作地位。这种合作关系存在于每所学校的教学活动计划中,在实际岗位的培训中,在学校—工作交替制中。这些以操作和组织为特色的活动使技术学校,尤其是职业学校的学生有更多的机会应用所学的新知识。工作场所是一个学习的环境,是基本的社会关系,为提供学生有关工作组织的知识、企业的文化、相关的市场、合同与工作的规定等知识。

学校与企业之间有利的合作的必要条件是双方要承担各自的责任:学校,全面发展在学校教育方面的任务;企业,所表现出的自己的责任既是学习的场所,又是根据当地社会经济发展背景中所获得能力的实际应用的场所。

事实上,职业技术学校必须与地方生产的需要和科学技术的发展相结合。区域有着自己历史上的和传统上的特色,有着自己的商业、农业和工业的网络结构。必须重视它们的培训价值,重视每所学校的组织的自治权,允许它们开发自己的培养计划,这些培养计划把地方与全球、区域与国家和世界需要结合起来。职业技术教育必须根据"管理"的逻辑来组织所有的主体——制度的、教育的、经济的、社会的——它们的特点和潜力按照平等与合作的方式互相结合以形成真正的培养"体系"。在这方面大区和地方政府在其中起着重要的作用。

利用网络可以使全球都可以看见无数的相互作用的主体——提供电子邮件联络、分享文档、博客、费用低廉的电话、交流和聊天——这在年轻人中已经使用互联网作为交流的平台,这种联系是自发的而不是命令的,每一个个体或小组都保留自己的个性特征。在这种背景下,每一个个体都在所有的经济部门中参与创新和创造财富。

在全球化的经济社会,在不断变化的社会中,只有不断学习才能得以幸存。工作和学习的界限也发生了变化。从一个向另一个的转变更加容易和畅通:自主学习的能力不仅对经济制度是重要的,而且也是为了避免边缘化的危险,尤其是那些在职业能力上有障碍的人群就越有危险。因此,继续教育是保卫学生不被边缘化的工具,此外还提供进入高层次学校的机会,学生应该充分利用当地提供的所有的学习机构的机会。根据这一观点,学校的作用不是变小,而是得到了促进。因为在职业学校提供了以后在操作和工作中用得着的基础知识和能力。学校成为一个知识的平台,培养学生交流的语言,使学生能够与不同的人、环境和文化进行交流与合作。

然而,政策总是关注正规教育,部分原因是它易于观察、测量,也因此易于控制。然而,工作场所学习是提供技术和知识的关键,因为人们是在工作环境中获得职业能力的。人们经常意识不到这一能力,因为它们可能是默会的、整体的和自然的行为。工作与学习的界限将不太清晰,并且基于项目的和实践的学习形式将占主要地位。这将提高工作场所学习的地位和改善事业的机遇。

但也有人指出①,当前的职业教育忽视了道德教育,只重视培养掌握技术的劳动力,而没有把学生作为完整意义的"人"来培养。另外,在德育的教育方法上,只采取命令式的说教,而不解释原因,因此无法使青年从内心同化这些道德概念。

---

① Nicoli,D. *Un sistema di istruzione e formazione professionale di impronta europea*[J]. Rassegna Cnos:problemi esprienze prosspetive per l' struzione e la formazione professionale,2007,23(1):35—50.

# 第三节　尚待加强的质量保障与学业评估

教育质量是国家富强和竞争力的一个决定因素。必须采取一定的措施对学校的教育质量进行监控,以此保障学生能够为将来的职业做好充分的准备。学校必须具有弹性,以应对社会需求的变化。质量保障是学习者、雇主和其他教育与培训机构信任学习结果的前提条件。这也是欧洲教育与培训到 2010 年成为"世界一流"的必要条件①,是为增加就业机会而制定的综合指导方针,强调对提高教育与培训制度的质量和效率的需要。②

## 一、基于学习结果的欧洲质量框架和认证制度

### (一) 强调学习结果的欧洲质量框架

专业资格证书具有培养公民融入社会的价值。它与"教育与培训2010"的工作计划直接相关,这是 2000 里斯本欧洲委员会制定的任务,保证青年在 18 岁时具有职业证书,这是根据里斯本签定的协议必须达到的欧洲2 级水平(85/368/CEE)。与该计划相关的是建立欧洲质量框架,该框架把获得的知识和能力证书分为 8 个层次。欧洲质量框架与传统的强调学习的投入(input)相比,它强调的是学习的结果;它把劳动市场的要求(知识、能力和素质)与提供职业教育与培训的机构联系起来;它使通过非正规与非正式学习所获得的能力的认证更加容易;最后,它使在不同国家和不同的教育与培训制度下所获得的证书的转换更加便利。这要求各成员国在 2009 年前要依据欧洲质量框架来制定自己的质量标准,使每个国家能够以欧洲质量框架为工具来比较不同国家和不同教育与培训制度所颁发的职业和学术证书。欧洲质量框架将作为一个转换工具使各个不同制度的证书有着清晰的联系。

---

① Council of the European Union. *Detailed work programme on the follow-up of the objectives of education and training systems in Europe*[J]. Official Journal of the European Union. 2002,142(7):1—22.

② European Commission. *European inventory of non-formal and informal learning*[R]. Birmingham:ECOTEC,2004 (a) and 2005 (b). http://www.ecotec.com/europeaninventory,2007-05-25.

欧洲质量框架作为一个项目基准,在 3 年制的职业教育与培训中,按照欧洲的制度,增加其透明度和可接受度。

提高培养质量是欧洲框架的主题。为此,2001 年 5 月由 CEDEFOP 和欧洲委员会发起职业培训质量论坛。它与欧洲就业战略一致,论坛对职业培训制度的目标进一步具体化,并由下设的工作组致力于对培训战略评估指标的制定。论坛确认了职业培训质量的要素:

(1)人们的就业能力(尤其是那些参加职业培训者);

(2)培训的供需更加平衡;

(3)更易获得培训的途径,尤其是那些在劳动市场处于弱势的群体。[①]

职业培训是重要的积极促进就业的政策。因此,基于论坛确认的战略目标和建立在各种机构层次(欧盟、国家和地方)的国家目标,该政策按照下列目标来建立培训质量评估模式:

(1)平等性;

(2)就业能力;

(3)适应能力/竞争力。[②]

平等性的目标包括针对弱势群体(残疾者、不能融入社会者、移民、长期失业者、没有文化者等)的行动和那些旨在提高平等机会的行动。就业能力的目标通过针对初次求职的青年、失业青年和成人进行的所有预防性的和治疗性的培训活动来实现。继续培训是针对已就业者的活动和间接地为实现适应能力和/或竞争力的目标,目的是提高职业技术和能力或使就业者适应迅速发展的职业和科技的变化。

所有的职业组织都是一种资源,它给那些处于社会不利地位的人群以价值,使他们也能够对国家的经济和文化发展做贡献。宪法的原则是平等、机会的公平、关注人。因此,职业学校广泛致力于帮助那些来自处于经济和社会弱势的学生。与当地和生产世界相融合一直是职业学校提供资格证书培训的工作方法,学校自治是教学弹性化的工具,学校的管理与地方的发展计划和青年的培训需求相联系。

(二)采用欧洲质量标准的证书制度与认证制度

在意大利,正规的证书(如毕业证、学位证、职业资格证)具有社会和法

---

① Cedefop. *Quality in Initial and Continuing Training : aspects and challenges in certain member countries. Working paper*[R],2001.

② Cedefop. *Quality in Initial and Continuing Training : aspects and challenges in certain member countries. Working paper*[R],2001.

律价值。近年来,对于改革证书制度和认证制度展开了许多讨论。2000 年
2 月国家、大区和地方政府达成协议,并通过部级法令 174/2001 对新的证
书制度的主要内容做了规定:

(1)强调能力,使培训路径更加透明,并考虑到个人的经验和培训学分;

(2)规定了最低的能力标准;

(3)制定颁发证书的方法,验证工作经验,制定对以前的知识和培训记
录进行认证的程序。①

中央和地方教育部门均按照欧洲法律和国际义务对职业学校进行管
理。中央政府决定国家高级中等学校中各类学校的基本课程,并对教学方
法给予指导。意大利所有学校的核心课程都是一样的:意大利语、历史、现
代外语、数学和体育。在高级中等学校,每 3 或 4 个月对学生的口头或书面
作业进行评定。学生学习期满通过由教育部举办的全国性考试可获得意大
利和欧洲承认的职业证书。教育部每年对职业学校的教学、基础设施、财政
等方面进行考察。对于 IFTS,授予与培训单元和模块相应的,根据职业形
象及工作世界的要求的高级专业技术证书(*certificato di specializzazione
tecnica superiore*)。

鉴定制度的条款是基于与其他欧洲国家类似的实验方案(如法国的
VAE 或英国的 APL)。它的功能有:支持/指导的功能,使个人对培训的需
求在了解信息的情况下进行;鉴定的功能,根据人事档案进行;授予证书/认
证的功能,通过正规的文件使其在培训路径中所获得的学分得到承认。

通过考试的学生被授予毕业证和资格证。资格证表明学生所学的专业
和时间、科目和相应的总学时、笔试和考试的分数、教育和培训学分。对学
分的证书和认证旨在以制度化的方式来表明学生在各种培养途径(正规的、
非正规的、非正式的)中所获得的知识和能力。授予证书不仅仅是一个会编
的问题,而是一个复杂的活动,它必须达到下列欧洲标准要求:可被理解的
语言,它必须是——用叙述的方式,而不是一成不变的语言——所有参与者
使用清楚易懂的词句来表达获得的能力;能力的可应用性,在具体的证据,
在真实的背景中学生和其他参与者参与其中;价值,根据他们自己掌握的水
平,对相同能力的价值进行评估。毕业证和资格证用 4 种欧洲语言书写,以
便在整个欧洲都可读懂。

---

① EURYDICE. *Eurybase*: *The Information Database on Education Systems in
Europe-Organizzazione del sistema educativo italiano 2006/07* [DB/OL]. http://
www. eurydice. org/ressources/eurydice/eurybase/pdf/0_integral/IT_IT. pdf,2007-08-
09.

授予证书的程序是根据 2001 年 5 月 31 日的法令 NO.174 的规定,具有合法机构的组织证明其存在和达到的某种"培训部门的目标"。这可以是:个人参与某种培训路径所取得的成绩;通过任何途径所获得的任何种类和层次的技能,它可以是通过某种培训路径和/或通过个人自己的、职业的和培训的经验;培训结果的质量(教学材料、培训课程);培训工程的质量;提供培训的设备的质量;以及培训制度工作人员的质量。

地区政府负责对技能授予证书,在它们法律和政策自治的背景下,按照管理和实施的程序,并考虑国家规定的最低标准。技能被记录在个人的培训手册中,学分可以在全国及整个欧洲范围内予以承认和"消费"。

在欧洲和意大利,技术和培训学分的证书制度具有重要的作用。因为它能够保证在不同培训制度一体化的背景下,工人和学生的流动性,促进交流和保障在机构、工人和劳动市场间的透明度。"能力"可以界定为一组知识、技术和性向,它能够使个人获得有用的结果,以适应环境,并通过认知的和社会的能力来面对问题和解决问题。能力应该能够在不同的领域进行迁移,从而不断产生新的知识的能力。

(三)加强对正规、非正规和非正式教育的认证

教育部和大区是对教育进行评估和鉴定的主要机构。在过去的几年里,许多立法都试图打开新的机会,正如在欧盟其他国家已经发生的那样(如法国的 VAE 或英国的 APL),在意大利进行的有:

(1)对证书或对个人能力的认证提供具体的方法,以便其进入各类培养路径;

(2)对所提供的培训进行界定和说明,并创建使用共同语言对学分进行认证的制度。

在开始的试验阶段,要使这些标准和技能证书程序融入大区的背景中并在所有路径贯彻执行,使其与当地情况相适应。值得一提的是,在意大利,不像其他欧洲国家,正规的资格证书仍有很高的法律和社会价值;此外,还由于没有一个稳定的提供教育/短期培训或成人教育的体系。因此,在意大利,除了正规的资格证书外,很难找到其他种类的透明的和被承认的教育途径(正规的资格证书主要是学校毕业证书、大学学位证书和大区职业培训证书)。

在教育、职业培训、学徒制之间的学分互认是保证整个制度一体化、开放型和平等性的重要保障。欧洲一体化的质量标准,即欧洲质量框架(EQF)是推动欧洲一体化、人才培养的国际化和劳动市场流动性的主要政策杠杆。

非正规和非正式的证书是意大利在社会上和制度上被广泛争论的主要问题。

根据当前国家、劳动市场的要求和经验，对培训注册给予相当大的关注。它被认为是对个人和个人在任何路径获得的技能进行证明的主要工具，同时它也有助于对正规、非正规和非正式给予学分的认证。

法令276/2003创建了培训手册，取消了2000年2月签署的国家—大区协议，对手册的规定如下：

公民培训手册是个人的人事手册，它依照2000年2月18日的国家—大区协议，和MLSP与MIUR的联合规定。手册记录通过大区鉴定合格的机构提供的学徒制培训、有工作合同的培训、专业化培训过程中所获得的技能，以及通过非正规和非正式的方式获得的技能。这些非正规和非正式的教育获得的技能是根据欧盟终身教育的指导方针，并经过认证和鉴定。……为了证明培训课程和获得的技能，大区政府将建立公民培训手册。手册中记录被认证的培训学分，以便获得教育证书或插入教育路径，这是基于政府权力部门、培训机构和大区政府之间的特别的谅解备忘录……。①

从上述可知，手册是与个人的培养路径和事业有着直接的联系，使他们能够把自己的经验转换成可被承认的有赋值的资源。

该手册有着先进的战略目的，于2004年开始实施，当时劳动部发起关于培训手册的技术讨论，MIUR、大区政府和社会合作者都参与其中。在这些讨论中，考虑到近年来依照欧洲对透明度的要求的，大量的大区的试验，实现了培训手册的标准模式和共有的规则，同时也遵照欧洲履历（CV）的规定。

培训手册由劳动部提议，由3部分组成，这是一个动态的和根据使用者具体的需要有选择性来进行的。第一部分包括CV的要素和所获得技能的概要，并附有详细的证书和证明文件。这一部分的结构是依照欧洲CV制作。在充足的证明文件下，它使信息具有可转换性。第二和第三部分包括一系列的证书和文件用来证明手册中所包含的信息，这些可以放进手册附带的公文包里。

手册也是一个弹性的工具，每一部分根据个人普遍的和最重要的类型，都可以有不同的长度和不同的内容（所谓的"手风琴"式），但都在单一的解释文本下。因此，手册也可以使用电子格式，与"在线职业介绍所"一致，必须保持更新和在保密的情况下向审查者公开。

---

① ReferNet Italy. *Italy：overview of the Vocational Education and Training System in 2006*，http：//www. trainingvillage. gr/etv/Information_resources/NationalVet/，2007-05-06.

将来,培训手册将是一个重要的国家策略,从而提供一个与欧洲对话的重要的连接,以及把在不同大区和部门进行的各种试验和采用的策略组织在单一的框架之内。培训手册仍在试验中,因此还没有来自使用者的资料或评价。

## 二、方兴未艾的意大利教育评估制度初步形成

国际竞争力对工业化国家的经济存亡起着重要的决定因素。在这一背景下,意大利把职业技术教育放在基础的地位,它不仅培养能够在生产和程序上进行创新的技术人才,而且也对整个的技术文化产生积极的影响。

由于技术的进步和国际化的到来,产业界职业的发展,高新技术的应用,对专门的职业能力的要求也飞一般地提升。相应地,对培养专门的技术人才也提出了更强烈的要求。技术学校和职业学校是为企业培养人力资源的温床。因此,培养质量也影响到生产体系的质量,尤其是有关创新技术的应用与传播。

随着权利向大区、地方和机构层次的下移,职业教育变得越来越多样化。在初始职业教育和继续职业教育以及高等教育之间的界限越来越模糊的环境下,职业教育的提供者也必须变得具有更多方面的能力来满足个人和劳动市场各种各样的需要。同时,职业教育也要变得更有成效和效率,既要追求卓越又要做到包容。学习结果为导向的方法使对职业教育的提供者的评估更加量化。

但是很久以来,意大利政治、文化和教育的讨论都很少涉及评估的问题。评估文化的缺失在于:对教师的职前培训中,主要注重对学科的准备,而很少关注教育和教学方面;只有对学生进行评价的规定。近年来已经意识到要对国家教育制度进行评估的问题。自从给予学校自治权这一重要改革以来,对有组织的、制度化的评估体制的要求就更加紧迫。直到 1999 年7 月 20 日第 258 号法令规定成立国家教育制度评估局(Istituto Nazionale per la Valutazione del sistema dell' istruzione-INVALSI)。这一机构的前身是设在弗拉斯卡蒂(Frascati)的欧洲教育中心(CEDE)。欧洲教育中心(CEDE)在 1997 年(5 月 21 日的部级政令 NO.307)成立了"国家教育质量中心"。CEDE 主要进行的项目是在下列方面:

(1)为建立国家评估制度收集所有必要的信息,充分利用国家和国际上以往的评估经验;

(2)开发教育制度评估的模式;

(3)试验评估的方法和工具;

(4)对学生的进步和教育制度的质量进行初步的研究；

(5)提出学校进行自评的方法和工具。①

1999年7月20日 NO.258法令把欧洲教育中心(CEDE)改组为国家教育制度评估局(INVALSI)。后来为了执行2003年的法 NO.53的改革，它又根据2004年的法令 NO.286进行了重组。根据法令第1条成立了教育与培训制度的国家评估所(Servizio Nazionale di Valutazione)，旨在国家层次对教育制度的效率和质量进行评估。该评估所的任务是：

(1)对"整个教育制度的效率与效力，以及适当的个别学校，在整个国际的背景下进行国家的分析性的评估"；

(2)调查教育失败和辍学的原因；

(3)评定用户的满意度；

(4)对学校行政部门进行的评估举措提供科学和技术的支持；

(5)支持学校的自评；

(6)评估国家实施改革的影响；

(7)保证意大利参与到国际的评估科研项目。②

关于对职业教育与培训体系的评估，与其他参与主体一起对其达到的标准水平进行评估。在国家层面，牵涉到与人力资源部门有关的政策。有许多机构和部门参与到这一对成绩进行评估的活动中：INVALSI、学校和提供教育与培训的机构、大区、省、市。这些机构在自己职责范围内，按照自己的活动和服务项目，鼓励程序创新，旨在加强普通教育和职业教育与培训两个体系的资料和信息交流。

法令第2条规定 INVALSI 是一个公共研究机构，具有公共法赋予的法律责任和在行政、薄记、制定规则、管理资产和财务的自治权。INVALSI 在制定自己的活动计划时必须考虑它的上层监管单位 MIUR 所颁发的指示和至少3年一次的制定的优先战略性规划。对普通教育体系，教育部下达了一个指示，而对职业教育与培训体系，教育部根据国家/大区联合会议的协议与劳动和福利部一起制定了具体的指导方针草案。

法令第3条规定了 INVALSI 承担的义务：

(1)对学生的技能进行评定，对提供教育与培训机构的全面教学质量进

---

① Cedefop. *Quality in Initial and Continuing Training:aspects and challenges in certain member countries. Working paper*[R],2001.

② Eurydice. *Eurybasa,The Information Databasa on Eduvation Syetems in Europe:The Education System in Italy 2005/06*[R]. Firenze,Unità Italiana di Eurydice,2006:193.

行评估；

(2)组织和管理全国考试,包括在第一轮和第二轮教育结束时的国家期末考试,考试的选择权在教育部；

(3)在职责范围内进行科研活动；

(4)研究辍学和学业失败现象；

(5)开展具体的举措以提高意大利在欧洲的参与度并对从事教育领域的地方科研项目；

(6)对大区、地方和学校各层次的自评活动提供行政帮助；

(7)对从事有关评估程序和自评的教学与学校管理人员进行培训。[①]

法令第 4 条成立了由下列成员组成的机构：

(1)主席,在教育部同意下,由部长委员会根据共和国总统令任命。该办公室为期 3 年,也可再延长 3 年；

(2)主管委员会,由主席和 6 名成员组成(3 名由 MIUR 任命,1 名由劳动部任命,2 名由国家/大区联合会议的主席任命)。委员会为期 3 年,也可再延长 3 年。委员会的任务是批准年度计划,商讨预算和最后决算；制定管理政策；任命机构的主管和决定薪水并对其进行考核。主管负责执行委员会通过的计划和决议；提出预算和最终决算；组织办公室工作并对人员进行管理；签署合同；主管根据私立的法律合同进行工作。[②]

随着评估举措的实施和推动学校自评活动的开展,国家教育制度评估所将与教育部的一些部门和中心进行合作,尤其是成立技术视察员机构。

在 2000/2001 学年,根据国家教育制度评估所的职责,该所成立了下列组织：

(1)教育制度服务中心(SERIS),它对各个层次的学校学生在阅读理解、数学和科学方面的表现进行检查；

(2)国家考试监督组(ONES),它收集学生在国家考试中的成绩的信息和组织考试的考试委员会的信息；

(3)学校自评的评分标准档案馆(ADAS),它建立供学校自评所需的资料库。

这些举措的目的不是为了对单个学校进行评估,而是对整个教育制度的评估,但这也对学校自评有所帮助,为他们提供了内部评估和自评的参数

---

① Eurydice. *Eurybasa*, *The Information Databasa on Eduvation Syetems in Europe*; *The Education System in Italy 2005/06* [R]. Firenze, Unità Italiana di Eurydice, 2006;193.

② 同上.

和工具。

同时,不同的大区和地方教育部门也被授予新的职责。这一去中心化进程是与在中央层次的教育部和地方教育部门的重组相随的。去中心化和重组同样对学校的评估产生影响,影响它的行政决策和评估方法。

评估引起了广泛而实际的争论,考虑到通过学校自治和实验而获得的一些数据和经验,学校、教育部和 INVALSI 的一些举措也得以落实,如:

(1)INVALSI 成立了制度调查所(SERIS),负责对小学 4 年级、初中 1 年级和 3 年级、高级中等学校 2 年级和 4 年级的阅读理解能力、运用数学工具和概念的能力进行考评;

(2)国家考试(ONES)监督;

(3)为了促进教职工个人职业能力的 VIVES 项目;

(4)两项实验项目(PP1 和 PP2)分别有 2 832 和 7 300 所学校参加;

(5)对学生的语言、科学—数学和社会—历史有关的成绩进行制度化的检查;检查在小学 1、3、5 年级开始时、初中 2 年级和第二轮教育中 3 年级进行。

意大利学校评估正从一个没有任何组织和具体标准的阶段向一个国家评估制度的奠基阶段过渡。这一新制度的第一步就是法 53/2003 第 3 条规定原则和标准,并据此出台了第 286 号法令:

(1)教师的任务是定期和每年对学生的学习和行为做出评价,同时也对他们获得的能力予以证明;

(2)INVALSI 定期和有规律地对学生获得的知识和能力进行检验,以及对学校提供的教育总质量进行评估;

(3)在每轮教育结束时进行的国家考试对学生获得的能力进行检验;它以考试委员会以及 INVASLI 组织的测评为基础进行的。

教育部已经对 INVALSI 进行规划及活动时应该优先考虑的事情做出了指示。其中包括评估,对公立和私立学校的小学 1 年级和 4 年级、初中 1 年级、第二轮教育中 1 年级和 3 年级学生在意大利语、数学、自然科学方面的成绩进行鉴定。

## 三、尚待完善的学校评估

对学校的评估从理论上可以从下列方面进行:

(1)由学校教师进行的自评;

(2)由学校推荐的专家进行的外部评估;

(3)由 INVALSI 根据 2004 年 NO.286 号法令进行的评估。

目前,许多学校(1 600 多所)都开展了质量工程(progetto QUALITà),这是教育部与意大利制造业联合会（Confindustria）长期合作的结果,它已经通过 2002 年 7 月 24 日的协议予以确认。在这之后,教育部于 2003 年 11 月 7 日下达了一个文件,指出要对学校质量进行重新审核并提出了另外的指导方针。在这一文件里,教育部鼓励学校通过综合项目的科研和实验形成一种评估文化,以促进外部的竞争和交流、学校和地方教育机构间的相互补充和交流等。文件是质量工程的一个重要的方面:它决定了各项活动的任务、操作的具体程序、必要的调控和措施。通过外部评价颁发的质量证书证明该校能够按照培养计划的规定进行工作。学校不再是一个闭关自守的实体,而要接受外部机构的分析和评价。

内部评估是由校长领导下的教师联合会的任务,旨在根据培养计划来检验教育活动的结果。教师联合会具有广泛的自由决定的权力来确定采用和发表数据的程序,以及选择何时进行评估和如何使用其结果。

外部评估的目的,一是根据培养计划对教育的结果进行检验;二是为国家评估提供帮助。它可以是由指派的一个或多个视察员、评价中介 IN-VASLSI 来进行。

在对学校的评估方面,与每所学校的教师联合会和每个班级的教师有很大的关系。因为他们定期对教育计划的制定和对他们的成果进行评价,尤其是与评价学生的进步有关。从这一点来看,学生的进步是对该学校教学方法以及对实现他们自己制定的教育目标的能力进行评估的主要标准。

另外,还采取了技术视察员对学校进行检查。这些检查的目的是帮助学校制定目标和策略;有助于对"规章的效率"和教师联合会对教育制度的改革进行评估。视察员主要关注的是对教师的在职培训、对教育方法的创新和制定教学计划提供帮助和建议。它主要起帮助和咨询服务。这几乎对校长所明确要求的对教师和确认教学方法所存在的问题的外部评估没有起到任何作用。由于授予学校在教学和管理方面的自治权,相关的评估和自评方法的框架的开发发生了很大的变化。

学校的自评和定期的检查将结合在一起,目的是为了确认学校达到了自己设定的目标和确认"提供教育服务质量的标准"。教育部将对方法的标准和检查的最终期限进行规定。

班级委员会和教师联合会对与能力和知识有关的教/学活动的评估负责(如表 5-10,职责 1)。每个教师只在他/她所教的科目方面对学生进行评价。班级委员会负责在单项评价的基础上进行综合评价。教师委员会根据教育计划中的教学方案对在学校里的活动和工作进行整体评价。与职责 2 (为社会生活做准备/职业指导)有关的教/学活动的评价由班级委员会和教师联合会负责,并对课外项目和为发展社会责任感而进行的活动进行评价。

在许多学校有一名专门负责职业指导的教师。作为教师联合会和班级委员会的主席,校长间接参与到上述评价的职责中。每所学校由于教师联合会和班级委员会的组织工作的不同,对学生进行评价的方法有所不同。

至今没有对教师和行政人员的外部评估。教师在一年的试用期之后方可在学校工作。"评估委员会"由教师联合会选出的教师组成,该委员会决定新教师是否通过试用期。但这些委员会并没有统一的标准来指导他们的评估。

在这一点上,有必要再次提到技术视察员。名义上这是唯一的外部评估,在极少数情况下和校长具体的授权下,对个别教师和他们教学方法的有关问题进行评估。

对校长的评估,新的规定授权给教育部的大区办公人员来负责。事实上,这些大区办公人员要定期对校长的工作进行评估。校长的任命和分配到哪所学校也是由大区管理者负责确定。表 5-10 所列举的是学校主要的评估方式。

表 5-10　学校评估方法概要①

| 学校的职责 | | 评估者 | | |
| --- | --- | --- | --- | --- |
| | | 外部 | 内部 | 联合 |
| 教育职责 | 1.与能力和知识有关的教/学 | | 班级委员会<br>教师联合会 | |
| | 2.与社会生活做准备/职业指导有关的教/学 | | 班级委员会(为社会生活做准备/职业指导)<br>专门职业指导教师<br>教师联合会(为社会生活做准备/职业指导) | |
| 行政职责 | 3.人力资源管理 | | 未评 | |
| | 4.运作资源管理 | | 未评 | |
| | 5.资金管理 | | 未评 | |
| | 6.信息/信息资源/关系/合作伙伴 | | 未评 | |

① Losito,B. *Approches to the Evaluation of Schools Which Provide Compulsory Education:Italy 2000/2001*[DB/OL]. http://www.eurydice.org/ressources/eurydice/pdf/0_integral/042EN.pdf,2008-03-16.

　　有几项试验来开发学校内部评估的方法,有些试验是与国家教育制度评估所和教育部进行合作。同时也设计出一些对学校进行评估的项目、模式和方法,也考虑到学校在人力和物力资源的差别。

　　然而,表5-10中列出的很多职责都是学校自评的一部分,是为了确定合适的培养计划。这是每所学校必须制定的计划,并与用户及执行团体进行沟通。自评所采取的方法和使用的工具在学校与学校之间有很大的不同。

　　与自治权的理念相一致,学校可以要求专家或外部机构来进行内部的评估。如上所述,意大利没有严格形式上的外部评估。有关技术视察员的工作与其说是评估,不如说是视察。

　　从历史上看,对老师的初始培训仅仅与教学方面有关,只重视学科知识。对教师的在职培训取决于学校和教师本人,即使如此,在职培训也与评估领域关系不大。

　　从法律方面来看,没有一个学校在评估方面必须遵守的正式的义务。学校自治强烈要求每所学校进行评估/自评,同时对如何实施评估展开了讨论。然而,评估/自评的方法由学校自己选择,没有建立统一的标准。

　　由于历史的原因,外部评估很久以来没有开展工作,内部评估也仅限于对每个学生的考核。对外部评估的组成仍在讨论中。

　　在过去的几年里,意大利对整个教育制度和每个学校进行评估的讨论有了很大的进展。这也与欧盟发起的一系列的举措和项目一致,尤其是在授予学校更大教学和管理的自治权方面。在这种背景下,采取了一些举措,目的是为了对整个教育制度的评估和每所学校的自评制定框架结构和标准。意大利的教育制度正在经历转型期,对学校的评估和自评还处于相当混乱的状态,缺少准确的评估标准,还处于国家评估制度的开始阶段。对国家教育制度的评估和对学校的评估与自评仍在发展中。

　　现在,学校拥有了更大的自治权,在进行内部评估时,他们可以采取不同的方法。然而,无论是在国家层次还是在学校教育的各个层次都没有统一的标准。每所学校根据内部的决策程序选择各种方法。因此,最近有议案提出对学校联合体进行改革。该议案建议成立每所学校的"评估单位"。该单位主要由评估专家组成,它将实施对学校的内部评估,并与国家评估制度合作。

## 四、不容乐观的学生考评成绩

　　教师要对学生进行定期和学年的评估,既包括学习成绩也包括行为表现。在每一轮教育结束时有国家考试。

评估的总目标是确定教/学方法的效率和它们与培养计划的一致性——即评估教/学与发展知识和能力、为社会生活以及职业指导的关系。[①]

如上所述,考评由各班教师组成的班级委员会负责对教/学有关方面的评估:(1)学生的学习能力;(2)他们对社会生活的准备;(3)职业指导。

在许多学校有一个专门负责人生指导的教师对班级委员会提供评估的信息。这类从事专门职责的教师称为人生指导教师(funzione obiettivo)。这些教师为班级委员会和教师联合会提供对人生指导进行评价的有用的工具。这些教师是从教师联合会中选出的。有意向的老师提出申请,提交有关经验和证书的简历。但无论是负责评估的教师还是专门的人生指导教师都没有受过专门的培训。

评价的具体内容一般包括:(1)素质,或能力,是学生利用适当的资源解决一组问题时所表现出来的能力。(2)单项的能力和知识,能够使用正确的方法解决不同培训领域有关的问题。知识和能力可以从下列方面来体现:真实的任务(他们自己参与其中的);测验(在选择中体现);练习(应用);作业和问题(以适当的方式安排)。

学生的自我评价是教师对其评价的一个重要部分。学生按照要求选择自己的方式,展示自己的得意之作,以证明自己的长处和价值。

对学生的考核每3个月一次,但更普遍的是每4个月一次。考核按照学校教师联合会的决定,在教室或实验室对学生进行口试、笔试或实际操作考试。成绩为10分制,6—10分为及格以上,0—5分为不及格。考核不是一个简单的数学运算的过程,而是为了教师联合会和班级委员会更好地开展工作。教师联合会和班级委员会使用评估来制定学校的教育活动,制定教育培养计划(POF)和对学校的组织进行更换和改革。此外,每所学校自行决定培养计划。

学生在毕业时参加国家高级中等学校毕业考试。1997年12月10日法 NO.425 对此做了新的规定,对考试程序进行了全面的修改。该考试是对各分科的学生的一般的和具体的培养目标进行分析和检查。所有同等学校和法律承认的非国立中学的学生在完成最后一年的课程后也可以参加该考试,在特殊情况下,超过19岁的校外考生也可以参加考试。

考试包括3次笔试和1次口试。第1次笔试是检验考生掌握意大利语言的能力。它包括作文,考生可以从所提供的题目中选择一个。在所给出

① Losito,B. *Approches to the Evaluation of Schools Which Provide Compulsory Education*:*Italy* 2000/2001[DB/OL]. http://www. eurydice. org/ressources/eurydice/pdf/0_integral/042EN. pdf,2008-03-16.

的题目中有 MIUR 每年常出的题目；第 2 次笔试是与学习课程有关的内容的考试；第 3 次笔试是各学科间的考试。学生必须就某些主题用几句话进行论述、回答单个或多个问题、解决问题、实际的或专业的案例或制定方案。这次考试也是为了检验学生的外语知识。

第 1、2 次笔试是由 MIUR 主办，第 3 次笔试是由考试委员会根据教育部的指导方针来进行。法 53/2003 规定，考试由考试委员会和 INVALSI 组织测试。口试是与上一年的计划和教学活动有关的题目。

国家考试的最后成绩包括：笔试 45 分（每次 15 分）；口试 35 分；3 年学习的各阶段所获得的学分 20 分（这些分数由班级委员会负责打分）。笔试和口试则由考试委员会打分。学生至少达到 60 分（其中每次笔试的 10 分，口试的 22 分）才可通过考试。

考试委员会（2001 年 12 月 28 日法 NO.448）由所考科目的教师组成，而在法律承认的非国立中学的考试委员会由校内和校外的相同数量的成员组成。在所有这些学校里的考试委员会的主席都由大区学校办公室任命；他是从各类高级中等学校的管理和教学人员中选出的。

新的国家考试（1998 年 7 月 23 日总统令 NO.323）规定对培训学分予以承认。培训学分需要提供与考试课程相关的能够证明其所获得的合格的经验和能力发展的证明文件。经验可以是在校外的社会环境所得的。如与文化、艺术、娱乐活动、职业培训、工作、合作、体育等有关的社会环境，可以促进个人、人类、文明和文化的发展。教育部通过法令赋予与培训学分相关的各种经验予以承认。培训学分不计入总分数中。

法律已经提出成立国家教育制度评估局（Istituto Nazionale per la valutazione del sistema dell' istruzione）它必须对国家考试这一新组织进行监督、检查和评估，并对负责第 3 次笔试考试委员会的准备予以持久的支持。

教育质量是国家富强和竞争力的一个决定因素。意大利制造业联盟（Confinstria）根据 OCED-PISA（经合组织国际学生考评项目）的研究，对意大利学生的学习结果进行了总结，主要涉及文学、数学、科学、问题解决等能力方面。如表 5-11、表 5-12 所示，意大利总体的教育质量低于欧盟的平均水平，北部、中部到南部的教育质量递减，呈不均衡分布，职业与技术学校的教育质量低于高中的教育质量。

根据 OECD 的报告《教育概览 2006》的统计表明，在意大利高级中等教育的教育质量远远落后于 OECD 的平均水平，学校培养的质量和平等性上仍是一个显而易见的问题。15 岁的学生成绩低于大多数的 OECD 国家。在对 PISA-数学方面的考评来看平均值只有 466，是除了希腊、墨西哥和土耳其之外的 OECD 国家中最低的国家。更糟的是很大一部分学生都处于落后状态,将近三分之一的该阶段的学生在数学方面不能达到最低的要求标准,而该标准是在他们将来的职业和生活中必需的能力。研究表明,社会背景是影响意大利学生学业成绩的一个重要因素:处于社会—经济地位低的家庭背景中的学生成为差生的可能性要比社会—经济地位高的家庭背景背景的学生高出 3.1 倍。此外,意大利的教育质量还存在很大的地域差异。但在 2000 至 2003 年,意大利的学生成绩已增加了 10 个百分点。①

表 5-11　学业成绩(PISA):各类学校在数学、文学、科学、问题解决能力的平均分数

| 学校类型 | 数学 | 文学 | 科学 | 问题解决 |
|---|---|---|---|---|
| 高中 | 503 | 525 | 531 | 513 |
| 技术学校 | 472 | 474 | 491 | 474 |
| 职业学校 | 408 | 409 | 423 | 406 |
| 意大利 | 466 | 476 | 486 | 469 |
| 北部 | 511 | 515 | 533 | 513 |
| 中部 | 472 | 486 | 497 | 476 |
| 南部 | 425 | 439 | 443 | 431 |
| 经合组织国家基准 | 500 | 500 | 500 | 500 |

来源:2006 年意大利制造业联盟根据 OECD-PISA 数据制作②

表 5-12　学业成绩(PISA)及排名

| | 2003 年意大利的分数 | 2003 年排名 | 2000 年排名 |
|---|---|---|---|
| 文学 | 476 | 26 | 20 |
| 数学 | 466 | 26 | 23 |
| 科学 | 486 | 22 | 22 |
| 问题解决 | 469 | 26 | * |
| OECD 基准 | 500 | | |

＊2000 年 OECD 没有对该项成绩进行评估

来源:2006 年意大利制造业联盟根据 OECD-PISA 数据制作③

① OECD. *Education at a Glance* 2006;*OECD Briefing Note for Italy* [DB/OL]. http://www. oecd. org/dataoecd/51/23/37392799. pdf,2008-9-18.

② Confindustria. *La Scuola:il punto di vista delle impresa* [R]. Roma, Nucleo Education,2007:12.

③ 同上.

据教育部统计中心的数据表明,对 2004—2005 学年抽样调查的成绩来看,在高级中等学校中不能完成学业的学生在职业和技术学校占的比例与高中相比较高。职业学校排在最后一名,平均有 18.1% 的学生不能通过考试,然后是技术学校有 15.3% 的学生不同通过考试。而在高中这一比例则极为有限,文科高中为 5.4%,理科高中为 6.7%。一年级是这一问题的瓶颈:有 15.6% 的中等学校的学生不能进入下个年级的学习。这仅是全国的平均数字,在职业学校这一现象更加严重。①

图 5-1 表明在高级中等学校里不同方向的留级生的比例。技术教育和职业教育暴露出很大的问题。

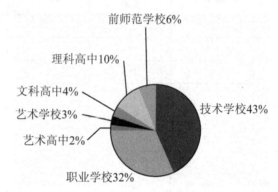

**图 5-1　2005—2006 学年高级中等教育各类学校留级生的比例**

同样,对辍学生的研究表明,在职业学校和艺术学校更加严重。据 MPI 的数据表明,②在 2004—2005 学年,高级中等学校里在 3 月 15 日之前没有学业成绩的学生(除去那些转学的学生),和因为长期旷课或其他原因而没有最终成绩的学生如表 5-13 所示。尽管这一调查还不够全面,但该研究进行了深刻的分析。这些数据根据学校的类型、年级和地理分布进行了分类。它清楚地表明一年级是最易辍学的阶段。

---

①　MPI. *Indaginie sugli esiti Alunni con Cittadinanza non Italiana*. http://www. publica. istruzione. it 2005-7-27.

②　MPI. *La dispersione scolastica. Indicatori di base per l'analisi del fenomeno. Anno scolastico 2004-05*. http://www. publica. istruzione. it,2005-7-27.

表 5-13　2004—2005 学年国立和非国立各类高级中等学校
没有最终学业成绩的学生及比例

| | 总数 | | | 一年级 | | |
|---|---|---|---|---|---|---|
| | 无成绩的学生 | | | 无成绩的学生 | | |
| | 总数 | 正式辍学生 | 非正式辍学生 | 总数 | 正式辍学生 | 非正式辍学生 |
| 意大利 | 93 747 | 54 794 | 38 953 | 38 256 | 20 784 | 17 472 |
| 百分比 | 3.7% | 2.2% | 1.5% | 6.0% | 3.3% | 2.8% |
| 高中 | 8 869 | 7 634 | 1 235 | 3 198 | 2 612 | 586 |
| 百分比 | 1.1% | 1.0% | 0.2% | 1.6% | 1.3% | 0.3% |
| 师范高中 | 4 675 | 3 382 | 1 293 | 2 098 | 1 531 | 567 |
| 百分比 | 2.4% | 1.7% | 0.7% | 4.4% | 3.2% | 1.2% |
| 技术学校 | 38 635 | 23 440 | 15 195 | 14 063 | 8 014 | 6 049 |
| 百分比 | 4.2% | 2.6% | 1.7% | 6.5% | 3.7% | 2.8% |
| 职业学校 | 37 712 | 18 142 | 19 570 | 17 121 | 7 678 | 9 443 |
| 百分比 | 7.2% | 3.5% | 3.7% | 11.6% | 5.2% | 6.4% |
| 艺术教育 | 3 856 | 2 196 | 1 660 | 1 776 | 949 | 827 |
| 百分比 | 4.2% | 2.4% | 1.8% | 6.8% | 3.7% | 3.2% |

　　在高级中等学校里没有成绩的学生占全部学生的 3.7%（全国平均数字）。在职业学校（7.2%）和技术学校（4.2%）里的辍学生更为普遍，而在高中则很有限（1.1%）。一年级是辍学的高发阶段：职业学校中在一年级辍学的学生占到 11.6%，在两大岛屿则更高，占到 17.2%。

　　该研究还提供了另外有关的数据：在男生与女生相比时，完成学业的女生比例超过了男生的比例（职业学校中有 56.5% 的女生获得了毕业证，而获得毕业证的男生仅占 41.55%）。①

　　对全国按照地理划分的区域来看，辍学现象不仅仅集中在经济较落后的地区，在经济发达的地区这一现象也很普遍。② 在这些地区主要是由于较早进入工作世界，公司提供的就业机会与学校的教育与培训制度产生了矛盾。例如，这一现象发生在东北部的伦巴第大区，因为可以立刻进入工作世界使学生丧失了继续上学的动机。在这种情况下，辍学现象将会导致职

---

　　① MPI. *La dispersione scolastica. Indicatori di base per l'analisi del fenomeno. Anno scolastico 2004-05.* http://www. publica. istruzione. it，2005-07-27.

　　② 同上。

业水平的下降。

# 第四节　重视职业指导

学生要升入高年级必须在每科的考核中达到总分 10 分的 60％即 6 分以上。分数由每科的老师提交给班级委员会进行商议,在大多数老师的表决同意下方可通过。如果达不到大多数的同意,则由班主任来决定。

教育部已经宣布如果学生不及格的情况不是太严重,不影响总体的教育的话,仍然可以升入高年级学习。学校给学生提供补习的机会,学生必须在下一年参加学校组织的补习和帮助活动。学生也可以更改学习课程,甚至转到不同类型的学校学习。对此他们只需通过进入相应班级学习的综合考试(esame integrativo)。在获得初中毕业证书(diploma di licenza media)以后所学习的年数,对所要转入的年级具有等值性。综合考试基于所有学过的和部分以前课程中没学过的课程的考试。

对于学生在不同专业之间的转换,1999 年 8 月 9 日部级第 323 号法令的第 5 条规定在第一年和第二年提供一体化的教育活动。学生所选课程的老师要进行协作予以帮助,特别是在所学课程中的"连接模块(co-progetta-zione)"需要协作进行计划。当学生想要更改课程时,班级委员会规定哪些是他必须学习和进行期终表决(scrutinio)考核的课程,哪些是不进行期终表决考核的课程,哪些将要在"连接模块"中学习的课程,和这一模块中哪些将进行期终表决考核的课程。最后,对学生颁发更改课程所需要的证明其所获得的知识、技术和能力的证书。学生在高级中等学校毕业后不想或不能参加工作,可以进入:大学;非大学高等教育;IFTS 课程(也接受参加过第 5 年学习学生);2 级培训课程。

学习机会越来越多样化和复杂,使得指导也越来越重要。在终身教育的背景下,指导是指一系列的活动使各年龄段的公民在他们生命任何时候能够认识他们的才能、能力和兴趣,做出对教育、培训和职业的决定,并选择在教育、工作和其他可以使他们获得和/或使用这些才能、能力的途径。[①]

---

① Council of the European Union. *Conclusions of the Council and of the Repre-sentatives of Governments of the Member States , meeting within the Council , on the fu-ture priorities of enhanced European cooperation in vocational training and education.* Brussels:Council of the European Union,2004. http://ec. europa. eu/education/policies/2010/doc/council13832_en. pdf,24. 5. 2007.

在实施终身教育指导中各国处于不同的阶段。然而，大多数国家都强调 2004 年欧洲委员会决议的优先权和引进了广泛的措施来给予连贯的指导，向个人提供开展事业的技能和学习途径并保证更易获得指导服务和保证质量。

欧洲委员会决议确认了 5 个相互联系的领域作为优先的行动：①实施终身教育指导制度；②肯定接受指导的途径使公民在任何需要的时候都能够方便地获得指导；③加强质量保障机制；④重新重视指导来支持事业的发展和自我管理的能力；⑤在国家和地区层次加强制定政策和制度开发。①

意大利 MIUR 或通过其外围机构对学校指导给予高度的重视。从继续教育和就业的角度看，学校也需要加强在培养计划内的指导活动。为此，意大利成立了国家指导委员会，它由 MIUR 或其代表负责，任务是研究、分析、规划和科技顾问。2004 年 9 月 9 日的法令规定委员会由 MIUR、劳动和社会政策部、意大利制造业联合会（Confindustria）、商业协会、市和省联合会、大区、出版商、大学以及 INVALSI 和 INDIRE 的代表组成。委员会应该促进学校部门、地方政府和大学之间的协调，来界定指导方针、决定工作方法和进行操作的实验活动和项目。

法 53/2003 对教育与培训制度的改革强调了"以学生为中心"的教育理念，把指导作为提供发展机会的主要策略。因此，教育部从 2004/2005 学年开始实施国家指导计划（Piano Nazionale per l' Orientamento）。根据委员会制定的发展路线，在大区层次对指导人员进行了培训，使其专业化，增加对教职工的初始和在职培训的投入；帮助学生获得信息化职业管理的技能，使他们对自己的职业生涯进行规划。此外，教育部还在学校大力宣传对意大利制造业联合会组织有关"青年指导（Orientagiovani）"的有关信息。

高级中等学校在最近的几年开展了许多指导活动。对所开设的课程的指导措施有许多方面，如有关学校所处的社会、经济和文化环境以及有关可获得的资金或设施等。这些不仅来自 MIUR，也来自公司、工业联合会、技师、专业人士、当地银行等。

从 1998—1999 学年，大学采取了提前注册的措施。那么，学校就要组织相应活动，如参观大学或对教学科目的深入学习以便于确定选择学院。

---

①　Council of the European Union. *Conclusions of the Council and of the Representatives of Governments of the Member States*, *meeting within the Council*, *on the future priorities of enhanced European cooperation in vocational training and education*. Brussels：Council of the European Union，2004. http：//ec. europa. eu/education/policies/2010/doc/council13832_en. pdf，24. 5. 2007.

因为缺少对此负责的人员,各种各样的指导活动取决于学校且每年都不一样。

职业学校在课程和教育计划中提供具体的指导,特别是在职业领域的学习模块中(area di approfondimento)。

尽管取得了一些进步,但仍然有许多工作要做,仍然缺少一个完整的、可实施的指导制度,对指导的需求远远超过了供应。大量的学生,尤其是VET的学生在事业和学习中得到的支持还很有限,急需更有效的指导来保证和支持个人做出适当的选择,从而提高VET的效率。

研究表明①,最初的教育选择结果错误的代价很高(放弃教育,选择其他领域的学习,推迟从学校到工作的转变)并造成国家人才的损失。需要有政策来鼓励学生提高对他们自己未来工作生活的实际情况的认识,提高他们最初教育选择的质量并降低选择错误的代价。调查表明,许多人不知道选择什么培训来提高工作能力且不知道在何时来接受培训。管理者和VET专业人士可以帮助员工对培训课程做出正确的选择。考虑到非正式教育的重要性,管理者应该指导员工在工作中的学习。因此,指导者也可以在机构中提供更有效的指导。

# 第五节　职业教育的发展规模

## 一、职业教育的整体发展规模

在 20 世纪末,技术学校的学生在整个第二阶段教育中占有很大的比例。图 5-2 表明各类技术学校从 1961/1962 学年至 2000/2001 学年间的发展趋势,可以看出至 1990/1991 学年增至最高点,各类学校注册的人数都有所增加。而在接下来的 10 年里学生数量又突然下降,尤其是商业技术学校、建筑技术学校和工业技术学校,而旅游技术学校的学生则保持不变。

---

① Council of the European Union. *Conclusions of the Council and of the Repre-sentatives of Governments of the Member States*, *meeting within the Council*, *on the future priorities of enhanced European cooperation in vocational training and education*. Brussels;Council of the European Union,2004 (a). http://ec. europa. eu/education/poli-cies/2010/doc/council13832_en. pdf,24. 5. 2007.

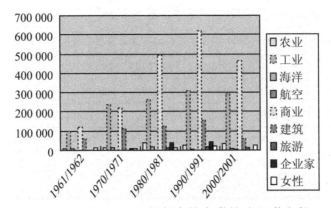

**图 5-2 1961—2001 年各类技术学校注册学生数**

来源：ISTAT

注：1.1961/1962 学年为估计数据，因为商业技术学校与建筑技术学校没有分离。

2.1961/1961 学年还没有旅游技术学校。

在职业教育不同的专业里学生的分布有很大的差别，很明显的趋势是在旅馆学校和农业与环境的职业学校里学生数量有很大的增长，而在工业与手工业的职业学校以及商业、旅游和广告的职业学校则有所减少，如表5-14 所示：

**表 5-14 2001—2006 年各类职业教育学生人数的分布**

| | 2001—2002 学年 | 2002—2003 学年 | 2003—2004 学年 | 2004—2005 学年 | 2005—2006 学年 |
|---|---|---|---|---|---|
| 农业与环境职业学校 | 29 733 | 29 971 | 30 459 | 30 735 | 31 494 |
| 商业服务、旅游和广告职业学校 | 182 863 | 185 000 | 181 372 | 178 156 | 172 789 |
| 社会服务职业学校 | 21 692 | 22 250 | 21 840 | 21 358 | 21 282 |
| 旅馆与饭店职业学校 | 110 325 | 115 840 | 122 855 | 126 894 | 132 317 |
| 工业与手工业职业学校 | 192 456 | 189 804 | 183 855 | 177 753 | 175 138 |

来源：MPI

在 1990 年至 2000 年技术学校的学生相对于总的第二轮教育的学生数量来说比例有所增加。2000 年以后，总的数量有了新高，但技术学校的学生比例则相对下降。表 5-15 为 2001/2002—2005/2006 学年在技术学校注册的学生数量和高级中等教育阶段其他类型的学校的学生的数量及比例情况。可以看出，其他类型的学校的学生数量在不断增加，而技术学校的学生却在减少,所占比例从 2001/2002 学年的 38% 降到了 35%。

**表 5-15　2001—2006 年技术学校的学生及在第二轮教育中的比例**

| | | 2001/2002 | 2002/2003 | 2003/2004 | 2004/2005 | 2005/2006 |
|---|---|---|---|---|---|---|
| 技术学校 | 人数 | 918 180 | 914 929 | 902 385 | 889 662 | 881 535 |
| | 比例 | 38.23% | 37.57% | 36.81% | 35.95% | 35.12% |
| 其他类型的学校 | 人数 | 1 483 523 | 1 520 486 | 1 549 213 | 1 585 258 | 1 628 450 |
| | 比例 | 61.77% | 62.43% | 63.19% | 64.50% | 64.88% |

来源:MPI 科研所(国立学校)

表 5-16 是 2005—2006 学年,各类技术学校学生所占的比例(包括非国立学校)。其中商业技术学校的学生所占比例最大(50.37%),其次是工业技术学校(33.05%)。

**表 5-16　2005—2006 学年各类技术学校学生比例**

| 学校类型 | 工业 | 海洋 | 农业 | 建筑 | 旅游 | 社会活动 | 航空 | 商业 |
|---|---|---|---|---|---|---|---|---|
| 学生比例 | 33.05% | 1.36% | 3.12% | 6.66% | 1.82% | 3.18% | 0.43% | 50.37% |

随着义务教育年龄的增加,整个高级中等教育的学生都在增加。在 20 世纪 90 年代后半叶,事实上有一个下降的趋势(平均每年减少 50 000 名),这一下降趋势直到提高义务教育年龄后得以停止。

值得一提的是,在 2000 年初在国立学校里学生数量的增加或保持不变,是由于大量的非意大利公民学生的增加,他们在数量上占有重要的地位。如果不考虑这些非意大利公民,国家学校的学生数是下降的趋势。

从高级中等学校各专业里学生的分布状况的比较结果看,每年其他专业的学校增加的学生数为:文科高中(12 000 多),理科高中(29 000 多),前师范学校(4 000 多),艺术学校(1 000 多)。

在 2006—2007 学年,在职业学校入学的学生有 546 392 名,占整个高级中等教育学生数的 21.07%;比上年增长约 10 000 名。图 5-3 表明了最近 12 年来职业学校学生数量的变化:[1]

---

① MPI. *Sedi,alumni,classi,dotazioni organiche del personale della scuola statale-s. a.* 2006/2007,p. XL.

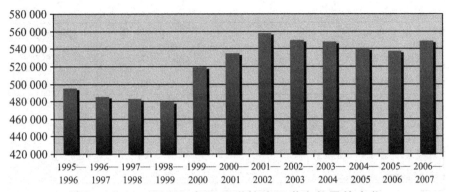

**图 5-3　1995—2007 年职业学校注册学生数量的变化**

来源：MPI

　　这组数据中注册人数下降的原因之一是 20 世纪 90 年代人口的数量在下降；在 1999—2000 学年，由于 1999 年 1 月 20 日第 9 号法令的颁布，义务教育的年龄提高至 15 岁，因此在校生人数与上学年相比有大幅度增加。由于新生的注册，在短短几个月职业学校的学生增加了 10%。这一增长趋势持续了几年，但在各个专业里增长的情况并不一样。从 2002—2003 学年又开始有所回落，直到 2006—2007 学年。原因之一是近年来的职业教育经历了很长的不确定期，被悬置在那里等待国家与大区谈判的结果，以明确在国家教育制度中各自的职责和权限。影响学生数量的原因还有课程的学时和教师的工作以及职业学校质量问题，使得以前对此感兴趣的很多家长转向了其他的方向，选择那些更稳定的和有着传统优势地位的并且较少的学时量的普通高中。

　　2007—2008 学年各类职业学校和学生的数量如表 5-17 所示：[1]

**表 5-17　2007—2008 学年各类职业学校、班级和学生的数量**

| 学校类型 | 学校数量 | 班级数量 | 学生数量 |
| --- | --- | --- | --- |
| 公共服务职业学校 | 217 | 4 818 | 97 584 |
| 商业服务职业学校 | 4 | 153 | 3 307 |
| 广告职业学校 | 3 | 75 | 1 523 |
| 旅游职业学校 | 166 | 3 215 | 63 942 |
| 农业职业学校 | 180 | 1 817 | 32 578 |

---

　　① MPI. Alcuni dati[EB/OL]. http://www. pubblica. istruzione. it/dg_post_secondaria/allegati/dati_290208. pdf，. 2008-03-03.

| 学校类型 | 学校数量 | 班级数量 | 学生数量 |
|---|---|---|---|
| 旅馆职业学校 | 233 | 6 456 | 140 655 |
| 影视职业学校 | 1 | 49 | 1 048 |
| 工业与手工艺职业学校 | 539 | 9 643 | 172 887 |
| 盲人工业与手工业职业学校 | 3 | 143 | 442 |
| 聋哑人工业与手工业职业学校 | 1 | 36 | 17 |
| 工业与海洋职业学校 | 13 | 3 | 2 454 |
| 饭店与旅馆职业学校 | 4 | 71 | 1 446 |
| 商业与旅游职业学校 | 1 | 23 | 431 |
| 社会服务职业学校 | 54 | 1 086 | 21 890 |
| 农业与环境职业学校 | 2 | 12 | 186 |
| 建筑职业学校 | 1 | 22 | 404 |
| 总数 | 1 422 | 27 622 | 540 794 |

## 二、职业教育个别类型的发展规模

### (一)外国学生的发展规模

外国学生在意大利学校制度中占有一定的成分并有明显的持续增加的趋势:在 2005—2006 学年,学校里的非意大利公民的学生约有 430 000 名,大约占整个学校学生数的 5%;在 2003—2005 年的 3 年里,平均每年增加了 60 000—70 000 名。这一增长速度是非常快的。

而数据也同样表明,这些学生高度集中于某一个地区或学校。因此,有必要致力于推动有效和广泛的形式来接受和容纳他们,其中必须包括使外国学生和他们的父母以及普通的成年移民把意大利语作为他们的第二语言进行学习。

同时,不能忽视外国学生在职业学校里的增长,而意大利的学生明显对工业生产的重要部门的兴趣很低。这一现象如果不采取具体的行动指导和文化上的推动,意大利将在随后的几年里在企业发展中面临严重的工业生产人才的短缺。

在 2005—2006 学年的数据表明,有在高级中等学校里,40.6% 的移民学生选择了职业学校。这比选择同样方向的意大利学生数的两倍还要多（19.9％）。而在高中注册的外国学生的比例则有所下降（从19％将至18.6％），在技术学校里有稍微的增长（从37.6％增至37.9％）。2006—2007学年,在高级中等教育阶段的外国学生又有明显增加,将近103 000名学生,约80％的外国学生在职业学校（40.7％）和技术学校（37.4％）注册,如表5-18所示：

**表5-18　2006—2007学年外国学生在高级中等教育各类学校的分布比例**

|  | 外国学生数（名） | 比例 | 发生率 |
|---|---|---|---|
| 文科高中 | 3 596 | 3.5％ | 1.2 |
| 理科高中 | 10 212 | 9.9％ | 1.7 |
| 前师范学校和师范高中 | 5 300 | 5.2％ | 2.4 |
| 职业学校 | 41 893 | 40.7％ | 7.5 |
| 技术学校 | 38 498 | 37.4％ | 4.1 |
| 艺术学校和艺术高中 | 2 936 | 2.9％ | 2.9 |
| 语言学校 | 394 | 0.4％ | 2.3 |
| 总数 | 102 829 | 100％ | 3.8 |

来源：MPI,2007

表5-19为2000—2001学年至2005—2006学年间,在技术学校注册的学生中移民学生的数量情况。虽然移民学生所占比例不大,但从2003年开始就不断增长。与2000—2001学年相比,2005—2006学年所占比例几乎是原来的5倍（从0.72％增至3.33％）。

**表5-19　2000—2006年技术学校移民学生数量**

|  | 2000—2001 | 2001—2002 | 2002—2003 | 2003—2004 | 2004—2005 | 2005—2006 |
|---|---|---|---|---|---|---|
| 学生总数 | 907 510 | 878 904 | 865 172 | 873 288 | 915 344 | 921 735 |
| 移民学生 | 6501 | 8441 | 11 611 | 16 244 | 22 089 | 30 722 |

对高级中等学校里的移民学生来说最重要的问题是继续学习的问题,这既包括如何完成学业的问题,又包括对如何指导在学校里不同的方向进行选择的问题。

比较外国学生在不同年级的分布情况,最近几年里迅速增长的现象预示着在未来将有更加强劲的增长趋势,如图5-4所示：

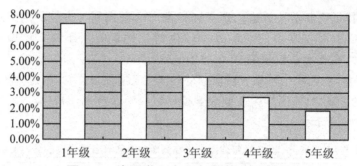

**图 5-4　外国学生在各年级的分布情况**

来源：MPI

对外国学生学业成绩的研究是教育部的一个项目。对于移民学生的辍学和学业失败现象以及第二代移民所遭受的在学校和社会中出现的困难情况是各欧洲国家研究和干预的主题，尤其是那些有着长久多元文化传统的国家。意大利与这些国家共有的问题是本土学生与移民学生在学业上的差距，在所有方面都不利于移民学生。研究结果表明，有必要采取具体的应对策略和教学计划来充分考虑对学业结果的影响因素。因此，要与地方政府、志愿者、社团和当地的教育机构一起合作，使学校能够面对全民教育与和谐社会的挑战，同时能够提供成功的教育和平等的机会。①

### （二）特殊学生的发展规模

职业教育还接受很大比例的高级中等学校里的特殊学生，这有可能使他们获得一个学位，便于他们进入劳动世界，如表 5-20 和图 5-5 是 2005—2006学年高级中等教育各类学校中特殊学生的人数与比例：

**表 5-20　2005—2006 学年高级中等教育各类学校中特殊学生的人数**

| 学校类型 | 特殊学生的人数（名） |
| --- | --- |
| 职业教育 | 21 078 |
| 艺术教育 | 2 965 |
| 文科教育 | 511 |
| 前师范学校 | 1 896 |
| 理科教育 | 947 |
| 技术教育 | 7 018 |
| 总数 | 34 415 |

① MPI. *Indagine sugli esiti Alunni con Cittadinanza non Italiana*. http://www. publica. istruzione. it 2005-7-27.

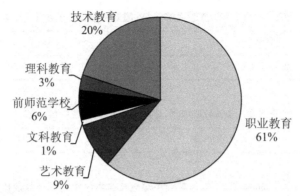

**图 5-5 2005—2006 学年高级中等教育各类学校中特殊学生的比例**

目前的情况是有必要通过试验课程和创新活动所获得的职业能力来迎接新的挑战——义务教育年限的提高、对特殊学生的全纳教育、不断增加的移民学生——这其中不仅对道德和教育价值有迫切的需要，而且要求学校有充足的设备和资源。

**(三)其他有关数据**

表 5-21 2004/2005 高级中等学校入学率(%)

| 学年 | 入学率 |
|---|---|
| 2004/2005 | 94 |

表 5-22 2004/2005 高级中等学校、班级、学生、教师的数量

| 学年 | 学校 | 班级 | 学生 | 第一年的新生 | 教师(在编和编外) |
|---|---|---|---|---|---|
| 2004/2005 | 4 983 | 114 440 | 2 479 237 | 613 420 | 269 970 |

表 5-23 2004/2005 高级中等学校的非国立学校、班级、学生、教师的数量

| 学年 | 学校 | 班级 | 学生 | 教师 |
|---|---|---|---|---|
| 2004/2005 | 1 513 | (1) | 183 572 (第一年的新生为 33 538) | (1) |

表 5-24 2004/2005 高级中等学校的学生/教师(在编和编外)比、学生/班级比

| 学年 | 学生/教师 | 学生/班级 |
|---|---|---|
| 2004/2005 | 9.0 | 21.6 |

**表 5-25　2004/2005 高级中等学校(国立和非国立)的学生出勤率**

| 学年 | 出勤率 |
|------|--------|
| 2004/2005 | 92.6 |

**表 5-26　2004/2005 学年国立学校获得证书的比率**

| 高级中等学校 | 98.6% |
|------|--------|

**表 5-27　2004/2005 学年高级中等教育各类学校的学生数及比例**

| 学校类型 | 学生数 | % |
|------|--------|------|
| 文科高中 | 247 969 | 10 |
| 理科高中 | 518 259 | 20.9 |
| 艺术高中 | 39 248 | 1.6 |
| 前师范学校 | 186 634 | 7.5 |
| 职业学校 | 536 845 | 21.6 |
| 技术学校 | 892 534 | 36.0 |
| 艺术学校 | 57 748 | 2.3 |
| 总数 | 2 479 237 | |

注:(1)未得数据

以上资料来源:MIUR-La Scuola Statale;Sintesi dati anno scolastico 2004/2005,pp
25,59,63,111,115,169,231,237。

CENSIS;Tuttoscuola n. 458,January 2006。

# 第六节　小结

　　意大利共和国宪法规定职业培训的目的是"推动就业、生产和随着科技
的进步发展来组织工作"。意大利劳动市场的白皮书中说职业培训的目标
和工作重点(2001 年 10 月)是提高就业率,并计划到 2010 年就业率达到
70%,并对进入工作世界的青年提出了一系列的基本能力,包括知识、技术
和个人的能力。

　　职业技术教育的培养目标是为了获得国家承认的高级中等水平的毕业
证书;打开通向继续升入第三级教育的大门和具有某种从业资格;职业化方

向的最终目的是直接进入劳动和职业世界。从职业教育的历史来看,它为学生提供培训的机会,目的是为他们进行文化和职业的准备,以保证他们有效地进入生产系统。然而,职业教育的挑战是既为面对劳动世界做准备,同时又保证能够继续学习。既要保证那些希望快速进入工作世界的青年受到的培训与其他人是平等的,又必须能够保证他们拥有继续学习的能力、机会和具备必要的文化知识。

职业学校和技术学校是公共教育的一部分;它们提供职业方向和技术方向的教育,各自有着自己的特征。这些具体的不同表现在它们的目的、职业形象、获得证书后的主要出路、课程组织、内容和培养方法等方面。技术学校的任务是获得相关科学的和技术的发展全貌和框架。而职业学校的中心任务是以对技术的应用和实践为维度。

职业教育提供多样化和弹性化的培训,目的是给予所有形式的智力以价值,也给那些在其他路径很少培养的智力以价值。职业技术学校的学生与普通高中的学生相比有自己的特性,学生的成分也有很大的差异性,因而也要根据他们不同的个性特征来进行适当的教育和教学。个性化的模块教学和实验室的操作很受学生的欢迎,学校、企业和地方的合作使学校的教育更加有效。但是不足之处是当前的职业教育忽视了道德教育,只重视培养掌握技术的劳动力,而没有把学生作为完整意义的"人"来培养。

教育质量是国家富强和竞争力的一个决定因素。质量保障是学习者、雇主和其他教育与培训机构信任学习结果的前提条件。这也是欧洲教育与培训到 2010 年成为"世界一流"的必要条件。学习结果为导向的方法使对职业教育的提供者的评估更加量化。但长久以来意大利对教育质量的评估文化存在缺失,只是近年来在欧洲质量框架的推动下才有了很大的发展。于 2004 年成立了教育与培训制度的国家评估所,为整个教育制度的评估和每所学校的自评制定大纲结构和标准。但意大利的教育制度正在经历转型,对学校的评估和自评还处于相当混乱的状态,缺少准确的评估标准,还处于国家评估制度的开始阶段。对国家教育制度的评估和对学校的评估与自评仍在发展中。

欧洲质量框架把获得的知识和能力证书分为 8 个层次。与传统的强调学习的投入(input)相比,它强调的是学习的结果;它把劳动市场的要求(知识、能力和素质)与提供职业教育与培训的机构联系起来;它使通过非正规与非正式学习所获得的能力的认证更加容易;它使在不同国家和不同的教育与培训制度下所获得的证书的转换更加便利。成员国在 2009 年前要依据欧洲质量框架来制定自己的质量标准。

教育与培训制度的国家评估所的任务是对国家教育制度的效率和质量

进行评估。

对学校的评估可以从下列方面进行：由学校教师进行的自评，即内部评估；由学校推荐的专家进行的外部评估；由 INVALSI 进行的评估。内部评估是由校长领导下的教师联合会的任务；旨在根据培养计划来检验教育活动的结果；教师联合会具有广泛的自由决定的权力来确定采用和发表数据的程序，以及选择何时进行评估和如何使用其结果。外部评估的目的一是根据培养计划对教育的结果进行检验，二是为国家评估提供帮助。它可以是由指派的一个或多个视察员、评价中介 INVASLSI 来进行。但是由于历史的原因，外部评估很久以来没有开展工作，内部评估也仅限于对每个学生的考核。对老师的初始培训仅仅与教学方面有关，只重视学科知识。从法律方面来看，没有统一的学校在评估方面必须遵守的正式的义务，评估/自评的方法由学校自己选择，没有建立共同的统一标准。

教师要对学生进行定期和学年的评估，既包括学习成绩也包括行为表现。在每一轮教育结束时有国家考试。

对意大利教育质量的评估的结果不容乐观，意大利总体的教育质量低于欧盟的平均水平，北部、中部到南部的教育质量递减，呈不均衡分布，职业与技术学校的教育质量低于高中的教育质量。高级中等学校中不能完成学业的学生在职业和技术学校占的比例与高中相比较高。一年级是最易辍学的阶段，职业学校中在一年级辍学是学生占到 11.6%。

学习机会越来越多样化和复杂，使得指导也越来越重要。在终身教育的背景下，指导是指一系列的活动使各年龄段的公民在他们人生任何时候都能够认识他们的才能、能力和兴趣，做出对教育、培训和职业的决定，并选择在教育、工作和其他可以使他们获得和/或使用这些才能、能力个人生活的途径。意大利 MIUR 或通过其外围机构对学校指导给予高度的重视。从继续教育和就业的角度看，学校也需要加强在培养计划内的指导活动。为此，成立了国家指导委员会，它由 MIUR 或其代表负责，任务是研究、分析、规划和科技顾问。职业学校在课程和教育计划中提供具体的指导，特别是在职业领域的学习模块中。尽管如此，仍然缺少一个完整的、可实施的指导制度，对指导的需求远远超过了供应。大量的学生，尤其是 VET 的学生在事业和学习中得到的支持还很有限。急需更有效的指导来保证和支持个人做出适当的选择，从而提高 VET 的效率。

职业学校的学生在 20 世纪 90 年代由于人口的下降有所减少，但在1999 年延长了义务教育后在校生人数与上年学年相比有大幅度增加，但从2001 年开始有开始下降。在 2000 以后，学生总的数量有了增加，但技术学校的学生比例则相对下降。一个原因是近年来的职业教育经历了很长的不确定期,被悬置在那里等待国家与大区谈判的结果,以明确在国家教育制度中各自的职责和权限。影响学生数量的原因还有课程的学时和教师的工作以及职业学校质量问题,使得以前对此感兴趣的很多家长转向了其他的方向,选择那些更稳定的和有着传统优势地位的并且较少的学时量的普通高中。

　　在 2005—2006 学年的数据表明,有在高级中等学校里,40.6％的移民学生选择了职业学校。这比选择同样方向的意大利学生数的两倍还要多(19.9％)。而在高中注册的外国学生的比例则有所下降(从 19％将至 18.6％),在技术学校里有稍微的增长(从 37.6％增至 37.9％)。但移民学生的辍学和学业失败现象也比较严重。针对这一现象,职业技术学校要做出适当的反应。

# 第六章 意大利职业教育管理 体制的改革趋势

很久以来,意大利的公共行政表现为高度的中央集权制。自20世纪50年代以来,有效的职权和服务逐渐从中央权力机关(部)向设在大区或省的国家行政办公室转移。1972年第10号总统令把这种权力的"去中心化"更往前推进了一步,它把更多的国家行政权转移给大区、省和市。中央集权的公共行政在各个方面都受到了不同程度的影响。1997年3月15日的第59号法令和后来的委任令批准由大区、省、市和山区执行除了特别的领域(如外事、国防、金融、公共秩序、司法、科研、大学教育、学校课程和规章、学校总的组织制度和学校教职工的法律地位等)之外的,当前由国家机构执行的任务之外的所有其他的行政任务。

简而言之,根据上述以及后来的法律,国家除了那些保留的职责以外,国家行政(中央的和外围的)还优先执行那些明确赋予大区和其他地方权力机关的权限以外的所有职权。需要指出的是1997年3月15日的第59号法令与目前实施的宪法是一致的,由联邦制拥护者修订的宪法根据2005年的改革将意味着从中央到外围的权力的转移将发生巨大的变化。

## 第一节 国家层次的普通行政管理: 制定"教育的总原则"

### 一、权利的去中心化的法律历程

1948年的宪法授予大区在"职业和手工艺教育"的权利。而国家教育体系继续提供职业为导向的学校即职业学校。因此,在2001年宪法3/2001的改革以前,意大利的职业培训体系由两个部门组成:第一是由教育体系提供的职业教育;第二是由大区负责的职业培训。

职业培训框架法845/1978界定职业培训为就业的工具,包括初始培训和继续培训的规章框架。根据框架法大区政府有绝对的权利来规划这一进程,在有些情况下社会合作者、地方和培训机构也参与其中,来提出建议和促进其职责的履行。根据国家规定的指导方针,大区政府的任务包括分析需求情况并制定中长期目标,行政管理活动,对培训效率和效果进行监管和评估。因此,大区对初始和继续培训拥有绝对的权利,有时这些权利也通过授权转移一部分给省政府。随着去中心化的进程,省政府的权利在过去的几年里也有所增加,尤其是在 20 世纪 90 年代后期宪法的改革之后。

1977 年 7 月 24 日的第 66 号法令与框架法 845/1978 一致,把职业培训的责任转给了大区,在统一规定的模式下,大区可以行使自治权,以便紧密结合地方的需求构建弹性的职业培训体系。

在随后的几十年,人们普遍认识到对年轻人、工人的培训是战略资源,对整个职业教育与培训制度的需要重新引起人们的重视。第一步就是法 239/1993 的通过,它允许组建国家继续培训体系。

根据国家与社会合作者在 1996 年签署的劳动协议,开始对转移体系进行真正的创新,集中在一系列的具体的目标上,包括获得终身教育机会和通过对制度上的重要更新,对整个培训制度进行了重新界定。在协议的目标中有关初始职业教育与培训值得关注的是:

(1)通过延长义务教育年龄和培训权利的提出来全面提高学校水平(数量的和质量的);

(2)加强一体化制度来对证书和对培训学分的认证;

(3)界定提供培训的数量/质量永久认证的制度。

根据上述协议的指示,法 196/1997 规定:

(1)要确立对培训提供者的管理活动进行"鉴定"标准;

(2)重新启动学徒制培训;

(3)引入"指导"和"培训"实际工作或经验;

(4)制定技能证书的标准和构建学分认证制度。

据 1998 年 3 月 31 日第 112 号法令规定,国家负责制定组织学校制度的标准和参数、评估、决定资金的分配、教师的分配;此外还负责音乐学院、美术学院、高等工业美术学院、国家歌剧艺术学院、国家舞蹈学院以及意大利的外国学校和文化机构。而大区被授予的权力有:提供教育形式的整合规划、合并教育与职业培训、基于省的学校网络规划、资助非国立学校、负责职业培训。省负责高级中等教育;市负责低层次教育的学校的设施、组建、合并和关闭、处于紧急而严重的情况时终止课程、成立、监管和解散学校委员会。赋予学校教育服务的重要改革的行政和管理职能的自治权(1999 年 3 月 8 日第 275 号总统令通过)。此外,在根据国家总的学科框架下确定课程、扩大教育、安排学校时间和班级方面还有高度的职权。

出于精简机构,教育部和大学与科学技术研究部在 1989 年分开之后又一次合并为一个部。新的教育、大学与科研部(MIUR)有以下职责:

(1)在非大学教育方面的职责有:组织学校制度、学校规章和计划、教职工的法定地位、组建学校网络的标准和参数、制定资金来源的国家预算和安置学校的教职工、对学校制度的评估、决定高等教育的目标和培训标准等;

(2)在大学和科研方面的职责有:规划科研机构和参与大学制度、指导和联合任命、颁布总的章程和筹集资金、监督和评价;大学制度的欧洲一体化和国际化;制定进入大学的标准;开发和支持科研等。

随后,有关初始培训的法 144/1999 引入了义务培训,即强制要求在教育制度的 3 个体系之一(教育、职业培训、学徒制)接受至 18 岁的教育/培训。这一规定带来了初始培训的改革。该法也提出了 IFTS 新的标准。

MIUR 可以根据要求通过直接合作办公室与内阁办公室、立法办公室、部长私人秘书、新闻社和发言人来决定该部的政治趋势。

内阁配合直接合作办公室的一些活动来保证部的政策方向与其管理活动相协调。这由内阁部长负责管理,他可以有 1—3 名内阁副部长协助。对内阁内部进行监管的是一个独立的团体,它是按照 1999 年 7 月 30 日的第 286 号法令的第 6 条成立的,它的任务是对所进行的调查结果提出年度报告。

立法办公室的任务是界定部的职责范围和进行干预的规则;审查提交给部长委员会的规定和议会提出的规定;对各部门和总理事会提出法律建议。法律办公室主任可以有 2 个副主任进行协助。

部秘书长负责帮助履行部的职责。办公室的科技秘书负责与大学教育有关的方面。新闻社关注与体制的关系以及关注国内和国际的新闻组织和社论;发表和负责体制信息的社论。

## 二、新管理格局的形成

在过去的十年里,教育与培训制度的本质和功能发生了深刻的变化。尤其是,根据 2001 年宪法第 3 号法令的去中心化的政策,国家不再在这一制度中唱独角戏,而是加强了地方权力机关(市、省、自治区、大区)和学校的自治权。基于在国家层次的,包括宪法 3/2001 的改革在内的所有的改革,使得在大区和自治省也在重新制定新的法律,确立大区职业培训体系的框架与规章。在这一新的制度结构中,国家行使下列三个具体方面的职权:

(1)对整个国家教育制度的总的管理;

(2)监控整个教育与培训制度的整体质量；

(3)采取干预措施来保证公平待遇(经济的和/或技术的)。①

尤其关注地方权力机关在规划和管理上的协作角色。特别是根据修订的宪法的第117条，一方面是国家与大区政府间，另一方面是地区政府与地方政府和学校间，将联合开发培训政策，并考虑地方的具体要求。这一培训政策将既是国家培训政策的一部分，又与之相协调。学校将根据国家指导方针，通过设计、创新和自治，来开发出更多的量身定做的具体的学校形式，来满足不同学生的需要。

在新的管理模式下，国家保留制定"教育的总原则"的绝对权利，规定最低标准和建立与欧盟的联系。大区对职业教育与培训有绝对权利，负责进行规划，但必须遵守欧洲法律和国际义务；在执行他们的任务时，大区也可以把一些权利授权给省。

根据2003年8月11日第319号总统令制定了组建MIUR的规章，实现了教育部与大学部合并。

学校和大学教育是MIUR的任务，它管理和领导公共教育，与大区教育办公室联合工作负责检查任务，颁发各级各类学校和大学的证书。按照最近的规定，学校和大学已经获得了更大的自治权和责任。

劳动与社会政策部(MLPS)制定劳动政策并规定职业培训体系的最低标准。它对制定法律框架和学徒制合同的能力资格起着积极的作用，以及负责批准和选择继续职业培训的培训资金。

2003年8月11日第319号总统令对有关教育部门的重新组织有详细的规定，即分为2个层次：在国家层次的部；在大区层次的各大区学校办公室。

MIUR重组之后，是对每个学科的水平管理，而不再是对每个学校的垂直管理。

这些部包括以下几个：

(1)负责研究和规划教育制度、大学、科研和高等美术、音乐和舞蹈的总理事会。它促进研究和贯彻文件并对局和总理事会所开展的主题提出技术方面的有用的分析。对部在中央和外部的机构提供统计数据；

(2)负责财政和国家预算的总理事会。它根据局和大区提交的数据登记所需的资金；按照部的指示并与其他局联合，对部所需资金做出详细预

---

① EURYDICE. *Eurybase*：*The Information Database on Education Systems in Europe-Organizzazione del sistema educativo italiano* 2006/07[DB/OL]. http://www.eurydice. org/ressources/eurydice/eurybase/pdf/0_integral/IT_IT. pdf，2007-08-09.

算,对预算法提出议案,对议会和监督机构提出财政报告;

(3)负责人力资源部、采购和综合事务的总理事会。它的任务是执行部级行政和技术人员有关的部的政策,聘用、综合培训和人事管理,处理与工会的关系和谈判,与其他部门合作;

(4)负责通讯的总理事会。处理与总理的情报和出版局的关系以及其他的情报机构,与其他部门联合制定和管理通讯规划;负责中央公共关系办公室并直接领导外围的同样的办公室;

(5)负责信息系统的总理事会。它负责发展和支持科研网络协调组(GARR-Gruppo per l' Armonizzazione delle Reti di Ricerca)和其他的科研基础组织;负责处理与信息系统有关的服务部门的关系;帮助实现远程培训。

在国家层次,部又分为 3 个局;局长负责监督综合办公室并对部下达的任务的执行结果负责。

其中教育局包括以下与大区学校办公室有关的管理办公室:

(1)校规总理事会,与国家 INDIRE 联合负责各级各类教育的与校规、课程和学习计划以及科研和创新有关的活动;此外,还负责考试、颁发证书以及外国证书的认证。

(2)学生总理事会,处理有关学生的情况,为有特殊需要的学生和移民学生的全纳教育服务;制定体育、学生会、社会政策的国家策略并预防和阻止青少年犯罪。

(3)高级中等教育和大区及地方权力机关培训体系的总理事会,负责教育管理职能和学校与工作之间的关系,教育与培训的途径,成人教育,非大学高等教育。

(4)学校人事总理事会,负责解释与组织工作、法律与金融方面的雇用关系有关的总的指示以及相关谈判。

学校教育国际事务总理事会,处理与学校教育有关的国际关系,包括与欧盟和国际组织的合作,对欧盟和国际制度进行比较分析,与研究和规划总理事会进行合作,赋予个体资助公共和私有的国际和社会基金机会。

此外,在中央层次的有关学校部门的机构是国家教育委员会(Consiglio Nazionale della Pubblica Istruzione),它是一个咨询机构,帮助部对教育政策进行规划和监督。根据 1999 年 6 月 30 日的第 233 号总统令,该机构被教育高级委员会(Consiglio Superiore della Pubblica Istruzione)所取代;但根据 2001 年 11 月 23 日的 411 号法令,在高级委员会成立之前它仍行使其职能。

职责:保证国家教育体制的一体化,从教育方面向政府提供技术和科学的支持。它对下述问题表达意见和提出建议：制定学校的政策；教育部对评价学校制度的规定；国立学校建立的目标和标准；不同学校开设国家课程的最低数量；普通教育管理。此外，委员会还可以自行提出有关教育的法案，对某一具体教育部门的情况提供咨询。

组成：该委员会由36名成员组成，其中15名是从国家教职工的地方学校委员会成员中选出的代表，15名是由教育部长从文化、艺术、学校、大学、工作、职业和工业、协会等领域中任命的重要代表，以保证其多元文化的特征，3名是来自 Valle d'Aosta 大区讲德语和斯洛文尼亚语的学校选出的代表，还有3位是部长任命的来自教会中学（scuole pareggiate）、法律承认的非国立小学（scuole parificate）、法律承认的非国立中学（scuole legamente riconosciute）和非国立的公立学校（即市立和社区学校）的代表，他们由他们各自的协会所推荐。委员会还有来自特兰托（Trento）和 Bolzano 省的代表，他们对自己省里有关教育组织的改革发表意见。

机构：委员会任期5年，选出主席并由委员会委员组成办公室人员；它制定自己的工作程序和日程，制定委员会的工作程序。委员会必须在45天内提出异议。

新的委员会与旧的委员会相比，有以下变化：更加重视咨询的职能；精简人员以保障快捷的工作程序；它不再由部长任主席来保证其行政的自治权；来自学校的代表由委员会的选民选出。[①]

法53/2003的实施，即新的框架法正在对整个教育与培训制度（所有层次的教育与培训）进行改革。它把教育与培训制度分成两个主要的路径：第一个是国家管理的高中（5年）和大学（3+2年）；第二个是大区管理的职业教育与培训（3—4年的课程或学徒制）和高级技术教育与培训－IFTS（1—2年）。此外，该法加强大区在 VET 制度上的权限，重申了与国家联合规定对提供培训的质量保障的最低要求的职能。

对大区的 VET 制度（上述的第二个路径）最近有一些新的规定：

（1）2004年1月15日 MIUR、MLSP、大区政府和 Trento 和 Bolzano 自治省政府签署的协议具有非常重要的地位。该协议规定了一些在"权利—义务"阶段提供为获得职业资格证书的3年制试验路径的国家标准；

（2）2004年10月28日签署的关于"学分证明和确认"的协议是个人在进入教育与培训路径时，在 VET 体系中所获得的证书和学分有权予以

① EURYDICE. *Eurybase*：*The Information Database on Education Systems in Europe-Organizzazione del sistema educativo italiano* 2006/07[DB/OL]. http://www. eurydice. org/ressources/eurydice/eurybase/pdf/0_integral/IT_IT. pdf, 2007-08-09.

确认。

教育部负责开发和制定学校和大学的课程。此外,大区也可以使学校课程结合当地具体的情况,每所大学也可以有开发教学内容和教学程序的自治权。

法律规定法 53/2003 授权政府起草教育的总标准和教育与培训的最低标准。大区负责开发和制定 VET 课程。此外国家还规定一些保障在全国提供培训的最低质量标准。在方法方面,确认了 4 个领域的标准:语言领域;科学领域;技术领域;历史、社会和经济领域。

这些领域与"权利—义务"阶段的具体的内容有关,不仅保证就业能力,而且保证公民的所有权利,以初始培训文化背景为出发点。

协议的一个重要方面是对国家的和地方体系的路径的规定,它包括一系列的职能的"下放"。

在国家层次:

(1)对职业技能分级的一般制度的规定;

(2)对证明技能(培训手册)的一般标准的规定;

(3)对确定学分(培训/培训、培训/教育、教育/培训)的一般标准的规定;

(4)对培训标准的最低技能的规定;

(5)对提供职业教育与培训课程的有关的最低鉴定标准的规定。

在大区层次:

(1)管理技术和学分制度和有关的辅助服务;

(2)使技术与当地背景相适应;

(3)对以前、现在和结束时获得的技能和学分进行鉴定、评价和证明;

(4)制定标准;

(5)对提供职业教育与培训的机构的不可或缺的必须的要求作出详细规定。

应该指出的是,该重要协议同时启动了一项综合的名为"职业技能和分类的描述和证明——以使教育、职业培训和工作一体化为目的的最低标准"工程,旨在提出"一个最初的国家技能标准制度证明书模式,以促进教育、职业培训和工作的一体化"。因此随着制定国家标准和证书制度进程的逐步进行,大区政府要履行相当大的任务。

## 第二节　大区与地方层次的普通行政管理：负责职业教育与培训

### 一、大区层次

在外围层次，在废除了大区教育管理办公室(Sovrintendenze)和省教育管理办公室(Provveditorali agli studi)。根据 1999 年 6 月 30 日的第 233 号法令，成立了大区教育委员会(Consiglio regionale dell' istruzione)，它们是具有行政职责的自治中心，保留了国家剩余的权力(如决定学校教师的数量、聘用教师和教师的调动)，这些权力既不授予大区也不授予学校；此外，它们还与大区、地方权力机关、大学和培训机构保持联系。在大区里把大区行政管理局也称为主管办公室(Assessorati)。按照教育行政管理的改革，成立了 MIUR 在外围的机构，即大区学校办公室(Uffici scolastici regionali)，任期 3 年。但目前还未成立。

职责：大区教育委员会是一个咨询机构，协助大区的行政管理。它对有关学校自治、教育服务的分布、教育与培训一体化、终身教育、学习权力、人事聘用和调动、执行学校的管理职责、对教师的处分措施等表达意见。

组成：大区教育委员会由各地方学校委员会的主席、按国立学校教师人数的比例，由地方学校委员会选出的学校代表、3 位经地方学校委员会和法律承认的非国立学校选出的代表、5 位由雇主和雇员组织代表任命的人员组成。地方教育办公室的主任是成员。

机构：大区教育委员会的主席从其成员中选出，根据内部的组织规定，他是学校的行政主管(Giunta esecutiva)，并是大区办公室(Ufficio periferico regionale)的主任。后者必须成立大区教育委员会秘书处，它由 1/3 的委员组成。异议须在 30 天内提出。[1]

大区学校办公室是国家教育行政管理设在外围的办公室，负责总的管理责任。根据职能和领域的要求，它们还在省和省以下的层次通过行政服务中心(Centri Servizi Amministrativi-CSA)对学校进行行政管理的上的支

---

[1]　EURYDICE. *Eurybase：The Information Database on Education Systems in Europe-Organizzazione del sistema educativo italiano* 2006/07[DB/OL]. http://www. eurydice. org/ressources/eurydice/eurybase/pdf/0_integral/IT_IT. pdf,2007-08-09.

持。大区学校办公室的职责是联系与教育有关的部门,负责监管校规的执行、教育活动的效率和标准;促进个性化教育的需要,与大区和地方权力机关合作开发和拓展教育领域;关注对学生的国家的政策的执行;向总理事会和教育局提出对资金和人力资源的分配;根据 1999 年 6 月 30 日第 233 号法令第 4 条成立大区教育委员会(Consiglio regionale dell' istruzione)的秘书处(还未成立);协调与大区行政和地方权力机关在涉及学校自治、提供全纳教育和成人教育方面的关系;监管学校和非国家教育的课程及在意大利的外国学校;对学校提供帮助和支持并指导有关学校自治的职能;向学校分配资金和人力资源并协调与学校教育或中央行政机关和协会之间的关系;保证信息的最佳流通方式。大区学校办公室主管负责与教师签订合同并对他们进行任命。它同时也负责大区教育研究院(Istituto Regionale di Ricerca Educativa-IRRE),并根据 2001 年 3 月 6 日第 190 号总统令第 12 条对其进行管理。

大区行政教育主管办公室(Assessorato alla Pubblica Istruzione dell' Amministrazione Regionale)在不同的大区可能有不同的称呼。它们的职责是帮助各层次的学校,包括大学的学生。他们向学生提供帮助和服务,使学生享受进入大学的权力(Aziende per il diritto allo studio universitario),如在住宿、食堂、资助、医疗保健、文化和体育等方面。此外,它们还负责规划全纳教育,包括普通教育与培训;按照省的规划组建学校网络;制定校历;向非国立学校提供资助。在职业教育与培训方面具有绝对的权利。从一整套的规章来看,它显示出大区对工作世界的影响是处于第一位的,这包括高等职业技术培训、职业进修的重新资格认证、在职培训,等等。这些影响主要涉及到各种形式的活动,这些活动是为了获得资格证书、初级证书(diploma di qualifica)或学分证明,不包括学位证书,但可以提供用来获得学位证书的证明。

大区在教育与培训方面的职责有下放给省和市的趋势,而自己只保留指导、规划和监督的职能,管理的职能越来越少。但是这些职责将通过宪法改革重新进行界定。

在那些具有特别自治权的大区(特伦蒂诺上阿迪杰、弗留利-威尼斯朱利亚、瓦莱达奥斯塔、西西里岛和撒丁岛),大区学校办公室的组织规章是不同的,因为它们享有其他形式的自治而限制了国家权力机关的权力。例如,在瓦莱达奥斯塔大区,MIUR 就没有设地方教育办公室。瓦莱达奥斯塔的权力机关执行国家和大区法律所授予的任务,大区教育管理办公室对自己的办公室和人员负责。在其他特别行政区也设有国家教育办公室,也成立了类似的地方办公室,特别是那些有少数民族的省有权保留语言和文化传统,与意大利语一样得到承认。

## 二、地方层次

地方行政部门包括省和市，它们分别具有教育体系内的不同领域和层次的责任。

根据 1999 年 6 月 30 日的第 233 号法令，对外围的行政做出新的地域划分，取消了省和管区层次的学校委员会，成立了地方学校委员会（Consiglio scolastici locali-CSA）。该委员会根据大区和地方权力机关的协议，在教育部设在外围的办公室有他们的席位，在学校或地方权力机关设的有关组织结构里成立秘书处，任期 3 年。地方权力机关负责制定地方学校委员会的章程，对其具有管理、监督和解散的职权。

职责：地方学校委员会负责地方教育行政和学校自治、辖区学校的管理、学校建筑、指导、终身教育、学校各轮教育间的连贯性、管理辖区的教育需求。此外，还对地方权力机关提出建议。

组成：地方学校委员会有以下成员组成：14 或 16 位代表由辖区的国立学校的教职工选出；2 位来自教会中学、法律承认的非国立小学和中学；3 位是来自辖区国立学校、教会中学、法律承认的非国立小学和中学的学生家长的代表；3 位来自省学生委员会的代表；5 位由地方政府指定的代表；5 位雇主和雇员组织的代表。

机构：地方学校委员会根据他们内部的规定选出他们的主席。任何决议在至少三分之一的成员出席方可有效。异议要在 30 天内提出。[1]

2003 年 8 月 11 日第 319 号法令规定对 MIUR 在大区和国家层次进行了重组。规定在省级（如有必要在省级以下的层次）设有 CSA。但它只是大区学校办公室的内部下属单位，不具备任何有效的自治权；因次，在省级只有教育主管办公室是省的教育权力机关。CSA 负责在省或省以下的基层，帮助学校自治和会计程序方面的活动；对某个学校的人力资源的分配向大区主管提供候选人名单和建议；支持学校计划和教育创新，并与当地其他参与者合作；支持和开发学校网络；CSA 在省级由不是总主管的人员担任领导，在省以下基层的 CSA 也可以由不是主管的人员担任领导。

MIUR 没有市级的办公室。市权力机关经常代表很小的社区和在意大利的有限的地区享有本大区或省所赋予的职责，并为学校的运转和保障

---

[1]　EURYDICE. Eurybase: *The Information Database on Education Systems in Europe-Organizzazione del sistema educativo italiano 2006/07*［DB/OL］. http://www.eurydice. org/ressources/eurydice/eurybase/pdf/0_integral/IT_IT. pdf,2007-08-09.

青少年的入学服务。福利措施包括：免费接送上学，设在校内或校外的根据家庭经济状况予以免费或有补贴的食堂，提供优惠购买课本的证券和资助。这些问题由国家或大区的法律做出总的规定。为了提高服务管理，小的市有时也加入进来作为合作伙伴或联合会。1998 年 3 月 31 日第 112 号法令的第 139 号法案与 1997 年第 59 号法令一致授予省和市有关教育的新的职责。通常具有同样的有关学校的权力，如成立学校、吸收人员、合并和取消幼儿园、小学和初中、组织规划学校网络。

## 第三节　教育机构的行政与管理：自治权的扩大

### 一、学校的自治权逐渐扩大

根据 1997 年 3 月 15 日的第 59 号法令，对过去的中央集中制的学校制度进行了重新界定。过去的学校制度是在 1974 年的法令的基础上建立的，经历了重要的发展阶段，现今已经完成了它的历史使命。法 59/1997 及后来的 1999 年 3 月 8 日的第 275 条实施规定，授予学校以教学、行政管理、科研活动、实验和开发的自治权。

有关学校自治的法律规定，学校有决定和执行提供教育的自治权；授予学校通过计划和实施具体的教育与培训形式，进行旨在促进人类发展的教学和多元文化方面的自由。

对此，每个学校都要制定培养计划（Piano dell' Offerta Formativa-POF），它是代表一个学校文化和特征的基本文件；它必须包括国家规定的各类各学科分支的总的教育目标。它必须反映出当地的文化、社会和经济的真实要求，考虑当地提供教育的规划。

培养计划包括少数民族在内的不同方法的选择；它由教务处（Collegio dei docenti）根据中学委员会（Consiglio di istituto）规定的总目标做出的计划，并考虑到一些组织和协会的意见和建议，甚至包括家长协会和高中的学生会。它必须通过中学的咨询机构的批准，并在入学的时候向学生和家长公布于众。

2000 年的法令还规定了学校在制定课程时的自治权，其中国家课程占 85％，校本课程占 15％。该法令还规定每所学校要制定自己的"培养计划（FOP）"，并在学年末对所选择的教育和教学方法进行评估。总统令 275/1999 授予学校下列类型的自治权：

　　(1)教学的自治权。学校通过教育的途径落实国家的目标,贯彻学习的权力和所有学生的教育发展。为此,学校制定适于研究和学习规律的学校时间和教学时间;因此,可以根据要求做出弹性化处理;实际上,每个学科的年学习时数可以分为几个模块;教学单元也不必划分教学时数;同一班级的学生或不同班级的学生与不同学年的课程可以组成模块;学科可以按照学科领域进行分组。

　　(2)组织的自治权。按照计划中的规定,根据各学科分支和种类的一般或具体的目标,学校有决定如何使用教育资源和采取何种组织的自由;学校可以按照培养计划的需要调整大区制定的校历;学校可以采取弹性制课程表,对任何单科或仅仅几个星期的计划,制定每周 5 天最少的学时。这可以是每年一次或多次或根据单科的循环学时制。此外,根据培养计划体现的方式和组织特征,教师可以受聘于不同的班级和部门。

　　(3)研究、实验和开发的自治权。它通过一些方面来实现:通过提供教育计划和科研评估;通过对学校人员的培训和职业进修;通过方法和课程创新;通过教育文献,交流信息、经验和教学材料;通过不同部门,包括职业培训在内的整合。如果研究和创新项目要求结构的改变超出了课程弹性化的范围,则需要经过教育部参考教育高级委员会和公共教育高级委员会(Consiglio Superiore della Pubblica Istruzione)的批准。[①]

　　学校可以调整国家规定的课程教学时间,根据当地的文化、社会和经济的要求增加提供教育的选修科目和活动的自治权。

　　学校的自治权还有促进关于教学、科研和实验活动的"网络协议";购买货物和服务;临时交换教师。此外,学校可以单独地或联合地通过组织网络与国内的公立或私立大学、协会或机构起草协议;甚至学校也可以与社会私立部门的志愿的协会或组织制定特别的计划。

　　自治权还意味着学校有行政管理和财务的职能。在废除省教育管理办公室之前,这些职能曾属于部。但学校自治权不包括人事权。人事管理实际上与地域有关,在偏远地区的学校有自己的人事权。也就是说,对于教学自由需要有特别的保证(如人员的聘用,调离,对外国证书的认证,激励措施、对人员的任命)。

　　根据学校自治权,学校可以具有法人资格进行起草协议和计划,购买物品和服务。但这一自治只授予具有一定数量新生的学校,原因是为了更好

　　① EURYDICE. *Eurybase*: *The Information Database on Education Systems in Europe-Organizzazione del sistema educativo italiano* 2006/07[DB/OL]. http://www. eurydice. org/ressources/eurydice/eurybase/pdf/0_integral/IT_IT. pdf,2007-08-09.

地平衡入学申请和组织教育服务之间的关系。最好是至少连续 5 年学生数保持在 500 至 900 名之间;在小岛、山区和有特别民族和语言的地区学生数可以降至 300 名。

对学校自治 MIUR 下达了总的框架,即必须保证意大利教育制度的单一制。事实上,教育部规定了:教育过程的总目标;对学生所要达到的学习能力目标(obiettivi specifici di apprendimento);最基本的国家课程的科目和年度教学课时数;总年度必修课程时间表;服务质量标准;对学生评价的总的标准,进行学分认证;组织成人教育学习途径的总标准。

## 二、学校的组织和管理机构

### (一)校长(Dirigente scolastico)

根据 1998 年 3 月 6 日第 59 号法令,校长被授予自治权和法人资格,是学校的领导。他不属于国家编制而属于大区编制(但仍是公务员);自 2002 年 3 月 1 日起,他们的工作条款由一个专门的集体劳动合同来规定,与教师的劳动合同是不同的。

根据上述法令,校长对学校的全面管理负责,具有法律责任;他对财务和物资管理负责并对提供教育服务的质量负责。为了提高组织机构的能力,校长具有指导、任命和利用资源的自治权。为此,他可以进行必要的干涉,旨在提高教育过程的质量和为本社区提供和谐的文化、专业的社会和经济资源。他是工会的代表。为了履行他的管理和行政职责,校长可以选出教师来协助,并分配给他们具体的任务;此外,他还可以有人事和行政办公室主任予以协助。有关校长的聘用程序见下述。

### (二)学校或委员会

中学委员会(Consiglio di istituto)由教师、非教学人员、家长、在高级中等学校里还有学生,选出的代表组成。校长是上届的成员,主席由家长代表产生。这些委员会负责商讨购买、更新和维修学校设施和教学材料、图书馆的捐赠和班级用品;批准培养计划;配合组织校园生活和活动,决定文化、体育和娱乐活动所使用的设备;与其他学校或地方学校委员会(Consiglio scolastico locale)(还未成立)合作;计划校外活动;组织学生参观和教育旅行等福利方案。当然,在做这些计划时,委员会必须根据预算的限制和尊重教师联合会(Collegio dei docenti)的权力以及他们工作中的自由。中学委员会选出的执行委员会由校长任主席。它负责起草最初的预算和最终的帐目,来保证中学委员会的决议得以执行。

很久以前就提议对自 1974 年以来在学校成立的组织机构进行改革。众议院的有关委员会于 2004 年 12 月 15 日对改革学校管理机构做了批文。国家教育委员会在 2004 年 12 月 21 日对此提出意见和建议。在最终的法律决议出台之前,仍按照 1974 年的规定执行。

（三）行政主管(Direttore dei servizi generali e amministrativi)

自 2000—2001 学年起,行政主管被授予学校行政管理的自治权。在校长的总的规定和制定的目标范围内,行政主管具有执行的自治权:行政管理和学校教育总的职责及与下属员工合作;他/她可以直接颁发证书,为更好地改善服务制定方案和提议;负责为签订合同、协议和协定提供和收集信息并为此做必要的准备工作;他/她有权成为中学委员会的成员。

（四）其他机构

教师联合会(Collegio dei docenti)由每组中学的长期和临时的教师组成,校长担任主席。它根据中学委员会总的管理和行政规定,参考家长联合会和高中学生会的意见和建议制定培养计划。此外,教师联合会还定期对教学的一般进展进行评价,使其按照制定的计划执行。如有必要,也提出一些适当的建议,来提高教育活动的效果。教师联合会还在中学班级委员会的建议下购买教材,在中学委员会的预算内购买教学材料。如果研究和创新计划超越了部制定的自治权第 8 条对一般和具体学科规定的课程弹性框架,要经过部长的批准。在参照中学委员会制定的总的标准和考虑班委会的建议下,与校长商议进行编班、制定课程表和开展学校活动。

班级委员会(Consiglio di interclasse)由所有班级的或每个学校同一层次的部门老师,包括教学组(Circolo didattico)在内,以及每个班级选出的一位家长代表组成。班级委员会由所有教师、班级学生家长选出的 2 位学生代表和 2 位家长代表组成,由校长任主席或把这一任务委任给一位教师。

这些委员会为班级制定教育和教学计划,特别是涉及到跨学科的问题时;检查班级的教学和学科的进展情况;批准创新计划;参与和支持活动;计划和组织校外活动;建议教育和教学活动;进行组织改革;为教师联合会沟通教师、家长和学生之间的关系,这牵涉到学科间的合作和对教师与学生进行定期和最后评价。

每个教学组或学校都设有教学评估委员会(Comitato per la valutazione degli insegnanti)。它根据学校教师的人数(50 以下或 50 以上),由教师联合会选出的 2 或 4 名教师组成有效成员,1 或 2 名教师为候补成员。校长任主席。委员会的职能是对试用年的教师做出评价;对受到纪律处分的教师的复员进行审核;对每位教师在一段时期内(不超过 3 年)的工作进行评估。

# 第四节　其他参与者:合作的加强

## 一、社会合作者:由"合作者"到"联合的决策者"

框架法 845/1978 授予社会合作者在职业培训体系中的主要作用,承认他们是大区的合作者来对培训进行规划,也作为培训方案潜在的提供者。

因此,加强"合作"这一原则意味着社会合作者不仅仅是"合作者"而是"联合决策者"。1985 和 1991 年签署的国家工会间的协议具有重大的意义,为建立许多联合机构铺平了道路,尤其是双边的机构对促进培训活动发挥了重要的作用。1993、1996 和 1998 年的三边协议强调了合作的重要性并承认它是规划和制定战略行动的基本方法。

关于意大利劳动市场的白皮书(2001)把"合作"转向"社会对话",为建立政府和社会合作者之间新的关系铺平了道路。

在国家层次,社会合作者也起着重要的战略地位,在学徒制,确定工作场所外部的培训目标,在职培训,随着多部门资金的确立,他们已经成为培训的规划者。

在大区层次,社会合作者是三边委员会的成员,该委员会负责批准大区就业计划,其中包含职业培训体系的发展战略。

在企业层次,工人代表参与企业提供的继续培训活动的决策,有时他们也在制定培训计划中起着更积极的作用。

表 6-1　社会合作者的角色与职责

| | 社会合作者的职责 | 角色类型(咨询/决策,直接/间接) |
|---|---|---|
| 国家层次 | 界定制度框架 | 咨询 |
| | 多行业基金(多部门基金) | 直接 |
| 大区层次 | 界定制度框架 | 咨询 |
| | 多行业基金(多部门基金) | 直接 |
| | 提供学习机会 | 间接 |
| 企业层次 | 规定培训活动 | 咨询 |
| | 评估培训计划 | 直接 |

## 二、学生与家长：积极的参与者

高级中等学校的学生和各教育层次的学生家长有权在学校内行使他们参与学校民主管理和学校活动的权力。

### (一)学生参与的学校生活的活动

学生参与的学校生活的活动主要是学生大会。

在高级中等学校举行的学生大会给学生提供了民主参与的机会，并从文化和社会发展的角度做出对教育和社会问题的分析。他们按照 1994 年法律的加强法案规定，可以由中学班级委员会的新生代表组成学校学生委员会，向中学委员会表达自己的意见和提出建议。也根据 1996 年 10 月 10 日的第 567 号总统令的规定行使上述更多的权力。学校大会和班级大会可以每月举行一次，前者可持续一天，后者可持续 2 个小时。在学校大会上也可以邀请社会、文化、艺术和科学方面的专家来帮助解决学生提出的有关问题。他们的出席可以包括在正常的会议日程中。在这种情况下，大会这一天包括在规定的 200 个学校学习日(见 1994 年 4 月 16 日第 297 号加强法案的第 74 条和 2003 年 11 月 26 日的部级通知)之内。大会时间也可以根据学生的要求进行科研活动、习明纳和小组作业。大会在学生委员会的大多数成员或 10％的学生的要求下召开。开会的时间和议程必须事先提交给校长。校长有权决定它是否违反了某些规定或是否能够顺利召开。

根据 1998 年 6 月 24 日第 249 号总统令批准了"中学生章程(Statuto delle studentesse e degli studenti della scuola secondaria)"。该章程规定了学校是一个基于对话、科研、社会经验、民主价值和旨在学生的发展、行使权力和履行义务的团体。它也是一个使学生具有文化素养和职业培训的场所，一个有着明确的和核心价值的场所等。此外，还规定学生有按时上学的义务，坚持完成学业的义务，对待校长、老师、学校工作人员和同学有礼貌，遵守各学校的组织和安全的规定等。就学校自治来说，每所学校必须对违反纪律的处分措施做出规定，但该章程规定这些处分措施必须出于教育的目的。因此，处分措施必须是暂时的，并有感召的目的。学校组织对学生处以暂时离校的处分必须是在非常严重和经常性的违反学校纪律情况下才执行，且不超过 15 天。学生可以向校内的监督办公室对处分提出申诉。这一机构根据学校规定成立，但必须有一位高级中等学校的学生代表。该办公室也处理有关实施章程时与高级中等学校学生的权力和义务相冲突的事宜。对学校内部的监督办公室的决定不满可以向地方学校行政管理办公室（Amministrazione scolastica periferica）主任提出申诉，该层次具有最终裁决权。

根据学校自治参与学校举措。1996年10月10日第567号、1999年4月9日第156号和2001年2月13日第105号总统令规定学生参与学校生活的途径有：对学生培养的补充和辅助措施要针对学生的年龄和成熟期；在高级中等学校要为学生提供至少一个课后聚会的场所；学生可以在课外、下午和节假日使用建筑和设备；支持那些促进学校成为文化的、民用的和当地社会进步的中心的举措；通过专门的协议，协调与地方权力机关、学生和校友联合会、家长、志愿者之间的关系。补充措施必须考虑到学生的需要，成为学校教育目标的一部分，中学班级委员会参与对学生进行综合评价。这些举措要事先经过教师联合会的检查，以便与课程活动相协调。辅助措施与补充措施一样，必须经过中学委员会的商议，它们旨在提供课外活动来培养学生的人文精神和文明素养；它们必须考虑到学生的需要和当地所能提供的机会以及学生联合会的组织能力。所有举措都可以通过与学生联合会的协议在学校直接开展；协议必须规定使用教室和设备的期限以及损坏时所应承担的责任，等等。

在根据1999年4月9日第156号总统令成立的省委员会由每所高中的2名学生代表组成。它的任务包括：保证省内所有学校的学生之间的辩论；向省教育厅（provveditorato agli studi）、地方政府和当地组织机构表达意见和提出建议；成立学生信息办公室；促进跨国的活动；根据学生章程的第5条规定，为监督办公室选出2名学生代表，他们将对有关违反学生章程和学校规定的问题向地方行政管理办公室表达意见。监督办公室由该委员会提名的2名学生代表、3名教师、1名家长组成，主任由地方行政管理办公室主任任命的一位德高望重的人士担任。而在高级中等学校则有4名学生代表参加。值得一提的是2003年8月11日的第319号规定对教育部进行的改革。它成立了负责学生章程、青年政策和运动的总指挥部（Direzione Generale）。该总部设有来自大多数学生联合会国家论坛的席位。它是根据2001年2月13日第105号规定成立的有关补充措施和学校一体化活动的机构。根据该规定，2002年7月11日第79号部级法令选出学生联合会最有名的代表成立该论坛（每个联合会不超过3名代表）。在开始的每次大会中，论坛选出一个合作者。它根据国际惯例在学年间，每两个月举办一次。部长或一位代表参加该大会，上述的总部为大会的组织和秘书服务提供必要的支持。论坛促进了部长与学生联合会的对话、它代表了学生的需要、按照部长的要求或主动提出建议和发表自己的意见。

（二）家长参与的学校生活的活动

家长参与的学校生活的活动主要是家长大会。

家长大会可以在组、班级或学校层次举行。大会在课外时间举行，必须有一套准测，所有活动必须提交中学委员会。

校长和组、班级或学校的老师可以积极参加相应的会议。家长可以在校外根据他们的教育目的、意识形态或宗教，组织自己的协会，并选出自己的代表参与到学校的组织机构中。

根据 1996 年 10 月 10 日第 567 号总统令的规定，家长可以提出要求，这些要求可以在补充措施和辅助措施里予以考虑。

按照 2001 年 2 月 13 日第 105 号总统令的规定和 2002 年 2 月 1 日的 14 号法令，教育部成立了大多数家长协会参加的国家论坛，法令承认各种各样的家长协会并决定国家论坛的组成（每个家长协会至少有 2 名代表）和任务（与学生联合会国家论坛相似）。在开会期间，论坛选出一位合作者；大会每年至少举行 3 次，并制定自己的内部规则。它在学生章程的总部设有席位，并保证所需要的组织和秘书服务。

此外，从对意大利一些职业学校的采访和考察中也发现，学校与家长之间的关系比较密切。学校不仅在一年级入学前后负责家长和学生的咨询和宣传工作，对其进行入学选择的指导，还在实习和就业时与家长和学生进行协商和指导。此外在平时的每个月的一个固定日期，每个班都设有专门的老师来负责接待家长的来访。

# 第五节　小结

历史上，意大利的公共行政表现为高度的中央集权制。自 20 世纪 50 年代以来，权力的"去中心化"趋势使有效的职权和服务逐渐从中央权力机关（部）向设在大区或省的国家行政办公室转移。

1977 年的第 66 号法令把职业培训的责任转给了大区，在统一规定的模式下，大区可以行使自治权，以便紧密结合地方的需求构建弹性的职业培训体系。至 2001 年宪法的改革 3/2001 以前，意大利的职业培训体系由两个部门组成：由教育体系提供的职业教育和由大区负责的职业培训。

根据 2001 年宪法第 3 号法令的去中心化的政策，国家不再在这一制度中唱独角戏，而是加强了地方权力机关（市、省、自治区、大区）和学校的自治权。在这一新的制度结构中，国家行使三个方面的具体职权：对整个国家教育制度的总的管理;监控整个教育与培训制度的整体质量;采取干预措施来保证公平待遇(经济的和/或技术的)。在新的管理模式下,国家保留"教育的总原则"的绝对权利,规定最低标准和建立与欧盟的联系。大区对职业教育与培训有绝对权利,负责进行规划,但必须遵守欧洲法律和国际义务;在执行他们的任务时,大区也可以把一些权利授权给省。法 59/1997 及后来的 1999 年 3 月 8 日的第 275 条实施规定,授予学校以教学、行政管理、科研活动、实验和开发的自治权。

框架法 845/1978 授予社会合作者在职业培训体系中的主要作用,承认他们是大区的合作者来对培训进行规划,也作为培训方案潜在的提供者。高级中等学校的学生和各教育层次的学生家长有权在学校内行使他们参与学校民主管理和学校活动的权力。

综上所述,目前新的机构和组织框架,一方面学校是教育制度的中心,是自治的主体,具有法定资格和它们自己的文化、教学、规划和管理能力;另一方面中央行政失去了它传统的管理角色,成为较轻的组织,负责指导、规划、合作、资助、监督和检查。

# 第七章　意大利的人力资源投资

## 第一节　政策与法律的改革重点

通过降低失业率来实现合格的人力资源的目标以促进国家的发展是政府工作的重点。它已经成为社会关注的基本问题之一。在 20 世纪末的十年里意大利对社会合作者的重视已经对创新和发展产生了积极的效果。这也促使政府与社会合作者之间有了一系列的协议（1993、1996 和 1998 年）。这也有助于制定职业培训的政策，使其按照欧洲模式与劳动政策更加紧密地结合起来。

这一政策已经引起了对整个教育与培训制度（初级、中等和第三级的学校，包括职业路径）的改革。

### 一、改革的主要方面与特点

从行政方面看，教育与职业培训制度在行政方面的改革，可以看作是大范围的公共行政改革的一部分。它是根据"去中心化"的原则和减少官僚作风的一次改革。在继续职业培训（CVT）方面，社会合作者之间的合作已经使企业产生了很大的积极性来参与对它的资金的投入。

从结构方面来看，已经制定了大量的措施，来采取多样化的途径承办培训，以便更好地满足劳动市场的要求和国家全面增长的需要。

从财政方面看，已经采取了一些使开支合理化的措施，但对投入并没有大的突破，附加资金已经单独列出。值得一提的是 1999 年起草的"培训、教育和科研投资的总体规划"成为以后几年支持教育与培训制度改革和创新的财政计划。

在意大利，职业教育与培训属于大区政府的权限。在大区的制度中，有关职业教育与培训（初始或继续培训）的财政机制的法律，在某种程度上仍然是按照法 845/1978 的"职业培训法律框架"来执行的。它是在把职业培训的权限给予大区以后的第二年开始实施的（按照总统令 616/1977）。该法赋予国家对培训活动制定指导方针的权利。

在财政方面，法律规定由大区发起的活动应该从其"公共基金"中支出，该基金是由国家配给的。此外，法 845/1978 还成立了一个具体的"周转基金（RF）"——在劳动部——以便大区政府更方便地获得来自欧洲社会基金的欧共体的资助。第 845 号法令对财政的规定在 1993 年被修订。在此以后它对推动继续职业培训活动越来越重要。其中一个例子就是它对继续职业培训配给具体的资金。

关于"帮助就业紧急行动"的法 236/93 把职业培训置于积极的劳动政策的各种措施之中。这包括成立"职业培训基金和欧洲社会基金的使用权（VETF）"（VETF 废除了 RF）。该基金由财政部掌握，但由劳动部负责管理。企业缴纳全部工资的 0.30％给 VETF 作为补充用于对非自愿的失业的强制保险。此外，第 236 号法令还规定该基金的 1/3 必须用于继续职业培训的活动。

另一方面，2003 年法 53/2003 改革前，在学校进行的职业教育由教育部负责，适用于对整个学校制度的规定。国立学校的财政来自国家预算，通过教育部的年度财政法案确定该预算。

分配给学校体系的资金根据班级的数量、学生的数量和人事成本来决定。一小部分资金也根据学校所在的社会和经济不利条件的程度来分配。1996 年的第 23 号法令赋予省政府负责高级中等学校的建筑、设备配置和维修以及办公费用。

总的来看，对职业教育与培训提供资金的主体有：欧盟、劳动部、教育部、大区、地方政府、私有企业和其他私立机构。

欧盟的资助主要通过 ESF(2000—2006 期间与国家联合投资 160 亿欧元)。2000—2002 期间"莱昂纳多·达芬奇基金"投入为 5 000 万欧元。[①]

劳动部是负责职业培训的中央机构，但随着 2001 年宪法的改革，越来越多的在 VET 政策方面的权限下放给大区，大区又进一步授权给省实际操作的权限。到目前为止，劳动部仍是提供职业培训资金的主要参与者。教育部提供中等学校内的教育和职业培训活动的资金。

---

① ReferNet Italy. *Italy：overview of the Vocational Education and Training System in* 2006［DB/OL］. http://www. trainingvillage. gr/etv/Information_resources/NationalVet/，2007-05-06.

## 二、资金管理和分配的主要法律和特点

近年来在对初始培训和继续培训的资金管理和分配发生的主要变化是：

（1）法 845/1978（职业培训框架法），该法确定初始和继续培训活动的资金来源为大区政府的"公共资金"，它是由国家拨给大区的。设立"周转资金"——与劳动部一起——收取企业总工资的 0.3％做为附加资金对非自愿失业进行的强制保险。

（2）法 236/1993（支持就业的紧急措施），该法设立了"职业培训的资金和 ESF 的使用权"——与财政部一起——它来自从总工资的 0.3％的资金。该法规定 1/3 的资金必须用于继续培训活动。

（3）法 59/1997（促进就业的规定），除了复兴学徒制外和规定培训与实习期制度，该法把全面重组职业培训制度（继续培训、技术资格证书、培训学分、简化程序、对培训创办点进行改造、重组和扩大，等等）作为根本，并对整个学校制度的管理进行了改革，其中也包括确立学校法人地位和有关组织教学和管理财政的自治权；

（4）法 196/1997，起草新的学徒制，加强在工作场所外部进行的培训；

（5）法 440/1997（为改善和扩大培训提供资金以及平等化措施），该法设立资金来帮助正在进行的自治化进程。该资金对组织、教学和管理领域的创新活动的试验进行资助。

（6）法 112/1998，把高级中等教育的行政职能从中央转移给大区，并进一步下放给省政府；

（7）法 144/1999，引入至 18 岁的参加培训活动的强制要求，规定由中央政府分配给大区政府额外资金；

（8）宪法 3/2001 修订案 117 条，授权大区政府在教育与培训方面绝对的立法权和与欧盟保持联络的权利；

（9）法 388/2000 及其修订法 289/2002，创立继续培训的多部门基金，它引入了由社会合作者直接管理基金，影响到了职业培训活动资金的机制；

（10）ESF 法 236/1993 和法 53/2003，继续培训的新的国家指导路线，和多部门基金对继续培训资金框架的修改。

基于学校的职业教育，它是高级中等教育的一部分。如上所说，"去中心化"和简化程序是总的改革趋势。然而，在负责资金和政策的两个行政管理路径中，这一趋势具有下列特点：

一方面，是由教育部领导的学校路径。这里"去中心化"是基于赋予每

个学校单位以更大的自治权。在这里大区政府的角色是地方培训提供的"规划者"。在学校里的职业教育的趋势是构建集资金、技术、目标等一体化培训路径,这既包括普通科目也包括专业科目。

另一方面,是狭义的职业培训。大区政府负责职业培训(从总统令616/1977和框架法845/1978以来),由劳动部承担同等的和总的规划角色。在这一领域,法142/1990和59/1997以及法112/1997已经进一步促进了"去中心化"和地方授权(在许多大区已经授权给省政府和其他地方政府)。一般说来,这一制度既适应于公共继续职业培训也适应于初始职业教育与培训。

# 第二节　多渠道的资金来源

基于学校的职业教育的经费几乎全部由教育部和大区政府和省的公共部门承担。MIUR承担职业学校教职工的工资和进修的费用。省负责学校所有的维修费用(建筑、实验室等)。2002年的总开支约50亿欧元。[①] 随着权利的去中心化,中央的这些职能也将由大区负责。国家承认的私立学校占职业教育经费的很少一部分。它们没有任何来自公共财政的经费,它们的资金来自学生的注册费和选课费。

几乎所有的基于学校的职业教育都是由公共部门负担经费,主要来自中央层次。资金的直接来源如下。

## 一、教育部

教育部每年从政府的国家总预算中获得资金。这些拨款的数量由预算法来确定。它由教育部制定出总预算。预算有许多的标准,但主要是根据对学生和班级的数量的估计和所需教师的数量。由国家支付的学校人事的总量。还有一笔资金是直接拨给学校的学校基金,它用来支付学校运转所需的资金。

大区政府在这方面发挥着重要的作用,尤其是中部和北部的大区。大区的公共基金由国家来承担。这些基金是国家税收按照固定的比例,使用

---

① ReferNet Italy. *Italy:overview of the Vocational Education and Training System in* 2006[DB/OL]. http://www.trainingvillage.gr/etv/Information_resources/NationalVet/,2007-05-06.

适当的参数拨给 15 个大区。5 个特别自治大区不从国家获得该基金,但它们的公共基金可以直接向其居民征收税款。另外,大区还通过 ESF 来资助专门的课程。这些课程是证书后课程(4 年级和 5 年级)中的所谓的"第三领域(terza area)"的课程,即由学校和大区自主决定的职业课程。地方政府还利用 ESF 来从事旨在减少辍学率、教师培训和进修课程等方面的活动。

## 二、省政府

省政府负责学校的建筑、设备、器材和维修的费用。市和省政府共同负责用水、供暖、垃圾清理、用电(试验室用电除外)和办公电话(不包括教学、传真和上网)的费用。

此外,省政府还支付学校的非教学人员(技术和行政人员)的工资。法 124/1999 把非教学人员的这部分费用转给了国家。

## 三、欧盟

欧盟基金一般不用于基于学校的职业教育。一些大区政府支付的某些在学校体系进行的活动,如综合学校和职业培训课程,以及在获得高级中等学校毕业证书后进行的专业化课程,使用来自欧洲社会基金(ESF)的资助。在 1994—1997 年间,教育部以操作计划(operational programme)得到的经费用于在意大利南部大区的技术和职业学校实施职业培训活动。

在所有情况下,国家的拨款包含在教育部的预算之中,而来自 ESF 的经费则既属于大区支付开支的一部分又包含在教育部的操作计划之内。

## 四、其他来源

学校为课程之外的计划,合法的具体活动提供经费,诸如卫生教育、预防毒品等。学校也可以接受私人捐赠,或就职业教育来说可以从事额外的工作。然而,这些增加经费的方法只有少数学校使用,但随着学校自治原则的深入将会有越来越多的学校使用。

其他经费来自家庭。学生须向国家缴纳注册费,而不是直接交给学校。注册费扣税后大约是 150 000 里拉(77.5 欧元)一年。绝大多数的学校还需要启动实验室的经费,这一费用由政府委员会根据需要和使用者的社会和经济情况来决定。但这些经费来源的数据无法获得。

# 第三节 资金管理与分配存在的问题

## 一、资金管理权限的下移

表 7-1 给出了 2003 年以前各层次管理职责的简要说明。值得注意的一点是，当时初始职业培训（IVT）既包括大区的活动范围，也包括教育部的活动范围。

表 7-1 各级管理层次的职责

|  | IVT | CVT |
|---|---|---|
| 国家 | 劳动部<br>教育部 | 劳动部 |
| 大区 | 大区政府和自治省政府 | 大区政府和自治省政府 |
| 地方 | 省政府<br>教育办公室 | 省政府 |
| 机构 | 学校<br>职业培训中心和机构 | 职业培训中心和机构<br>企业 |

对初始培训和继续培训（CVT）来说，它们主要的管理主体是大区政府。它负责它们自己的基金、劳动部联合财政部分配给它们的 ESF 中的份额以及 VETF 的份额。

开支通常按照多年度和年度的计划（包括那些由 ESF 联合资助活动的运作计划）来决定，并经社会合作者、省和市政府（联合委员会）的同意。那些把 VET 授权给省政府的地方（也有极少情况下授权给市政府），它们根据赋予它们的有效权利，用不同的方法和不同的决策权负责管理分配给它们的那部分资金；

基于学校的职业教育的行政管理由教育部负责，有时也通过地方的管理和指导单位（教育办公室）来进行。而法 112/1998 把许多职能授予了大区政府：承办培训的整体规划（学校和非学校的 IVT），规划学校网络布局（数量和位置），决定校历、确定非国立学校。此外，在自治区瓦莱达奥斯塔和自治省 Trento 和 Bolzano，学校体系不属于教育部管辖而属于地方行政单位(分别是大区和省政府)。

目前职业培训的行政管理结构正向着职能的去中心化发展,越来越多的权利授予了地方机构。在学校体系和职业培训两方面的行政管理发展的立法基础都是根据法 59/1997 规定的"授予大区和地方政府管理职能来对公共行政和简化管理机构进行改革",这通过各种法令和调整法案进行实施。

在学校体系中,去中心化已经给予每个学校很大的"自治权",拥有原属于教育部的权限。从财政方面来看,主要的新现象是分配给每所学校他们自己用于行政和教学的资金,而对他们如何使用没有限制。这就意味着,与过去相比,每所学校在总的指导方针的规定下,有自由决定如何使用自己的资金的权利。此外,法 59/1997 还规定学校可以接受私人捐献(捐赠和遗赠),而无需预先授权。

在职业培训体系,法 112/1998,使大区对于 VET 的职能向省级转移正常化,同时保留战略上的指导和职能上的监督权。这一原则在法 142/1990 关于"地方权利改革"中也有所体现。有些大区在几年前就下放了这些权利,有些大区正在进行中。有些情况下,所委任的权利包括行政管理在内的各个方面的职能。但也有一些仅仅是部分的职能,通常仅限于日常的行政,而没有给予有效的自主决策权。这一情况在以后的几年有所改变。

另一个重要的趋势是社会合作者参与继续培训(CVT)的资金管理。法 196/1997 规定,作为重组整个职业培训制度的一部分,总工资中的0.3%的资金都将用于继续培训(当时近仅有 1/3 用于 CVT)。这笔资金将可能取代一项或多项国家分配给各大区的,由社会合作者联合管理的资金。

最后,为了加强学校、职业培训和劳动市场之间的一体化,有效地回应生产部门对培训和职业的要求,各公共行政管理主体(如教育部和大区政府)之间或在他们与劳动世界的代表机构(如教育部与意大利制造业联盟)之间签订了许多"理解备忘录"来实施一体化的培训活动。这些理解备忘录是一些契约,它规定了签署者之间合作的范围和方法。它们一般有一定的期限并在到期时可以续签。

## 二、资金分配存在的问题

就经费分配机制来讲,学校一次性从国家获得经费,但在以前有严格的花费项目。也就是说,学校不能随意使用这笔资金,而必须遵守规定进行分配。当学校自治权制度(法 59/1997)开始实施时,这一管理原则随之改变,对这些资金的使用不再有所限制。

根据 1997 年 3 月 15 日第 59 号法令,第 21 条,第 5 款的规定,几乎所有的用于学校行政和教育管理的资金都来自国家。这些资金没有任何限制地用在教育、培训和指导活动中。

大区、地方机构和私立组织也提供一些捐助,这些资金被用于具体的资助项目。对于捐助和遗产所涉及的资金,学校无需为此申请接受许可证。

国家负责学校的教育和行政所需的资金。大区必须从自己的预算里,为学生提供直接的资助的服务(食堂、交通、小学的课本、资助贫困生、社会和医疗资助),以及为学校建筑提供资助。大区授权省和自治市为学校的供暖、照明、电话联络和学校建筑的维修提供资助和服务。

在当前情况下,并不是所有分配的资金都进了学校的保险箱。如所有教师的工资由教育部通过财政部直接支付(图 7-1)。

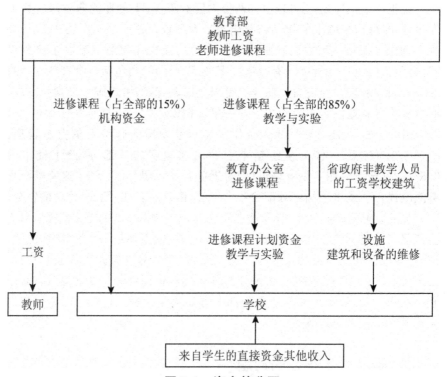

**图 7-1　资金的分配**

注:方框表示各部门的直接支出;箭头表示组织/机构间资金的分配去向。常规资金有教育部和地方政府提供。

学校自己来管理下列用途的资金:

(1)临时代课教师(短期任命);

（2）高级中等学校毕业证书考试津贴；

（3）用于激励的机构资金；

（4）教学、教育和综合活动（IDEI）；

（5）教学资金。

尽管教育部每年对代课教师都有预算，但学校经常超过分配给这一项目的经费。因此到最后进行最终结算已成为惯例。中央政府已经采取措施来减少这一情况，即这些额外的代课教师是学校内部的职员。

每年有固定的经费用于支付教职工在国家毕业考试（第5学年）的开支，并由学校提前支付。

激励资金用于对教师的奖励。这是根据中央决定的标准分配的，但由学校管理委员会决定教师人选。

用于IDEI的资金的分配根据学生的数量，对教育部规定的处于弱势（社会、经济和文化方面）的地方将有所偏重。该资金用于帮助困难学生和支付教师加班的费用，每小时总额约45 000里拉（23.2欧元）。

分配给学校的额外资金根据上述同样的教学和实验室的标准。基于学校的职业教育每年由省教育办公室根据学生数量和省级弱势指标一次性拨给它们资金。教育办公室在收到省委员会对学校的推荐后，根据学校自己提交的机构预算中的额外的因素和用途，给学校进行分配资金。

教育部还对教师进修课程提供资金，并在其年度预算中有专门的资金，大约15％由教育部自己负责，剩余的85％由教育办公室负责。这批资金用在它们自己省计划的教师进修课程和学校自己进行的教师进修课程。

自1997年以来，第440号法令规定了一项为改善和扩大培训和用于平等化活动（它把上述某些资金合并起来，如IDEI）的资金。它是基于监控学校刚刚获得的自治权而设立的资金和用于对组织、教学和管理创新活动的试验资金。

也有一些多年度的国家在具体项目上的投资计划，如为开发教育技术的国家计划。

总之，社会合作者没有参与资金的分配机制。

在学校体系由教育部负责，在高级中等学校的学生在14—19岁，向他们开设全日制3或5年的课程。随着法53/2003的实施，这一路径还属于义务教育/培训阶段。

不像大区课程，这一路径结束时的第5学年颁发教育证书，该证书对升入大学有效。承办职业教育的学校主要是职业学校和技术学校。技术学校也颁发职业证书，但它们越来越朝着普通的技术理论式的教育发展。因此，从严格意义上，没有把它的数据归入职业培训的开支中（表7-2）。而表7-3

提供了比较全面的学校职业教育的开支,其中也包括了技术学校和师范学校。

在 1997 年前,幼儿园和小学教师的培训学校对学前和小学的教师提供全日制的职业培训,学制分别为 3 年和 4 年。这些课程从 1997—1998 学年开始废除,取而代之的是 5 年的试验课程。该课程没有教师资格而仅仅进行教学的培训。要成为幼儿园或小学的教师必须有大学文凭。

自 1998 年始,获高级中等学校毕业证书后的课程开始进行高级术教育与培训(IFTS),它由学校、职业培训中心、大学和企业联合管理。IFTS 由教育部大区政府共同负担经费。

表 7-2 展示了教育部和地方政府对基于学校的职业教育的开支。省和市的支出约是教育部支出的 20%。整体来看,开支不论从绝对价值上还是从所占整个教育部拨款的比例上都呈增长趋势。

**表 7-2　职业教育的开支( * )( * * )**

|  | 1990 | 1996 | 1997 | 1998 |
|---|---|---|---|---|
| 职业学校 | 2 524.2 | 4 142.1 | 3 788.2 | 3 790.2 |
| 艺术学校 | 544.9 | 744.1 | 693.9 | 729.4 |
| 教育部对职业教育的总支出 | 3 069.1 | 4 886.2 | 4 482.1 | 4 519.6 |
| 省和市的支出 | 613.8 | 977.2 | 896.4 | 903.9 |
| 总支出 | 3 682.9 | 5 863.4 | 5 378.5 | 5 423.5 |
| 欧元 | (1.90) | (3.03) | (2.78) | (2.80) |

注:( * )包括体育和一般管理费用,按照各类学生的数量分配。

( * * )按照时价的绝对价值 10 亿里拉为单位计算,括号内以 10 亿欧元为单位计算。

来源:ISFOL 根据教育部的预算制作

如果把技术学校、幼儿园和小学教师培训学校也包括在内,财政状况如表 7-3、表 7-4 所示:

表 7-3　职业教育的开支,包括技术学校和师范学校(＊)

| 年代(年) | 1990 | 1996 | 1997 | 1998 |
|---|---|---|---|---|
| 技术学校 | 5 661.9 | 7 900.1 | 7 429.5 | 7 816.2 |
| 幼儿和小学教师培训学校 | 503.6 | 7 900.1 | 898.3 | 1 019.6 |
| 教育部对技术和师范学校的总支出 | 6 165.5 | 8 980.9 | 8 327.8 | 8 835.8 |
| 地方政府的支出 | 1 233.1 | 1 796.2 | 1 665.6 | 1 767.2 |
| 技术和师范学校总数 | 7 398.6 | 10 777.1 | 9 993.4 | 10 603.0 |
| 职业和艺术学校总数 | 3 682.9 | 5 863.4 | 5 378.5 | 5 423.5 |
| 学校总数 | 11 081.5 | 16 640.5 | 15 371.9 | 16 026.5 |
| 欧元 | (5.72) | (8.59) | (7.94) | (8.27) |

注:(＊)按照时价的绝对价值 10 亿里拉为单位计算,括号内以 10 亿欧元为单位计算。

来源:ISFOL 根据教育部的预算制作

表 7-4　意大利 IVT 资金的分配

| 年代(年) | | 1991 | 1996 | 1997 | 1998 | 1998(％) |
|---|---|---|---|---|---|---|
| 基于学校的 IVT | | 3 682.9(2) | 5 863.4(2) | 5 378.5 | 5 423.5 | 46.0 |
| 大区 IVT | 大区政府 | 2 850.8(3) | 3 845.2(3) | 4 229.3 | 4 069.6 | 34.6 |
| | MOPs | (4) | 320.3 | 386.4 | 741.9 | 6.3 |
| 学徒制 | | 未得 | 1 260.0(4) | 1 460.7 | 1 547.1 | 13.1 |
| 总数 | | 6 533.7 (3 374.4) | 11 288.9 (5 830.2) | 11 454.9 (5 915.9) | 11 782.1 (6 084.9) | 100 |

注:①按时价 10 亿里拉为单位计算,括号内以百万欧元为单位;②1990 年数据;③ISFOL 根据大区预算和 ISFOL 的数据估算;④1995 年数据。

来源:ISFOL 根据教育部、大区预算和决算、劳动部、国家社会安全局和财政部的数据计算和估算

必须注意的是上表的结果是根据不同来源的数据估算出来的。此外,缺少在这之前的几年的重要资料。

上表体现了意大利 IVT 的某些特征：

（1）分配的资金不断增加，尤其是大区职业培训。值得思考的是，由于已经获得高级中等学校证书的青年数量在增加，大区对满 18 岁的青年的初始培训的配额的增加并不多；

（2）除了极少的例外情况，资金全部来自公共资金。

正如我们所看到的，分配资金的方法的不同是由于它是由教育部直属的学校体系，还是由劳动部和大区、省和市政府所代表的培训体系。不过，也有几点是共同的：

（1）有关学校自治的法律和逐渐一体化的学校/职业培训体系已经在学校体系实施一种获得公共资金的方法，它基于对项目质量的评估和它满足个人和社会对培训要求的情况；

（2）积极开展学校资金分配方法的改革。例如，在教师的合同中增加激励措施，以及通过对培训组织的鉴定原则，对 VET 也增加激励措施。

因此在这方面，IVT 的策略似乎很大程度上受培训承办者的影响。它旨在使每个培训组织对使用所得的国家资金负责和对培训的要求做出更具体的反映。

据 ISFOL 2005 年的报告，在 2003 年对教育和职业培训的总支出为 650 亿欧元（占 GDP 的 4.98％）。其中 78％用于学校的职业教育。这些开支中国家投入占 82％，大区占 3.5％，地方政府占 14.5％。大区在 2002 年对初始职业教育与培训的投入为 150 亿欧元。[①]

表 7-5　2004 年 MIUR 预算（欧元）

| 教育部门 | 教育支出 |
| --- | --- |
| 1. MIUR 部里的所和办公室 | 18.308.464 |
| 2. 教育发展 | 36.205.430 |
| 3. 地区公共服务 | 69.138.991 |
| 4. 经济—金融服务事务 | 3.844.319.342 |
| 5. 自动化信息服务 | 11.510.921 |
| 6. 通讯服务 | 8.251.095 |
| 7. 伦巴第大区学校办公室 | 4.493.268.760 |

---

① Isfol. *Rapporto Isfol* 2005[R]. Luxembourg：Office for Official Publications of European Communities，2005.

| 教育部门 | 教育支出 |
|---|---|
| 8. 皮埃蒙特大区学校办公室 | 2.313.466.699 |
| 9. 利古里亚大区学校办公室 | 776.813.224 |
| 10. 威尼托大区学校办公室 | 2.481.973.495 |
| 11. 艾米利亚-罗马涅大区学校办公室 | 1.986.671.220 |
| 12. 弗留利-威尼斯朱利亚大区学校办公室 | 671.773.059 |
| 13. 托斯卡纳大区学校办公室 | 1.921.981.042 |
| 14. 翁布里亚大区学校办公室 | 527.997.391 |
| 15. 拉齐奥大区学校办公室 | 3.209.198.242 |
| 16. 马尔凯大区学校办公室 | 935.309.391 |
| 17. 莫利塞大区学校办公室 | 243.368.771 |
| 18. 阿布鲁齐大区学校办公室 | 883.194.841 |
| 19. 普利亚大区学校办公室 | 2.912.623.938 |
| 20. 坎帕尼亚大区学校办公室 | 4.591.853.236 |
| 21. 巴西利卡塔大区学校办公室 | 520.854.386 |
| 22. 卡拉布里亚大区学校办公室 | 1.819.342.074 |
| 23. 撒丁岛大区学校办公室 | 1.247.181.238 |
| 24. 西西里岛大区学校办公室 | 3.803.354.010 |
| 大学和科研部门 | 教育支出 |
| 25. 项目、合作和经济事务 | 10.069.420.039 |
| 26. 综合事务和信息系统事务) | 389.433.450 |
| 27. 研究与文献 | 1.288.335 |
| 总数 | 49.987.204.634 |

来源：Legge 24 dicembre 2003，n. 351 di approvazione del bilancio di previsione dello Stato per l'anno finanziario 2004（Supplemento ordinario n. 299 alla Gazzetta Ufficiale del 27 dicembre 2003）

从上述分析中可以看出，意大利在对教育的投资与分配上存在一定的问题。一是资金的分配不够合理，对教师的工资所占比例较低，使得意大利的教师工资水平与其他发达国家相比较低（详见第八章第二节）。这也不断引起教师的一些抗议行动,不利于教育的改革和发展。二是意大利近年来对教育的投入不断增加,尤其是在对学生的人均教育支出上与欧盟平均水平相比高出许多。在意大利,对小学和中等教育的学生年支出高于 OECD 平均数:小学生为 7 366 美元,中学生为 7 938 美元,而 OECD 的平均数为小学生 5 450 美元,中学生 6 962 美元。此外,从 1995—2004 年,对小学、中学、中等后非第三级教育的生均支出增加了 10%。意大利对学生从小学至中等教育的生均投入为 100 437 美元,高于 OECD 平均数的 30%,在 OECD 国家中排第七位,仅次于丹麦、冰岛、卢森堡、挪威、瑞士、和美国。[①]但是意大利学生的学业成绩却很低。政府对教育投入之多,可见对其的重视程度,但从教育质量低来看,这些资金的使用效率还存在很大的问题。

# 第四节　小结

通过降低失业率来实现合格的人力资源的目标以促进国家的发展是政府工作的重点。它已经成为社会关注的基本问题之一。意大利政府对增加人力资源的投资政策写入了关于劳动市场的白皮书中(2001 年 10 月),规定职业培训是促进意大利就业率提高的主要杠杆。后来,在意大利公约(2002 年 7 月)为了实现这一目标做了更具体的规定,它强调对人力资源进行大力投资的必要性,认为它是促进社会融合和提高"意大利制造"竞争力的关键。

在这一背景下,中央政府通过了法 53/2003,对教育与培训制度的整体工作进行了总结,目的是提高青年和成人的就业能力。对此,法律规定了一个具体的长期投资计划来支持这一改革的实施,它包括对成人教育和 IFTS 的资助。

在意大利,教育与培训制度在进行纵深的改革,不仅包括结构,而且包括创办的方法、对象群、培训的内容。这些都对资金分配的数量和方法带来影响。

简而言之,发展的主线有:

(1)引入了至 18 岁的义务培训,它可以在学校教育体系中完成,也可以提供职业培训或学徒制来实现。改革将使满 18 岁的青年进入培训体系的人数增加,因此有必要提供追加资金,或者至少把其他资金转给这一层次的

---

① OECD. *Education at a Glance 2006*; *OECD Briefing Note for Italy* [DB/OL]. http://www.oecd.org/dataoecd/51/23/37392799.pdf,2008-9-18.

职业培训；

(2)对高级中等学校彻底的改革；

(3)创办一体化的高级培训制度；

(4)用于培训的企业总工资中的 0.3％的资金增至 0.5％。

意大利在对教育的投资与分配上存在一定的问题：资金的分配不够合理，对教师的工资所占比例较低，使得意大利的教师工资水平与其他发达国家相比较低，这不利于教育的改革和发展；政府对教育投入之多，可见对其的重视程度，但从教育质量低来看，这些资金的使用效率还存在很大的问题。

# 第八章　意大利职业教育的师资培养

职业教育与培训的教师和培训者代表着持续和发展的动力,他们是职业教育与培训改革和发展的动因。保证充足的有能力的教师是欧盟和欧盟以外国家普遍关心的问题。因为要求教师和培训者要帮助学习者成功地成为在国际上和竞争越来越激烈的劳动市场上更具有竞争力的活跃的欧洲公民,所以对他们的技术和能力的要求审查也越来越严格,对质量保障和学习结果也越来越引起关注,这对教师和培训者的能力提出了更高的要求,要求他们能够架起有效地从培训到工作世界之间的桥梁。①

## 第一节　VET 教师面临新的挑战

### 一、新的挑战

根据意大利、丹麦、芬兰、法国、挪威和葡萄牙联合进行的一项对"未来VET 教师专业化(PROFF)"研究的结果,确认了 VET 教师现在和未来所面临的挑战。该研究对挑战的确认程序包括:新的对象对职业教育的需求;教育理论范式的改革和以学生为中心的趋势;ICT 作为教育和管理工具地位的不断提高;劳动市场新的发展;国家 VET 法令和组织方法的改变;国际化的影响,如图 8-1 所示:②

---

① Lipinska,P.,Schmid,E. & Tessaring,M. *Zooming in on* 2010: *Reassessing vocational education and training*[M]. Luxembourg:Office for Official Publications of the European Communities,2007.

② Cort,P.,Härkönen,A. e Volmari,K. *PROFF-Professionalisation of VET teachers for the future*[M]. Luxembourg:Office for Official Publications of the European Communities,2004.

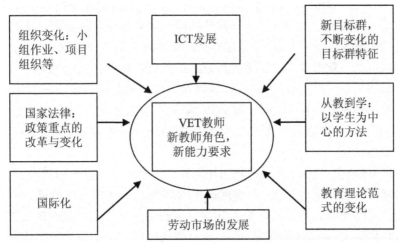

**图 8-1　教师面临的挑战**

研究结果表明,VET 教师所面临的挑战有以下几个方面:

(1)新的目标群。今天的 VET 教师不得不面对更加多样化的目标群。其中的因素之一是终身教育使越来越多的成人进入 VET 计划中学习。VET 面临的一个至关重要的挑战就是要找到成人教育的途径,并充分考虑他们以前的职业和生活经验,他们不同的技能和态度,这些可能会与年轻人有很大的差别。在某些情况下这有可能会给学习带来很大的阻力。

(2)教育理论范式的改变。近年来,教育理论发生了迅速的变化。它从对教师传授信息的技巧重视转向对学习者的重视,教师成为"指导者"或"协助者"。这就要求教师要对学生不同的学习方式进行不同的计划并区别对待。最佳的教学要求教师提供广泛的教学方法,包括项目工作、工作室、个案研究等。对 VET 的挑战是如何把这些方法融合在国家的 VET 制度中和训练教师在他们日常的教室教学实践中使用这些新方法。

(3)ICT 的发展。新信息和通讯技术的传播,正在改变着许多技术的性质和引进新的职业形象。在过去的 30 年里,一个重要的技术发展就是 ICT 的迅速发展,它已经大大影响了每一个领域,现在也同样影响到了教育领域。今天要求所有的 VET 教师都要掌握基本的 ICT 技术——不仅因为他们的学生将需要在未来的工作中使用它们,而且因为教师自己越来越需要在他们的教学中使用 ICT 技术作为教学工具和管理工具。为了跟上学生和满足他们的要求,VET 教师需要找到在他们的工作中使用计算机进行创新的方法。这也意味着他们不仅要熟悉 E-学习,而且要掌握把 E-学习与教室教学、小组作业、习名纳等方法结合起来的"混合方法"。这带来了一个问题,即如何最好地使教师掌握技术和非技术的能力并充分利用这些机会。

(4)劳动市场的发展。提供职业教育与培训的机构需要使学生在结束职业培训时具有立即投入工作所需的技能。如果教师不能使学生与新技术和新的工作实践与日俱进,职业学校就不能满足劳动市场的要求。VET 面临的挑战之一就是如何保证教师具备跟得上商业发展的"职业技能"。

另外来自劳动市场的挑战是,如何保留现有的教师和吸引适当的人才从事教师的职业。在"知识社会",教师职业有着重要的作用。没有专业教师,终身教育的理想不可能实现。面对这一挑战,政府和专业组织都起着至关重要的作用。

(5)国际化。VET 教师的能力国际化的要求是一个严重的挑战。市场的发展意味着要求国家 VET 制度提供的培训具有国际化的维度,同时欧盟委员会推动的行动计划也要求教学中具有这一维度。对教师来说,要求具有外语能力,有关其他国家知识、贸易和别国对贸易的要求等知识、跨文化交流的能力等。

(6)国家 VET 法律的改革。在过去的 10 年里,欧洲大多数国家为了回应经济和劳动市场的变化对 VET 的法律做出了一些改革。国家 VET 制度的改革接连不断,VET 教师必须能够适应这一情况。对教师和培训者进行培训使他们能够胜任当前的模式是一个重要的挑战。

(7)对教师组织的改革。VET 改革的精神要求职业学校成为"学习的组织",这一组织最重要的资源是它们的教师和他们的知识。因此,发展教师的能力和知识已经成为学校管理和起草组织和培训规划的中心问题。同时,组织的改革也带来了新的工作实践——弹性化、模块式和跨学科的教学——这些都对 VET 教师传统的任务提出了挑战。VET 教师不再是自主性的工作,而需要与其他教师一起合作制定计划和共同实施教学。这对教师如何认识对自己角色的转变和如何最佳地为他们将要承担的角色做准备提出了问题。

VET 教师对提高职业标准,以此来提高其在劳动市场的地位有明显的兴趣。我们应该认识到 VET 改革对教师职业福利的影响并没有带来必然的积极的影响,或许 VET 最重要的挑战是如何找到满足教师需要的途径。这很可能需要不断努力来提高教师的能力和提供教师正规的职业资格证书,通常要求对通过实践获得的非正规的能力进行承认。在有些情况下,通过更加透明的工资和晋升制度对此或许有所帮助。

## 二、政策的变化

2004 年几乎所有的欧盟国都认识到提高职业教育与培训的教师和培

训者能力水平的需要。马斯河研究①要求制定提高教师职业地位和吸引力的整体政策。现在和未来欧洲经济对高技术劳动力的需求给教师和培训机构提出了新的挑战，对教师的初始和继续培训的改革成为关注的焦点。

随着初始培训与继续培训之间越来越分散和模糊的界限，教师和培训者的责任也越来越大。他们也在政策制定和改革中起着重要的作用。为了保证教育质量，提高对将要从事 VET 的教师和培训者的要求，并为他们制定了各种标准。对进入该职业的高要求导致 VET 教师"学术化"，这可能会对有资格的技师或熟练的手工艺师傅造成障碍。然而，对 VET 学习的方法，尤其是对成人学习，并没有引起关注。教师的缺乏是主要关注的问题之一。由于社会地位低和事业机会的局限性，一些国家在聘用和保留 VET 教师方面有困难。地理和工作的流动机会或许有助于减轻这一现象，但还不够充分。意大利已经制定了一些为教师职业发展的政策框架，包括培训的权力和义务，经济激励或事业晋升机遇。不过，保证获得机会的平等仍是一个挑战。在集权化的政策/措施和在大区、地方即教育机构（即 VET 机构）层次的去中心化的职责之间需要进行平衡来满足具体的需要，如增加投资和加强国家与地方和其他参与者之间的合作。

意大利根据贝塔纳（Bertagna）委员会的研究，政令议案的第 5 条提出，通过大学里的专业学位课程对教师的初始培训具有同等的地位。有不止一个法令是有关培养教师的专业学位的。职业学位在鉴定培训-工作合同或进行具体的实习活动之前进行技能考核。教师重新回到大学参加在职学习，有助于他们承担在学校里的支持、指导和协调的职责，也有助于他们职业生涯的发展。

但是，事情不是那么简单和平和。最近几年，教师阶层通过他们的工会代表多次走上街头，为了各种目的，抗议各届政府和教育部。除此之外，有关职业的稳定性和经济待遇、学校教师的社会地位以及国立学校、教师、学校的各个层次和年级的未来，都进行了重要而匆忙的改革，但这些改革没有考虑到如何使教师随着社会的变化重新具备资格。目前大学在初始培训的招生中降低了入学水平，初始培训的不确定性和不断变化的模式，对继续培

---

① Leney, T. et al. *Achieving the Lisbon goal: the contribution of VET: final report to the European Commission. London: QCA*, 2004［DB/OL］. http://www. refernet. org. uk/documents/Achieving_the_Lisbon_goal. pdf, 2007-11-17.

训的行政管理带来挑战,更不必说工资在欧洲处于最低的水平,如表 8-1 所示①。在初中具有 15 年教学经验的教师的工资是 32 168 美元,而 OECD 国家的平均数为 40 295 美元。这在小学和高级中等学校也类似,意大利教师的工资根据购买力来计算低于 OECD 国家平均数约 20%。不仅如此,意大利教师工资的增长率也很低,需要 35 年的教龄才达到最高的收入点,而在 OECD 国家平均只需要 24 年。②

表 8-1　各国教师服务年限与年薪(单位:美元)

|  | 初始年薪 | 15 年工龄以后 | 退休金 |
| --- | --- | --- | --- |
| 意大利 | 25 595 | 32 168 | 40 113 |
| OECD 平均数 | 28 892 | 40 295 | 48 197 |
| 芬兰 | 34 825 | 43 526 | 43 526 |
| 法国 | 25 928 | 33 906 | 48 845 |
| 德国 | 43 321 | 51 883 | 54 211 |
| 英国 | 28 769 | 42 046 | 42 046 |
| 西班牙 | 35 792 | 41 552 | 51 225 |
| 瑞士 | 26 991 | 31 772 | 36 575 |
| 美国 | 31 578 | 40 043 | — |
| 日本 | 24 469 | 45 761 | 60 104 |

　　国家教育委员会(CNPI),不赞成莫拉蒂法律议案(法律议案,第 5 条,第 g 款)。该议案主张对教师的在职培训全部都由大学负责。因为,它没有考虑到在学校机构中、专业联合会、科研机构和大区教育研究所(IRRE)中成长的经验的积极贡献。

　　事实表明,新学校希望有新的教师;改革的成功首先取决于有准备的、高素质的、有着强烈动机和奉献精神的教师,其次教师的职业要进行终身教育的规划,因此,初始培训必须是为职业发展,获得更高的职业资格做准备的基础培训,使他们能够综合、转变、涉及模式和重新具有资格(尤其是从经

---

① Ciofs/Fp e Cnos/Fap. *Dell' obbligo scolastico al diritto di tutti alla formazione:i nuovi traguardi della Formazione Professionale*[A]. Roma:Ciofs/Fp e Cnos/Fap. 43—64.

② OECD. *Education at a Glance 2006*;*OECD Briefing Note for Italy* [DB/OL]. http://www. oecd. org/dataoecd/51/23/37392799. pdf,2008-9-18.

济的观点来看）。对教育制度的重组要适应对所有教师的总的原则，必须考虑初始培训要适应对专业的划分和为了方便学生在不同路径的转换而进行的综合学习，教师要重新接受培训（通过进修或带薪学习）。当然，对教师专业的培训不仅通过初始培训和继续培训，还要在初始培训中把理论与实践相结合，科学知识与直接的教学相结合。这不仅是学校改革中的教师的问题，也是大学制度里培训教师的问题。因此这需要在学校、大学和生产世界以及科学和技术之间进行一系列的融合。

意大利最近的 VET 制度结构的变化（见第四章第三节）和劳动市场服务的变化对 VET 的教师和培训者角色产生了重要的影响，尤其是 IVET 的教师和培训者（因为 CVET 的教师和培训者不属于国家规定的范围之内）。在法 197/1997 颁布之后，启动了一个重要的计划来提高培训者的技能，它根据新的培训机构鉴定框架对培训者规定了最低的要求。特别是，教育部的政令 166/2001 对承办培训的私立机构做出了基本的规定，包括对其职员的职业技能和要求。

国立职业学校教师的政策：

（1）去中心化意味着对教职工的管理权从中央下放给大区政府；

（2）不断增加的自治权使得国立职业学校有权安排自己的教学计划和选择教学方法、组织教学材料、组织班级、选择学校的合作者、教学创新等；

（3）不断增加的自治权也扩大了对教师的在职培训的管理权，包括提高教师的信息与通讯技术（ICT）的技能；

（4）平衡固定教师和合同制教师的数量；

（5）引入新的为培养中等教育教师的专业化学院（Scuole di specializzazione per l' insegnamento secondario-SSIS），由大学负责管理。[①]

最近的 VET 的发展将对教师和培训者的职业形象带来深刻的改变。IVET 在今天新的背景下，培训活动是一项具有多重任务和技能的路径。要实现 IVET 改革的目的，必要条件是加强教师与培训者的创新方法和途径的潜能。然而培训者的队伍逐渐老化，尤其是男性培训者，如图 8-2：

---

① ReferNet Italy. *Italy: overview of the Vocational Education and Training System in* 2006［DB/OL］. http://www. trainingvillage. gr/etv/Information_resources/NationalVet/2007-05-06.

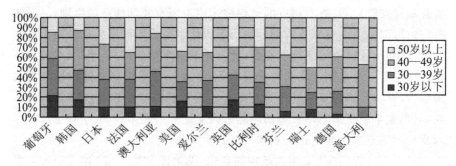

**图 8-2　高级中等教育中各年龄段教师的分布比例**

来源：OECD. Education at a Glance，2004.

# 第二节　VET 教师的专业化培养

## 一、对 VET 教师的能力要求

VET 制度的改革对 VET 教学组织的方法带来了重要的变化，这又引起了教师角色的多样化和扩大，迫使他们采取新的教学实践，对他们的职业技能提出了新的要求。这些变化给教师带来了很大的压力，他们现有的资格证书不再像以前那样可以胜任教学。教师和培训者的平均年龄在增长，一些国家已经出现教师短缺现象，需要继续提高 VET 教师职业的吸引力。为满足这一需要，有必要创建新的吸纳职业教育教师的渠道和提升现有人员的保持力。

这一状况要求改变教师和培训者培养的模式，包括职前和在职的培训。培训的复杂性迫切要求提高教师的初始培训。职业实践的专门技能的缺失是这一初始培训的主要问题。在教学中引入新的教育理论和教育原则是具有支配地位的主题。

VET 改革（随着产业大范围的变化和 ICT 地位的不断提高）已经对新的以学生为中心的教学方法提出了需要，在这里教师成为协助者和指导者。这有必要更新教师的教育学的技能。它不仅包括教学而且包括对课程的设计、指导学生做出教育选择和有效地与其他教师及工作场所的指导者进行合作。这对那些只有强大的工作背景而没有受过正规教师培训的工作场所的指导者来说尤其重要。

在《自治权规定》中，教师不是被看作一个"学习的技师"，而是能够对学校的目的进行阐释、传达并与其他教师一起进行有效的教育和承担制定计划、实施和评估的责任。在实施法 30/2000 的《五年计划》①中对教师的职业形象进行了界定，要在对教师的初始培训和继续培训的义务的框架下来实施。规定教师必须：

学识上，能够掌握本学科不断变化的前沿知识，能够评价学科的价值，能够掌握学科间的关系，最后，能够在学校制度总目标的框架下，制定学习的目的和目标；

反思上，能够进行教学和方法的研究并对能够在持续的评价和自我评价的过程中对结果进行检验；

素质上，具有社会—心理—教育学方面的知识，能够修正教—学组织的过程；

能力上，能够综合所有主体：内部的和外部的、生活中的和学校中的以及小组工作的，能够做出自己的决定和进行教学，能够完成具体的和不同的任务。②

意大利的教师、培训者和其他教育人员有不同的规定。对 IVET 的教师和培训者的任务、职责和技能的规定要比对 CVET 的教师和培训者清楚的多。

对 VET 教师和培训者培养的目标是提供给他们开展工作时所需的综合的知识和技能。根据 PROFF③划分的能力的要求，教师要具备下列方面的能力和要求：教育技能、职业技能、具有正规的资格证书、加强学校和工作世界之间的合作。

在教学中引入新的教育理论和教育原理是教师要具备的基础教育技能。如上所述，从教到学的变化趋势使得教师必须改变独自工作的传统，改变仅仅重视向学生传输知识。今天，教师需要进行小组作业，他们要对学生进行指导，而不仅仅是传授知识，他们必须能够对自己的教学实践进行计划、描述和反思。

大多数培训活动提供参与 VET 制度实际知识的开发和 VET 改革的结果。重视教育、培训的同时也提供参与新教育/教学方法和理论的知识以及把 ICT 应用到教学中去的能力。

---

① 该法由于政府的更迭受到大区行政法院的反对而废除。

② Cicli scolastici：*una girandola di opinioni*[J]. Docete,2000(46)：Ⅰ—Ⅲ.

③ Cort, P. , Härkönen, A. e Volmari, K. *PROFF-Professionalisation of VET teachers for the future*[M]. *Luxembourg*：Office for Official Publications of the European Communities,2004.

在教育技能的要求方面有一些清晰的趋势。在许多培训活动中,都强调在以学生为导向的理念下使教师胜任训练、指导、监管和辅导的任务。

对学生和他们个人学习风格的重视给教师的角色带来了很大的变化。同时模块式和对以前学习获得的学分进行转换/认证的可能性越来越大使VET越来越有弹性。要更多地对学生进行个别的指导,教师要能够对学生的优缺点进行评价并指导他们完成VET。

另一个重要的能力是与其他教师合作来进行计划和实施。教师要能够胜任在同一主题下不同科目间进行跨学科的合作教学。

然而,培训也不仅仅是对教育学的更新。教师的职责不是孤立的,而是一个整体,因此培训也提供它们参与其他活动的技能,如项目专业和管理、行政和科研有关的活动。总之,要求教师要有广泛的能力来从事这一职业。

在对教师的培养上采取了一些创新培训活动,如跨国的趋势、双元制培训、模块式、在岗学习和学习圈/经验交流组。这些方法并不新,但在终身教育中很明显,注重不同的学习背景,不同的学习背景互相交感,小组作业对培训和能力的发展有着重要的影响。实际与理论互相作用也越来越受到重视。挑战在于进行与教师工作实践密切有关的活动,帮助他们能够胜任现在和未来的职责。通常教师必须对他们的实践进行反思,看如何使理论和实践能够互相促进。

VET教师不仅需要具备普通的教学技能(即有理论知识的支持),而且要具备传授给学生某学科的专门的职业技能。传统上教师的这些技能是在其开始教师生涯之前就获得的。但在许多国家,职业培训体系与产业的分离使得这些技能的更新成为困难。

今天,工业和技术的迅速变化要求VET教师要不断更新其职业技能和知识,并把这些知识融入到其教学计划中去,以保证他们培养的学生在离开学校时能够立刻使用这些技能。

PROFF的研究表明,在欧洲许多国家,在岗培训(OJL)已经成为培养教师和培训者的标准组成成分。它使教师通过直接的工作经验来提高其所教领域的技能。在意大利还有另外一个目的,就是可以增加从事职业教育事业的吸引力。

在欧盟,更新VET教师的资格证书和能力已成为普遍的需要。原因有许多方面:全球化意味着工业与服务需要新的技能来满足欧盟内部和外部的竞争力的要求;欧盟人口的老龄化趋势;职业证书的变化;大量的非熟练和半熟练劳动力和他们对学习新技术,如IT技术的需要的挑战。

教师资格证的颁发由教育部负责。要想获得教师资格证,必须在获得大学学位后接受国家级的教师培训。而对于从事职业教育的教师,除了要达到具体行业所要求的教育水平外,还必须要有在该行业的工作经验。但对于在车间里的培训者的资格证书的要求还没有官方的规定。

由于目前对年轻的有竞争力的 VET 教师匮乏,因此需要对现有的教师提供机会来更新他们的职业资格。要对职业教育的教师和其他教育者需要的事业规划进行支持,因为通常单个教师对这个教育的发展没有充分的了解。

PROFF 原先的工作计划所确定的挑战之一就是劳动市场的发展和它所牵涉的 VET 教师职业。因此必须加强教育机构与工作世界的联系来更新教师的职业技能。

要成为职业的、有竞争力的 VET 教师,在今天这意味着教师必须熟知劳动世界的要求和未来发展的趋势,也意味着教师要对当地和大区的商业和劳动市场有总体的了解。也就是说,教师要能够与企业的代表进行合作开发劳动世界所需要的培训计划。与劳动世界的联系是学生的就业能力和向工作生活的过渡的基础。如果教育与培训缺乏与工作世界的联系,有可能在教育与职业生涯之间有一个"隔阂"。要弥补这一"隔阂",意味着学生在进入劳动市场时几乎必须重新接受培训。

在岗学习已成为欧洲国家培养 VET 教师的重要部分,它为更新教师的职业技能和与劳动世界的联系提供了机会。它也是提高教师的专业化的一个最有效和最经济的方法。①

据凡·德·科林克(Van der Klink)对在岗学习的问题和困难的分析,主要是缺少合作来提高岗位指导老师的教学技能;在岗位指导老师、教育机构和培训部门之间缺少沟通。应该成立和保持这一合作,为教师的培训予以鼓励和提供一些工具和方法。②

培训计划重新强调在这一变化过程中对教师和管理者的能力的挑战。他们要能够对在岗学习进行计划和实施,并对能力展示以及理论和实践、知识与能力进行评估、鉴定和质量监控。他们还需要熟知有关在岗学习的法律和意识形态、能力展示以及教育学和教学法。

教师要有在商业和工作场所的实践才能更好地满足工作中的需要,要

①　Cort,P.,Härkönen,A. e Volmari,K. *PROFF-Professionalisation of VET teachers for the future*[M]. Luxembourg:Office for Official Publications of the European Communities,2004. 30.

②　Van der Klink,M. R. *The effectiveness of on-the-job training. New challenges in the cooperation between education and training and working life*[A]. Helsinki:Ministry of education,in cooperation with the European Commission,2000:177—187.

加强工作世界、商业和它们的员工之间的网络关系,并发展机构之间的关系。这一网络关系还可以为教师的在岗学习提供场所,这对 VET 质量监控是非常重要的。

一般认为,学校和工作世界之间的合作可以提高教育质量和对以后的工作产生影响,也有助于青年向工作生活的过渡。在教师—管理者层次建立和维持这些关系的效果要比传统中仅在高级管理层建立联系更加有效。这一基层的联系方式能够保证学校和企业之间的持续联系。

如前所述,对教师和培训者的一个重要的培养目标是使 VET 教学对教师和培训者更有吸引力。这是对政府、工会和教育提供者的一个挑战,尤其是当该职业的任务和挑战越来越多的情况下。此外,对于意大利来说还面临着教师年龄老化的严重挑战。要想国家的 VET 制度取得成效,不仅需要教师延长教龄,还要吸纳更多的新教师从事这一职业。

这就提出了一个不容忽视的重要问题——VET 人员的"职业福利(professional wellbeing)"。

什么是职业福利? 一位芬兰的教师对此的定义是"每天早晨愉快而轻松地去上班"。职业福利不仅对员工的保持力是重要的,还对提供给学习者的国家 VET 制度的教育质量是非常重要的。正如约翰·库拉汉(John Coolahan)所说的:"只有高智商的、有能力的、有想象力的、有爱心的和受过良好教育的教师才能够满足发达社会对教育的要求。如果国家重视教育质量的提高和培养具有创造力、企业家精神、创新力、自立的年轻人,随着对终身教育的需求越来越大,那么只有教师本身成为具有挑战性、创新力和接受终身教育才有可能。教师的职业福利将具有关键的作用。"①

什么使教师感到幸福和富足? 它包括下列因素:

(1)对工作充满信心;

(2)得到(学生、同事和领导的)尊重;

(3)对工作有积极的态度。②

最近的一项 OCED 的研究认为,要实现这些目标,需具备下列条件:

(1)教师需要来自他们的组织和管理层的有效支持;

---

① Coolahan,John. *Teacher education and the teaching career in an era of life-long learning*. Paris:OECD,2002 (EDU/WKP(2002). [DB/OL] http://www. olis. oecd. org/OLIS/2002DOC. NSF/43bb6130e5e86e5fc12569fa005d004c/5b71d9d70e0f867cc1256c950053c48d/MYMFILE/JT00137131. pdf,2007-11-4. .

② Cort,P. , Härkönen, A. e Volmari, K. *PROFF-Professionalisation of VET teachers for the future*[M]. Luxembourg:Office for Official Publications of the European Communities,2004. 30.

（2）工作本身起着重要的作用，它应该提供给教师足够的挑战性并激起他们的兴趣，但它也不能使压力太大，要使教师感到他们的工作确实能够带来变化；

（3）教师需要有自治权和弹性，他们能够自己决定如何开展工作是非常重要的；

（4）教师要能够进行合作，与同事共同进行决策也是非常重要的；

（5）教师需要在职培训来提高他们的竞争力；

（6）总的工作氛围和同事的态度必须是积极的，使工作成为一个愉快的经历。[1]

## 二、培养策略与模式

对教师的职前培训在专门培养中等教师的大学专业学院进行，学生在完成5年制的学位课程后方可升入该学院。该培训既包括公共部分的普通心理学和教学技能的培训，也包括更加专业化的学科部分的培训，还有培养针对特殊教育的教师的部门。

专门针对教学人员的在职培训已经成为多年普遍进行的惯例，它是由MIUR的总理事会和大区理事会、大区教育研究所（IRRE）和学校进行的举措。目前，教师培训活动的主要目的是提高职业技能和重新获得资格。这不仅是在严格的技术和学科意义上的培训，更多的是在技术创新领域上和更专业的培训。培养其监督/评估的方法；与家庭、地方企业和机构交流/联系、语言的、组织的、管理的（与学校自治有关的、新的资助、指导和教学、教育和管理）和技术（ICT和使用新教育技术）的能力。

新的法律（法53/2003）制定了新的教育与培训制度。该法规定在未来对教师的在职培训的管理将直接委托给大学，并与公立和私立研究机构、公认的和有资格的团体以及专业联合会进行协作，以便使国家的目的与不同地方的需要结合起来。

至于IVET和CVET的教师的职前培训，没有具体的旨在提高具体能力的初始培训的路径。该培训是为了加强技术能力和教学法的技能以及ICT技能。所有教师的初始培训具有平等的地位，要在大学里受过专业学

---

① Santiago, Paulo. *Teacher demand and supply：improving teacher quality and addressing teacher shortages*. Paris：OECD，2002（EDU/WKP（2002）1［DB/OL］. http：//www. olis. oecd. org/OLIS/2002DOC. NSF/43bb6130e5e86e5fc12569fa005d004c/ fc5d38a873bf5867c1256c95003a0adf/MYMFILE/JT00137104. pdf，2007-11-17..

位的培养。教师回到大学进行在职培训,是为了更新知识,提高能力,更好地实现其在学校里的支持、指导、协调的职能,也有利于自己职业生涯的发展。

对职业教育教师的在职培训主要由大区政府根据他们机构的职能进行相关能力的培训。随着 VET 制度的权利下移给大区,他们对教师培训的职责也得到进一步的加强。在大区行动计划(2000—2006)里制定了有关指导方针。

在最近几年,教师的在职培训主要是来支持 VET 机构的重组、培训者技能资格证书、培训机构的评估、就业服务改革、新学习技术(e-学习)的使用、交替制和学徒制的管理、为发展终身教育而设计和实施的一体化活动、职业培训指导以及对培训活动的监督和评估。近年来职业教育与培训体系在远程教育方面有了很大的发展,既包括职业教育的教师(FOR-TIC 工程),也包括职业培训的教师(FaDol 工程)。

网上 FaDol 远程教育工程由劳动和社会政策部来负责,是一项有意义的对培训者进行培训的举措,它对培训中心的教师和非教学人员,即师傅、管理者(co-ordinators)、设计者、指导顾问、评价者、培训需求分析家等进行培训。尤其是 FaDol 强调各个职业领域(职业培训、就业服务、终身教育、义务教育、学徒制、继续培训)的职业形象。

该工程的目标旨在开发创新继续培训和远程教育体系来促进和提高公众的职业技能,基于国家和大区共同的方法上的和技术上的标准,基于回应生产世界的需要,满足新技术潜力和各类教育、培训和教育体系的一体化的要求。至 2001 年,FaDol 工程的受益者已达 7 000 人。为了面向更广泛的目标群,需要对它进行重新设计,更新它的方法和模式,来保证向 e-学习(网上)转移。FOR-TIC 工程由 MIUR 负责,旨在传播信息和通讯技术,面向大约各个层次和类型的 170 000 名教师,其培训内容包括:计算机基础技术;教学与技术;技术基础设施的管理。

VET 教师和培训者对新能力的需要,要求有新的培养策略。在迅速变化的世界,很难想象对教师和培训者的初始培训可以够他们 40 年的职业生涯里所用,因此对他们的培养是一个终身的事业。在新的背景下,理论与实践比过去结合得更加紧密。毕竟,教师和培训者必须感到他们正在参与培养的过程。通常,新的教学实践的产生不是来自教师自己,而是来自新的法律和管理。因此,教师具有"主人翁"的意识是很重要的,要自己创造新的工作技巧。

研究表明,对 VET 教师和培训者的培养有以下几方面的清晰的过渡趋势:

(1)采取"双元制"的方法,即把在岗学习与理论互相结合或理论与教室里的工作相结合交替进行的方法,并把非正式和正式教育相结合。这一方法并不新颖,最近的计划已经很大地受到理论与实践相结合的影响。理论与实践交替提供给教师教育专家(包括管理人员、外部顾问或任何对培训负责者)和参与者之间交流的新的方法;

(2)采取弹性的、模块的方法来规划课程,用个性化教学来满足教师和培训者不同的需要和不同的背景;

(3)采取"倒置方法",即鼓励教师对自己的教学实践进行反思,表达他们的需要,并自己设计和评价培训来满足他们的需要。这避免了更多的学术的方法或不是基于教师日常实践和经验的方法的危险,因为它更容易引起教师对改革的抵制。基于这一战略的计划,教师培养不再按照固定的基于说教的课程,而是根据参与者日常的实践;

(4)鼓励教师参与由不同部门和机构的人员组成的"学习圈"和"经验交流小组"。这能够使参与者学到在其他学校或 VET 制度的其他部门的经验,因此获得新的观点并激发对自己的实践进行反思;

(5)ICT(网站、网上讨论会)通常是一个有力的工具来鼓励参与者和教师之间相互交流观点。在培养过程中使用这一工具尤其有效。在意大利的HEP 计划中,部分计划是通过远程教育的模式(即通过 ICT)提供的。①

意大利的 HEP 的范围非常广泛,包括参与者业余 1—2 年的学习。要求参与者要有教室外的学习时间,还要求他们进行参观学习,注重实践和在企业环境里的工作岗位上手把手地培训(同时参与者也有助于对工作场所的指导者的培训)。

VET 改革引起了对教师职责的重新定义、多样化和扩大。现代的VET 制度中,教师的角色不再仅仅是教,而且要对学生进行指导,引导他们做出教育的选择,要承担行政和鼓励的任务,要进行计划和从事科研,要与外部合作伙伴(其他机构、企业、公共政府部门、家长等)进行合作。

多样化是指教师不断扩大的在多科学小组里的工作,它包括多个学科领域。在过去,教师是独自进行工作的。但在现代的 VET 制度中,有效的教学要求教师不但具有教学技能,而且具有小组工作的能力和联合规划小组活动的能力。共同掌权也是在压力下求生存和提高职业福利的一种方式。这对教师是一个重要的挑战。在小组工作中,教师有在其他同事面前

---

① Cort,P.，Härkönen, A. e Volmari, K. *PROFF-Professionalisation of VET teachers for the future*[M]. Luxembourg:Office for Official Publications of the European Communities,2004:30.

暴露自己缺点的危险。采取小组工作的方式要求教师具有交流的、社会的和鼓励的技能,这在以前对教师和培训者的培养中是没有包括进来的。

另外一个问题,是要求教师重新建构自己在 VET 中的位置。教师仅仅具有新的技术和承担新的职责是不够的,教师的有效动力要求教师必须理解改革的原因——使他们成为他们自己。

最后一个趋势,即扩大合作,不仅在同一组织的不同部门间,而且在许多不同的组织间和参与国家 VET 制度的活动者间。它们包括学校、培训机构、企业、地方与中央政府。通常,合作的形式是我们称之为的基层合作,即由每个教师直接与其他教师、研究人员、行政人员和他们自己组织以外的决策者进行合作。这一趋势至关重要,要想有效地进行合作,要求具有新的"网络"工作和跨学科的技能。

许多举措和改革,不是在 VET 内部,而是由于外部的政治和工业的影响带来的。它们给教师对 VET 的看法,自己的角色和教学方法提出了挑战。有时这些变化与教师固有的和默会的如何更好地处理具体的教学情况的知识造成反差。如果政府或管理人员不能给教师提供足够的时间和资金进行继续培训的话,这一情况将会更加糟糕。当这一资金不够时,则优先考虑学生的需要,而不是他们自己的培训。简而言之,由于这些因素,教师对改革是否接收是关键的问题,教师对改革的抵制是 VET 改革成功的重要威胁。

在这一背景下,教师培训计划的关键目标之一是给教师在新的制度中"主人翁"的感觉——使他们具有能力和资格在发展中起到积极的作用。

在意大利的 HEP 计划中,给参与者的学分在以后的学习或接受高等教育时能够被承认,因此这是一个长期继续教育计划的组成部分。个人获得的能力来计划自己个性化的学习路径,也就是说,不存在"死胡同"。在意大利对参与计划的教师和培训者是免费的。

教育部非常支持教师创新活动和更新培训课程。这涉及到对职业技术教育的组织和结构。更新培训课程的第一个领域是在专门学习的课程里试验新的科目;在第二个领域,目的是试验全新的课程选择,并根据不同的课程修订最后的学习证书。

首先,更新培训的举措促使技术教育的领导重点支持新学习课程的试验;其次,其他的举措是对学科和教育心理的主题。课程以一组授课、演讲和报告的形式进行。也使用综合方法,即把授课与习名纳或实验室工作相结合。还有一些非传统的形式使用教育软件和远程方法。

对于职业教育的教师,更新培训有助于他们实施教学和组织的创新。从科目来看,大量的更新培训投入在教师的计算机应用上,这既是一门科学也是一门教学技术，为了便于以后在学校课程中使用。

最后，传统的举措已经与远程教育和自学帮助结合在一起，目的也是为了提高教师的方法与技能。

多年前，意大利就通过创立专门的专业化学院和大学学位，对初始教师培训采取了新的模式。专业化学院开设 2 年制研究生课程，主要涉及下列领域：教育科学、学科教学法、学科专业学习。

在教师的在职培训方面，启动了一项重要的教师培训计划，它是为支持改革实施所需要的新的教学和教育模式而设。培训活动是基于混合的学习方法，既有网上学习也有教室里的辅导，是根据不同专业的教师的需要来量身定做的。

# 第三节　教师的聘用

受聘于教育部的教师都有着学术的背景，几乎所有的教师都具有大学学位并通过国家公开竞争的方式获得终身任期的资格。职业学校的教师和培训人员与公共教育的任何类型和层次的教师一样都受聘于国家，享有法律授予的公共办公的权利与义务。教学的自由是教师的第一个也是最重要的一项权利，即遵守宪法原则、学校的规定和课程要求下的教学的自主权和文化的自由表达。

法律规定的权利与义务包括聘用、工作时间、工资、职业发展、假日和请假等方面。这些方面由国家劳动协议进行规定，并在教育部与工会组织的同意下进行定期的修改。

为了获得教师的职位，必须通过竞争考试，并必须具备下列资格：所有教学理论的学位和从事实际技术教学的一个高级中等资格证书。

技术和职业教育的教师一般教一门科目（或相关的两门科目，如意大利语与历史，数学与科学），这取决于他们获得的学位课程并通过竞争。教师的职业任务是以完全自主的方式，根据当时课程的要求，传授所教科目的理论知识和/或理论与实践知识。他们还需要掌握其他领域的技能，如教学方法及相关的教育技能。

职业技术教育的教师分为严格意义上的教师和实践技术的教师。前者教授普通的科目（意大利语、外语、数学、科学等）或职业科目（化学、物理、电子、机械工程等），但一般是在理论层次。后者是从事这些科目的实验室工作，因此是在实践层次。从法律地位上来看，大多数教师是终身制，有着永久的聘用合同。

其他人员是指不负责某一科目教学的教师,包括:

(1)辅导教师,辅导教师的任务是,根据个人的教育计划,保证特殊学生能够完全融入班级;他们还参与教师委员会的教学计划的制定;

(2)指导服务协调员,这些教师在该领域里提供信息、联系和帮助教师和社会服务;

(3)图书馆服务协调员,这些协调员负责学校的信息服务和文献,负责学校图书馆的分类和文献的发行。

从事这些活动的教师与教学人员具有同样的法律和经济地位,并遵守同样的工作时间。

根据总统令 417/74,教师的任务主要是"传授教育"和"帮助年轻人参与这一过程并发展他们的个性"。法律还赋予他们其他的活动,包括:文化和职业的更新培训;参与教师委员会的会议;参与学校的教育创新;与学生家长保持联系;对学习进行指导和评价。

教师的活动根据职业创新的需要,在总统令 399/88 里进一步具体化。根据这一法令,教师的活动分为 2 大主要领域:教学活动和学校管理有关的活动。第一个领域包括实际科目的教学,平均周工作量为 18 小时(分为至少 5 天),以及所有与教学有关的活动(备课、批改作业、定期或最终的评价、与家长联系、报告和考试)。第二个领域的活动与学校管理有关,主要有参与教师的组织、制定课程表和参加培训。每学年至少有 80 个小时与教学有关的活动。第二个领域的活动每年至少有 40 个小时的工作时间。

对学校人员的工资是根据聘用合同的规定执行的。该合同规定每年按照 13 个月分期支付。

法 270/82 对教师的聘用和职业指导做出了全面的规定。聘用要经过国家选拔考试并对学业证书和任何学术的、科学的和职业的证书进行评价。选拔按照证书领域进行分类,并根据候选者的文化背景进行。该法对聘用教师的选拔规定进行了修改,规定了至少 180 天的"培训年",它是"在永久聘用前的附加一个试用期"。在培训年参加这一培训课程的教师,在单位工作的同时参加这一专门的培训活动,目的是提高他们的职业技能。如何在职业生涯中把职业技能的积累作为晋升的基础,这在法律方面对教师的职业发展还没有完善的规定。

# 第四节　小结

新世纪 VET 教师面临着现在和未来的挑战:新的对象对职业教育的

需求,教育理论范式的改革和以学生为中心的趋势,ICT 作为教育和管理工具地位的不断提高,劳动市场新的发展,国家 VET 法令和组织方法的改变,以及国际化的影响等。意大利教师的工资水平低、从事职业教育的教师匮乏、教师老龄化严重这些不利因素,直接影响到意大利的职业教育的改革成效。

从事职业技术教育的教师,与其他方向的教师相比,不仅承担着传授知识的职责,而且承担着支持、指导、组织学习的职责。教师的角色,随着制度的不断扩大,除了初始阶段的培训外,还有继续教育阶段的培训,对他们的要求也越来越多。正如在高级中等教育制度中不可避免的每一次的重组,如果没有教师的认同,任何有效的现代化方法都不会被采取,更不必说从"以教师为中心"的教育转向"以学生为中心"的教育。

意大利教师老龄化现象严重,急需采取措施吸收更有活力的青年教师从事 VET 事业。其中教师的福利问题是影响 VET 教师职业吸引力的一个重要制约因素。意大利教师的工资低于 OECD 的平均数,且增长速度也很低。

VET 制度的改革对 VET 教学组织的方法带来了重要的变化。这又引起了教师角色的多样化和扩大,迫使他们采取新的教学实践,对他们的职业技能提出了新的要求。在教学中引入新的教育理论和教育原理是教师要具备的基础教育技能。在对教师的培养上采取了一些创新培训活动,如跨国的趋势、双元制、模块式、在岗学习和学习圈/经验交流组。在岗培训(OJL)已经成为培养教师和培训者的标准组成成分,它使教师通过直接的工作经验来提高其所教领域的技能。在意大利还有另外一个目的,就是可以增加从事职业教育事业的吸引力。

法 53/2003 制定了新的教育与培训制度。该法规定在未来对教师的在职培训的管理将直接委托给大学,并与公立和私立研究机构、公认的和有资格的团体以及专业联合会进行协作,以便使国家的目的与不同地方的需要结合起来。教师培训计划的关键目标之一是给教师在新的制度中"主人翁"的感觉,使他们具有能力和资格在发展中起到积极的作用。

受聘于教育部的教师都有着学术的背景,几乎所有的教师都具有大学学位并通过国家公开竞争的方式获得终身任期的资格,并必须具备下列资格:具有教学理论的学位和从事实际技术教学的一个高级中等资格证书。

# 第九章　国际视野下意大利职业教育的特征与问题

　　在工业化国家发生了巨大变化的背景下,个人和团体都得到了很大的发展。这越来越表现在公司的国际化和市场的全球化;以信息与通讯为特征的科学和技术的日新月异;对人类的、个人的、团体的和环境的权利有了新的和强烈的认识;多元主义和多文化的生活和文化形式;宗教与世俗相分离和新的宗教形式,它们与传统的宗教组织相比更能满足于个人的愿望和要求。① 尤其是,处于经济竞争激烈的时代,作为欧洲公民要实现就业和自我价值,不能主要依靠个人和物质产品的生产。今天真正的财富是知识的生产与传播,是主要依靠科研、教育与培训,以及促进信息化的能力。②

　　正在发生的变革对教育与培训产生重要的影响,因此要求有效的改革。在这一复杂的不断变化的背景下,产生了大量的碰撞和两极化(全球化与本土化、共性的与个性的、传统的与创新的、现代的与后现代的、重视效率的与重视人文的、现世的与永恒的、物质的与精神的、认知的与情感的、理想的与现实的、永久的与流行的、过去的与未来的……)③。复杂化的技术和知识的专业化对监控能力、程序管理的要求越来越高,要求能够预示未来发展趋势、企业家的创造和发明的能力、不断创新和更新的能力。④ 电视与互联网以及其他社会通讯方式的出现使现实和时间的关系发生了巨大的变革,即所谓的"虚拟"超越了"真实"。⑤ 随着时间的推移,人们越来越迫切地认识

---

　　① Melucci,A. *Passggio d' epoca* [M] Milano, Feltrinelli, 1994. ;Giddens, A. Il mondo che cambia[M]. Bologna,Il Mulino,2000.

　　② *Per un' Europa della Conoscenza*,*Comunicazione della Commissione al Consiglio*,*al Parlamento Europeo*,*al Comitato Economico e Sociale e al Comitato delle Regioni*[J]. Professionalità,1998(18),46;89—92.

　　③ Nanni,A. *Quale educazione per il ventunesimo secolo*[J]. Proposta Educativa. 1998(3),19—31.

　　④ OECD. *Human Capital Investment. An International Comparison*[R]. Paris, Centre of Educational Research and Innovation,1988.

　　⑤ Levy,P. Il *Virtuale*[M]. Milano;Cortina,1997.

到从超越国界的/欧洲的视野来看意大利教育的必要性。

# 第一节　从分化走向融合的欧洲职业教育与培训

## 一、欧洲职业教育与培训的三大古典模式的形成及其特征

在中世纪,大多数欧洲国家的职业教育与培训几乎都是在成立了行会之后出现的,它们的技工的工作和职业教育与培训都是非常类似的。工会起源于12世纪,是在同一个镇或市里的同行之间的一个联合组织。行会制度里的职业教育与培训有着严格的等级:学徒—熟练工—师傅。在18至19世纪期间,欧洲国家出现了全新的和不同的职业教育与培训形式。欧洲的职业教育与培训呈现不同的形式有许多的因素影响:政治剧变废除了行会制度;各国的工业化进程不一;政治、哲学、文化和宗教运动的影响。到了20世纪,欧洲形成了对青年的职业教育与培训的3大主要模式,它们分别是英国的自由市场模式、法国的国家控制模式和德国的双元制(表9-1):[1]

表9-1　欧洲三大职业教育与培训模式

| | 自由市场模式:英国 | 国家控制模式:法国 | 双元制:德国 |
|---|---|---|---|
| 谁决定 VET 的组织? | 由劳动者、管理者和 VET 提供者在"市场里"的谈判 | 国家 | 手工业的国家管理机构,由行业负责 |
| 在哪里进行 VET? | 有很多选择:学校、企业、学校和企业、通过电子媒体等 | 在专门的"生产学校" | 预先确定的企业与职业学校交替制(双元制) |

---

① Wollschläger, N. & Guggenheim, é. F. *A History of Vocational Education and training in Europe—from divergence to convergene* [J]. Vocational Training, 2004, 23 (2):6—17.

| | 自由市场模式:英国 | 国家控制模式:法国 | 双元制:德国 |
|---|---|---|---|
| 谁决定 VET 的内容? | 市场或个别企业,根据当时的需要。内容不是永久性的 | 国家(与社会合作者一起),它主要不是针对企业的实际,而是更多的普通的、理论的培训 | 主办方、协会、国家联合决定 |
| 谁为 VET 支付? | 接受 VET 的个人;一些提供 VET 的企业 | 国家通过向企业征税来资助 VET,但仅资助每年的申请者的一部分 | 企业支付在企业里进行的培训,并把这部分花费用于抵税。受训者按照合同支付一定的费用;职业学校由国家资助 |
| VET 结束后获得什么证书,该证书会带来什么机遇? | 对培训既没有检测,也没有可以被大学接受的考试 | 有国家证书,优秀的毕业生可以继续高等教育 | 证书持有者有权在相关的行业从业并可以继续高等教育 |

英国:英国是 18 世纪工业化的发源地,是蒸汽机和第一个织布机和纺纱机的发明地。纺织业在该国普及,无数人离开了农村到城市寻找工作。这引起了社会深刻的变革——"工业革命",并使得行会制与 7 年制的学徒制被废除。没有受过培训的、低工资的劳动力操作着工厂里的机器。很多年,迅速增长的工业几乎不需要熟练工人,因此青年几乎没有受到任何的培训。另外,两种思潮,"自由主义"和"清教徒主义"影响着当时的社会和工作。它们也继续影响着今天的"自由市场模式"的职业教育。"自由主义",即不受国家干预,也不受国家保护,个人对自己的命运负责。"各种力量自由角逐"被认为是促进国家和商业良好发展的动力。而"清教徒主义",严格遵守新教的道德准则,要求自我牺牲和刻苦的精神,认为繁荣是刻苦的结果。

法国:法国在 18 世纪的自然科学方面占据领导地位。它的学院成为欧洲技术教育的一种模式。法国的工业化直到 19 世纪才达到高的水平。随着法国大革命的觉醒,行会制于 1791 年被废除,对培养熟练工人的问题在很长时间没有得到解决。在"启蒙运动"的影响下,对人文主义和科学主的重视,人们第一次认识到了良好的儿童教育对社会和个人的重要性。第一次为士兵的孤儿建立了学校,把那些为部队培养铁匠和马鞍工的学校转为国立工厂,培养铸造工、车床工和木匠。同时,其职业教育与培训与其他国家类似:夜校、民用的和工业的学校,但并不是为所有年轻人准备的。

1871 年共和国的成立发生了一些变化:

(1)对孩子普及义务教育,以共和的精神为目标,而不再以天主教精神为目标;

(2)在结束义务教育后,13 岁的孩子通常就要参加工作;

(3)现代化、机械化和电器化使工厂急需受过培训的熟练工人,以加强国家的经济力量和军事力量。

同时,引入了两类公立学校来培养高质量的专业的工人和培养从事手工的和书记的人员。现在仍由国家继续负责国立职业教育与培训。

德国:在德国直到 19 世纪中期才开始纺织业的机械化。但在这之后,纺织业、冶金、炼钢和矿业迅速发展。在 19 世纪末,电器、化工和自动化变得越来越重要。在 1811 年前后,自由聘用开始普及,行会制被废除。但这一情况并没有持续很久。传统的手工业教育与培训于 1897 年又合法地恢复了。这其中至少有两方面的原因:激烈的国际竞争引起在工业和管理职位上对熟练工人的需求不断增加;工人运动越来越强烈,因此政府开始对青年人灌输其保守的政治信仰,传统的手工业的生活和社会被认为是很好地吸纳学徒的社会和政治原则。

在 19 世纪,学徒经常在晚上或周日参加“成人业余补习学校”。这与小学的课程是一样的,也传授具体行业所需的理论知识。在 19 世纪末,这些学校发展成为“职业学校”。除了职业教育与培训外,还传授学生公民的技能。这与澳大利亚的发展类似。

今天,这两个方面仍然是学徒制的组成要素:在岗学习和在职业学校学习。这也是为什么它被称为“双元制”培训的原因。

## 二、欧洲一体化的职业教育与培训制度的逐渐形成

1953 年,欧洲煤钢联营(ECSC)的管理机构,“高层权利机构”在它的第一个报告中不仅提到了合作的经济原因,而且提到了社会原因。例如,职业教育与培训应该改善矿业的职业安全,因为每年有数百的矿工死亡或受伤。1953 年以后,逐渐开始实施一些计划:收集资料;组织成员国的常规会议并交流信息,其中包括负责职业教育与培训的部门;成立了职业培训的“常务委员会”。另一个重要的举措是对失业矿工的职业培训进行资助。与 EC-

SC 协议相比,《罗马条约》更清楚地表明了对职业教育与培训的需求。例如,它认为这是实现"全部就业政策的和谐社会"的一种措施。在职业教育与培训领域的合作活动是在 EEC 之间劳动力自由流动和青年工人交流的前提条件。

1960 年 5 月 2 日,内阁决定加快执行 1957 年的 VET 计划,目的是克服熟练工人的短缺,减轻某些地区的高失业水平(如意大利南部)和改善工人的生活状况。随后各成员国的专家进行了磋商,工会、雇主和欧洲委员会提出了一个联合行动计划。但法国和德国反对把职业教育与培训领域的职责交给委员会负责。直到 1969 年的海牙会议:此时社会合作者参与解决社会问题并鼓励职业教育与培训。1973 年战后经济危机加强了这一趋势。

(一)欧洲职业培训发展中心(Cedefop)的成立

由于成员国的意见严重分歧,使得职业教育与培训的共同政策发展缓慢。1970 年战后情况发生了变化。政府和工会对初始和继续培训的问题予以特别的重视,职业教育与培训得到改善,许多国家成立了机构来实施职业教育与培训。1975 年 2 月 10 日部长级委员会决定成立欧洲职业培训发展中心,即 Cedefop,办公室设在西部柏林。Cedefop 的职责包括:

(1)在职业教育与培训方面制定政策、开展研究和建立机构;

(2)传播信息;

(3)促进协商职业教育与培训的举措和方法;

(4)组织有关会议。

职业教育与培训总是涉及社会的各个方面的规定,不仅涉及教学、技术、知识和经济行为,还包括社会制度。在中心的不懈努力下,通过技术和科研工作,对欧洲职业教育与培训的发展起到了至关重要的作用:促使它由分歧走向融合。

欧洲职业教育与培训是为欧洲培养人才的基础,是联系教育、创新、就业、经济和社会发展以及政策之间的一个平台。"通过更好的教育和培训来对人力资本进行更多的投资"及"提高工人的适应性"是其中的优先行动计划。20 世纪 80 年代以来,职业教育与培训的合作越来越密切,越来越重视联合的行动计划。欧洲行动计划于 1986 年开始启动。其中一个共同的行动计划就是"莱昂纳多·达芬奇计划",它已经成为终身教育领域的试验基地。自从 1995 年,该计划开始支持各国的教育机构、企业、商会等之间的合作项目,鼓励流动和创新,帮助人们提高终身的职业技能。欧洲培训基金成立于 1995 年,是欧盟的一个机构,与 40 多个非欧盟国和候选国开展合作,目的是帮助和支持职业教育制度的改革和现代化,并与 Cedefop 密切合作。

（二）职业教育与培训的优先合作项目：里斯本—哥本哈根—马斯河—赫尔辛基

自 20 世纪 80 年代中叶以来，融合的趋势在共同利益的原则上在加快。欧盟确定了共同的利益以及中长期的目标，并对单个国家的利益进行维护。在这一基础上，融合在曲折但自愿的情况下不断发展。

2000 年在里斯本，国家和政府首脑第一次商谈有关教育政策。"2000年 3 月里斯本欧洲委员会承认教育是经济和社会政策的组成部分，起着重要的作用；是加强欧洲在世界范围内的竞争力的一个工具；是社会凝聚力和公民全面发展的保障。欧洲委员会为欧盟制定的战略目标是成为世界上最具有活力的知识经济。高质量的职业教育与培训的发展是这一战略的关键和组成部分，能够明显促进社会和谐、凝聚力、流动性、就业能力和竞争力"[①]。里斯本欧委会制定了到 2010 年欧盟将成为世界上最具有活力和竞争力的知识社会的战略目标。

2001 在斯德哥尔摩，欧委会制定三大目标：提高欧盟教育与培训制度的质量和效率；使所有人都更容易获得教育与培训；向更广泛的世界开放教育与培训制度。[②]

欧盟的扩大化给职业教育与培训增加了新的维度和挑战、机遇以及工作世界的要求。在 2001 年于布鲁日，欧洲国家职业教育与培训的部长开始行动。2002 年 11 月"布鲁日—哥本哈根进程"宣布欧洲共同的目标是促进个人全面的、和谐的发展以及改善工作生活，并通过了由 31 位教育部长签署的《哥本哈根宣言》。这大大推动了欧委会成员国之间的职业教育与培训的合作。《哥本哈根宣言》（2002）确定的优先项目是：加强欧洲维度；增加透明度、改善信息和指导体系；加强能力与资格的互认；促进质量保障；扩大流动性和终身接受培训的机会。"欧洲经济与生活的发展对欧洲维度的教育与培训的要求越来越强烈。此外，知识经济的到来引起经济的持续增长，带来更多更好的就业机会以及更和谐的社会，也对人力资源的培养带来新的挑战。"《布鲁日—哥本哈根进程》支持"正在增加职业教育与培训方面自愿

① Lipinska, P., Schmid, E. & Tessaring, M. *Zooming in on 2010: Reassessing vocational education and training* [M]. Luxembourg: Office for Official Publications of the European Communities, 2007: 31.

② Wollschläger, N. & Guggenheim, é. F. *A History of Vocational Education and training in Europe—from divergence to convergene* [J]. Vocational Training, 2004, 23 (2): 6—17.

基础上的合作,为了促进相互信任、透明度和对能力与资格的认证,为促进流动性和方便获得终身教育建立基础"①。

欧共体在《阿姆斯特丹条约》②第 149 和 150 条中提出了致力于发展职业教育与培训的活动,旨在促进成员国之间的合作和一体化行动。

2004 年《马斯河协议》确定的国家与欧洲范围的优先合作项目是:

(1)把哥本哈根的方法付诸实施(质量保障、认证、指导与咨询、欧洲通行证-europass);

(2)促进公立/私立投资、鼓励培训、使用欧盟基金;

(3)重视风险人群的需求;

(4)开发弹性化与个性化的路径;

(5)加强 VET 规划、合作关系,确定对技能的要求;

(6)发展教育方法与学习环境;

(7)提高 VET 教师与培训者的素质;

(8)开发 EQF、ECVET,确认对 TT 学习的要求,改进 VET 统计学。③

尤其是最近的欧共体的政策中,把个人的知识、技术和能力的综合看作是人力资本,是促进进步和发展的资源。因此,加强这一人力资源是提高生活质量、就业、社会和谐和竞争力的重要保障。为了实现上述目标,最近,欧洲的政策导向趋于成立一个共同体的计划,主要目的是支持新技术在教育与培训(E-学习)中的应用。所有这些都是为了对更新欧洲教育与培训制度的需要、知识经济的新要求、提高这些制度的质量和通路做出的反应。通过E-学习,使用 ICT 将呈现更广泛的意义,它将是现代教育与培训制度在终身教育背景下的一个至关重要的工具。

欧洲国家、社会合作者和欧盟比以前更加紧密合作,制定共同的政策议程、建构共同的理念与方法来鼓励职业教育与培训的发展与改革。然而,为

---

① European Commission. *Copenhagen declaration*:*declaration of the European Ministers of Vocational Education and Training*,*and the European Commission convened in Copenhagen on 29 and 30 November 2002*,*on enhanced European cooperation in vocational education and training*. Brussels:European Commission,2002. http://ec. europa. eu/education/copenhagen/copenahagen_declaration_en. pdf,2007-5-24.

② *Treaty of Amsterdam amending the Treaty of the European Union*,*the Treaty institute the European Communities and some related acts*,O. J. C340 of 2007-11-10, Art. 149 and Art. 150.

③ Wollschläger,N. & Guggenheim,é. F. *A History of Vocational Education and training in Europe—from divergence to convergene*[J]. Vocational Training,2004,23 (2):6—17.

了迎接欧洲社会经济的挑战和培养高技术的公民,还有很大的空间有待发展。为了预防未来技术短缺,职业教育与培训要为年轻人和老一辈提供适当的技能做准备。

2006 年 12 月在赫尔辛基举行的教育部长会议上把这作为 CEDEFOP 的主要使命。赫尔辛基会议是《哥本哈根进程》的第二个总结阶段(review),它旨在发展欧洲 VET 制度,使欧洲社会国家更加团结和具有竞争力。2007 年 4 月在赫尔辛基举行的随后的会议中,CEDEFOP 总结了自 2004 年《马斯河公约》(Maastricht communiqué)以来的各国在 VET 方面所取得的成就。

2006 年《赫尔辛基公约》(Helsinki communiqué)确定的优先合作项目是:

(1)改善 VET 的形象、地位和吸引力,进行良好的管理;

(2)进一步发展、检验与实施共同的方法(EQF,ECVET,CQAF/EN-QA-VET,Europass);

(3)使互相学习更加制度化,得出更多更好的 VET 统计数据;

(4)使所有受益者都参与到哥本哈根协议的实施中。①

最大的政策的变化是欧洲质量框架(European qualifications framework-EQF)的议案取代了国家质量框架。它也引起了对证明学习结果的资格证书进行认证的有关问题,以便它能够成为被各国、学习者和雇主都信赖的一种质量保障。另外,越来越多的国家认识到承认工作经验和其他非正规教育是改善就业的重要方法。学徒制也不仅仅局限于年轻人和非学术的学习者,而是面向所有的人,既包括失业的成人,也包括高等教育的学生。所有参与者都把教育与培训作为是对欧洲未来的投资。

要设计整体战略和有效政策,重要的是要理解社会经济的发展和挑战以及考虑各部门政策的互相影响。VET 是联系教育、创新、就业、经济和社会发展以及政策之间的一个平台。

欧盟成员国、欧共体国家、社会合作者和欧洲委员会已经在实践层次开展了合作,并取得很多具体的成果:

(1)制定了统一的框架来促进能力和资格证书的透明度;

(2)制定职业教育与培训的学分转换制度;

(3)制定职业教育与培训的共同标准和原则;

---

① Lipinska,P.,Schmid,E.& Tessaring,M. *Zooming in on* 2010:*Reassessing vocational education and training*[M]. Luxembourg:Office for Official Publications of the European Communities,2007:31.

(4)制定对非正规和非正式教育认证的共同原则；

(5)终身指导。①

然而，由于一些国家坚持自己在教育上的原则和立场，欧洲职业教育与培训制度的一体化并不是一帆风顺的，而是一个缓慢和问题重重的过程。正如乔治·撒乌聂（Georges Saunier）所认为的那样，"与其他领域一样，欧洲职业教育与培训制度的一体化受到当时经济和社会的影响。而这可能是阻碍一体化的最大障碍。欧洲的差异性在逐渐消失——尽管没有完全消失——但是它已成为一种必然趋势。在该领域和其他领域一样，融合度取决于共同的利益。教育的一体化仅仅还是一个推论"②。

# 第二节　挑战与趋势

正如前面所讲，最近十年信息技术、通讯技术的发展彻底改变了人们的生活方式和社会的结构，即我们所说的"知识社会"。微程序也引起了全球的革命，它的结果至今还不明了，不能完全理解，它不仅扩大了生产和社会交流，也带来了个人的、家庭的、社会的和世界的生活方式的变化。③ 它给人们获得信息和知识提供了巨大的机会，但也要求人们具有适应性和新的能力，否则将被排除在主流社会之外。欧洲国家在通往 2010 年的知识社会中所遇到的挑战有很多方面：社会凝聚力、人口增长、职业的变化、新技术的出现和全球化生产与分配程序、世界范围的竞争愈加激烈，包括人口和劳动力的技术竞争。2000 年里斯本欧洲委员会确定把教育与培训作为应对这一挑战的杠杆。因为很明显它给社会和经济带来了好处。在 2005 年里斯本战略启动之后，它与创新、科研和发展一样成为促进增长和提高竞争力的优先领域。"通过更好的教育与技术来对人力资本进行投资"，"提高工人的

---

①　Lipinska，P.，Schmid，E. & Tessaring，M. *Zooming in on* 2010：*Reassessing vocational education and training*［M］．Luxembourg：Office for Official Publications of the European Communities，2007.

②　Saunier，G. *The place of vocational training in Francois Mitterrandd's idea of a European social space*（1981—1984）［J］．Vocational Training，2004（32），5—8：77—84.

③　Maragliano，R. *Essere Multimediali. Immagini del Bambino alla fine del Millennio*［M］．Firenze，La Nuova Italia，1997.

适应能力"是总的指导方针中的优先项目①。欧洲就业战略,是主要方法的一个关键的组成部分,强调 VET 在实现知识社会中的基础地位。2006 年春欧洲委员会重申教育与培训对欧盟长期的竞争力和社会凝聚力是至关重要的。

## 一、欧洲社会经济的挑战

在经济方面有六大力量:从僵化的经济模式逐渐走向弹性化的经济模式;第三产业的发展;新技术的来临;全球化进程;整体质量概念的出现;机械的组织和管理模式向有机的模式在转变。②

弹性化经济使得以生产为中心转向以市场为中心,降低成本已失去它的重要性,重要的是能否对市场的需求满足,以在适当的时间、地点和方式对其做出反应的能力。

第三产业的发展表现在生产中越来越重视非物质的服务和更高的智能技术。这首先表现在物质生产与信息生产过程的差异,因为它有着新的经济功能,如科研、开发和市场营销;我们可以清楚地看到从物质到信息的变化有很大的不同,一方面协调、维持,另一方面是创新。差别表现在专业化和结构上的不同。同时,它们在管理和监控方面又趋于融合和重组。

新的信息技术的来临使生产不再是仅仅敲敲键盘而已,而是在程序监控或创新中更加智能化。这也对传统的职业带来了挑战。在更广泛和积极的意义上来说,新科技使得人类可以即时进行全球通讯,知识传播和开展对话没有任何时空的限制。它也有一些消极的方面。信息系统仍相对昂贵,对那些欠发达国家来说要获得这些技术还有很多问题。世界上众多的弱势群体与发达国家相比,被排除在发展之外。

企业的国际化带来企业集团的集中化和工作与消费的全球化。经济掌握在少数人的手里,并对政治产生重要的影响,它削弱了国家的权利和产品的地方特色。③ 生产的全球化促进了国际上的开放与交流,信息和产品交

---

① European Commission. *Integrated guidelines for growth and jobs*（2005—*2008*）. Brussels,European Commission,2005（c）（COM(2005) 141 final）[DB/OL]. http://ec. europa. eu/growthandjobs/pdf/COM2005_141_en. pdf,25. 5. 2007.

② Ciofs/Fp e Cnos/Fap. *Dell'obbligo scolastico al diritto di tutti alla formazione:i nuovi traguardi della Formazione Professionale*[A]. Roma:Ciofs/Fp e Cnos/Fap,2002.

③ Rifkin,J. L'*era dell'accesso. La Rivoluzione della new economy*[M]. Milano:Mondadori,1999.

换的"全球化",带来了更多的国与国之间,甚至洲与洲之间的人员流动,它给人和文化的联系以无限的空间,同时也带来了另外一种现象,即文化的趋同,它削弱了国家、地方或种族的特殊性。事实上,企业对信息社会通讯系统的垄断和极权的趋势对文化带来了彻底的改变。①

经济主导价值和人类的思想具有高度的危险,它相信成功的价值、效率、产量、财富和保持更新;这可能带来一种思想,即人几乎仅仅降至为"经济人"。在任何情况下,竞争的压力、功能、能力和效率必须与道德的力量保持平衡,要具有批判思维的能力,具有情感和合作与互助的美德。②

整体质量越来越重要,这意味着对公司来说,更加关注顾客的满意度,而不仅仅是利润。换句话说,顾客对质量的要求对商业的成功具有决定性的作用。尤其重要的是要与外部世界保持联系,了解客户的需要。在公司的管理上,必须给每一部分各自所要承担的职责。

五方面的动力使企业的组织和管理从机械的模式转向有机的模式。在企业的组织和管理的有机模式下,组织方式就如一个有机体,能够应付更加复杂的情况,它的结构的功能是一个开放的体系,能够根据外部环境的变化自动做出反应,各部分之间在信息交流的基础上保持相互的关系,相互影响。新的工作内容和新的组成成分产生在程序控制中(在生产和行政管理中),以及交流、分配和决策中。

从机械模式到有机模式这一转型产生于复杂的、变化的、充满生机的、不确定和无法预见的组织环境中得以存留的需要。如果说机械模式的组织哲学是依赖的、服从的,那么有机模式则要求人们具有创新的能力、对意外情况和变化的控制能力、解决问题的能力、交流和建立关系的能力。组织的机械模式强调组织的形式和结构:结构、任务、命令和控制的制度、程序。对工作的划分和监控都是按照预先设计的和科学的计划进行的,对每一个体系都有具体的描述。从机械模式向有机模式的转变不仅仅是文化和社会的选择,它更是一种必要,是对环境的变化做出反应的必要。

因此,有机的组织模式的显著要素是降低了预先设计的重要性,引入了弹性化和有限预先设计的概念。要求所有不同的部门都要有更强的控制不确定性的能力和积极面对变化的能力。适应、预测和创新要求具有多方面的能力。这一背景更加多变和不确定,一方面它是挑战,另一方面也带来了很多的机遇。

① La Fay,G. *Capire la globalizzazione*[M]. Bologna:IL Mulino,1998.

② Mantovani,M. e Turuthil,S.(Edd). *Quale Globalizzazione? L' "uomo plane-tario" alle soglie della mondialità*[M]. Roma:LAS,2000.

换句话说,这也是从工业经济模式向后工业经济模式的转变。前者注重数量的增多(即从更多产生更多)、产量的增多、生产线的建造、分化、分等、工作和组织的两极化和掌控;后者强调质量和发展的强度(从少产生多)、产品的价值、象征性、相关性、背景、参与、工作和组织的自主和智能。这要求小的企业要有弹性、有充满活力的"知识"资源,能够生产大量的非物质的产品和服务。

但在负面来看,那些大企业必须减少他们的活动:保留基本的生产功能,同时把服务给外部公司或人员。通过这种方法,大的工厂成功地大幅度减少了人力。向后工业化模式的转变过程也伴随着这样一种不断扩大的现象,即工作不稳定和缺少制度,这给传统的社会制度和人与人之间的关系带来了危机。同时全球化和信息化也扩大了失业的问题,但这与第一次和第二次工业革命是不同的,他们不能够被新出现的部门所吸收。因此,它拉大了"精英"们与广大的非专业的劳动者之间的职业的差距。在这种社会制度中,不能保证所有人都平等地过上小康生活、享受民主权利和个人的社会—文化的发展。① 在这种背景下,那些有学习困难的人们就更加处于不利地位。

简而言之,在就业问题上,知识社会改变了工作的形式和意义,产生了新的职业,旧的行业已脱胎换骨,有的已不再存在。

从欧洲经济方面来看,这几年呈现出的工业政策是要找出欧洲突出的和最优秀的典范和最佳的平台。这就有必要确定一些科技领域,它们是欧洲想要大力提高和领先的核心技术。要做到这些必须先考虑现有的能力,清楚危险所在。意大利在保卫一部分"意大利制造"的领导地位和至少是在某些先进领域里的一流地位中经受一系列的危险。

从组织方面来看,值得注意的是企业的成功或危机,尤其是在高科技领域的企业,在很大程度上是由营销、生产、产品开发和管理的能力决定的。这些能力是在所有的学校培养过程中建立起来的,尤其是高级中等的学校。为此,最近政府制定了一个联合行动,通过支持职业技术培训来支持工业的发展,尤其是重视科技方面。

在恢复科学—技术文化方面,正如上面所说,在利用工作文化,它是提升职业技术教育声誉的主要方法之一;同时,职业技术教育能够在工作中展现出自己的意义,是为工作进行培训的载体,具有人力和物力的意义。因此,要更加重视与工作有关的道德的价值,即"企业的社会责任"。工作事实

---

① Consiglio dell' Unione Europea. *Gli Obiettivi dei Sistemi di Istruzione e Formazione*[J]. Docente,2001(56),9:439—452.

上也是培训过程的一个组成部分,在这里人们以工作的形式(但不是唯一的形式),也通过工作本身,与企业界和工作世界保持更强和更制度化的关系,在这种关系中总是更即时和自动地进行能力的培训。

信息环境的质量同样也是非常重要的,它必须是充满机会的一体化制度,具有很多通路的可能性。作为文化和职业发展的资本是其永恒的特征。

职业技术学校在这一背景下,在支持对工人的继续培训方面,也有助于提升成年就业者的职业和文化水平。

## (一)欧洲竞争力的挑战

里斯本目标为了提高欧洲的竞争力要求促进在各个领域的政策的制定。先进的教育制度、掌握高技术的劳动力、人力和社会资本以及社会和法律基础设施形成了重要的前提条件。有大量的指标来衡量各国在不同方面的表现。例如:经济和就业成果;社会凝聚力;教育、培训和人力资本;公共服务的效率和基础设施。由于各国的制度、文化和发展水平不同,成果也各有差别。因此,把欧盟作为整体与非欧盟的单个国家相比,如澳大利亚、加拿大、日本或美国,可以展示出其基本的情况。

表 9-2 与表 9-3 提供了关于就业、教育与培训以及科技方面的国际竞争力的备选指标。从表中可以看出,有几个欧洲国家,尤其是北欧国家,与澳大利亚、加拿大、日本和美国相比竞争力的分值相当高,特别是在入学率、高级中等教育的开支、师生比和学生的成绩方面。成员国为了提升欧洲在世界上的竞争力,把 VET 政策作为推动里斯本议程的一种手段,来面对社会经济的挑战。

表 9-2　2004—2005 年主要国家的竞争力指标

| 国家 | 人力开发(2004 年指数综合 177 个国家的经济、社会和教育情况) | | 2004/2005 年度人均绝对 GDP 增长率(根据国家货币时价计算) | | 2005 年每小时劳动生产力(就业者每小时人均 GDP-PPP) | | 2004/2005 就业增长率 | | 2005 年就业率(15—64 岁的就业者占有劳动能力的总人口的%) | | 失业率(16—64 岁人口中的失业者的%) | |
|---|---|---|---|---|---|---|---|---|---|---|---|---|
| | 指数 | 排名 | % | 排名 | 美元 | 排名 | % | 排名 | % | 排名 | % | 排名 |
| 奥地利 | 0.944 | 14 | 1.3 | 29 | 43.4 | 7 | 0.3 | 29 | 68.6 | 10 | 5.2 | 13 |
| 比利时 | 0.945 | 13 | 1.7 | 25 | 45.5 | 5 | 0.9 | 21 | 61.0 | 20 | 8.1 | 23 |
| 保加利亚 | 0.816 | 54 | 6.0 | 6 | 10.6 | 33 | 2.2 | 7 | | | 11.5 | 33 |

续表

| 国家 | 人力开发（2004 年指数综合 177 个国家的经济、社会和教育情况） | | 2004/2005 年度人均绝对GDP 增长率（根据国家货币时价计算） | | 2005 年每小时劳动生产力（就业者每小时人均GDP-PPP） | | 2004/2005就业增长率 | | 2005 年就业率（15—64 岁的就业者占有劳动能力的总人口的%） | | 失业率（16—64 岁人口中的失业者的%） | |
|---|---|---|---|---|---|---|---|---|---|---|---|---|
| | 指数 | 排名 | % | 排名 | 美元 | 排名 | % | 排名 | % | 排名 | % | 排名 |
| 捷克 | 0.885 | 30 | 5.7 | 7 | 22.4 | 24 | 1.4 | 13 | 64.8 | 15 | 8.0 | 22 |
| 丹麦 | 0.943 | 15 | 3.1 | 15 | 39.3 | 9 | 0.6 | 25 | 75.5 | 3 | 4.9 | 11 |
| 爱沙尼亚 | 0.858 | 40 | 9.9 | 1 | 19.5 | 28 | 2.0 | 9 | | | 7.9 | 21 |
| 芬兰 | 0.947 | 11 | 1.8 | 24 | 38.9 | 10 | 1.5 | 12 | 68.0 | 11 | 8.5 | 26 |
| 法国 | 0.942 | 16 | 0.8 | 32 | 46.1 | 3 | 0.4 | 27 | 62.3 | 19 | 9.9 | 30 |
| 德国 | 0.932 | 21 | 0.7 | 33 | 36.4 | 14 | −0.2 | 35 | 65.5 | 14 | 11.3 | 32 |
| 希腊 | 0.921 | 24 | 3.5 | 13 | 33.4 | 19 | 1.3 | 15 | 60.3 | 21 | 9.8 | 29 |
| 匈牙利 | 0.869 | 35 | 4.0 | 10 | 22.5 | 23 | 0.0 | 33 | 56.9 | 24 | 7.3 | 19 |
| 爱尔兰 | 0.956 | 4 | 2.0 | 21 | 47.2 | 2 | 4.7 | 5 | 57.5 | 23 | 7.8 | 20 |
| 意大利 | 0.940 | 17 | −1.0 | 36 | 40.7 | 8 | 0.7 | 23 | 57.5 | 23 | 7.8 | 20 |
| 卢森堡 | 0.945 | 12 | 2.5 | 19 | 58.3 | 1 | 1.8 | 10 | 63.6 | 18 | 4.5 | 5 |
| 荷兰 | 0.947 | 10 | 0.6 | 34 | 37.3 | 12 | −0.6 | 36 | | | 4.7 | 9 |
| 波兰 | 0.862 | 37 | 3.1 | 15 | 18.7 | 30 | 2.3 | 6 | 53.0 | 25 | 18.0 | 36 |
| 葡萄牙 | 0.904 | 28 | +0.0 | 35 | 22.4 | 24 | 0.1 | 31 | 67.5 | 12 | 8.1 | 23 |
| 罗马尼亚 | 0.805 | 60 | 4.3 | 8 | 10.4 | 34 | 0.7 | 23 | | | 6.1 | 16 |
| 斯洛伐克 | 0.856 | 42 | 6.3 | 4 | 20.0 | 26 | 2.1 | 8 | 57.7 | 22 | 16.2 | 35 |
| 斯洛文尼亚 | 0.910 | 27 | 3.7 | 11 | 24.9 | 22 | −0.1 | 34 | | | 6.1 | 16 |
| 西班牙 | 0.938 | 19 | 1.3 | 29 | 33.5 | 18 | 4.8 | 1 | 64.3 | 16 | 9.2 | 27 |
| 瑞典 | 0.951 | 5 | 2.0 | 21 | 37.5 | 11 | 1.0 | 19 | | | 5.8 | 15 |
| 英国 | 0.940 | 18 | 1.5 | 27 | 36.3 | 15 | 1.0 | 19 | 72.6 | 5 | 4.6 | 7 |
| 冰岛 | 0.960 | 2 | 3.1 | 15 | 37.0 | 13 | 3.3 | 4 | 84.4 | 1 | 2.7 | 1 |
| 挪威 | 0.965 | 1 | 1.7 | 25 | 45.7 | 4 | 0.6 | 25 | 75.2 | 4 | 4.7 | 9 |
| 克罗地亚 | 0.846 | 44 | 4.3 | 8 | 19.5 | 28 | 0.2 | 30 | | | 31.1 | 34 |
| 瑞士 | 0.947 | 9 | 1.2 | 31 | 31.5 | 21 | 0.1 | 31 | 77.2 | 2 | 4.5 | 5 |
| 土耳其 | 0.757 | 92 | 3.7 | 11 | 12.3 | 32 | 1.1 | 18 | 45.9 | 26 | 10.5 | 31 |
| 澳大利亚 | 0.957 | 3 | 1.4 | 28 | 35.6 | 16 | 3.5 | 3 | 71.6 | 7 | 5.2 | 13 |

续表

| 国家 | 人力开发（2004 年指数综合 177 个国家的经济、社会和教育情况） | | 2004/2005 年度人均绝对GDP 增长率（根据国家货币时价计算） | | 2005 年每小时劳动生产力（就业者每小时人均GDP-PPP） | | 2004/2005就业增长率 | | 2005 年就业率(15—64 岁的就业者占有劳动能力的总人口的%) | | 失业率（16—64 岁人口中的失业者的%) | |
|---|---|---|---|---|---|---|---|---|---|---|---|---|
| | 指数 | 排名 | % | 排名 | 美元 | 排名 | % | 排名 | % | 排名 | % | 排名 |
| 加拿大 | 0.950 | 6 | 2.0 | 21 | 34.0 | 17 | 1.4 | 13 | 72.5 | 6 | 6.8 | 18 |
| 中国 | 0.768 | 81 | 9.3 | 2 | 5.4 | 35 | 0.8 | 22 | | | 4.2 | 3 |
| 印度 | 0.611 | 126 | 6.1 | 5 | 3.5 | 36 | 2.5 | 5 | | | 4.2 | 3 |
| 日本 | 0.949 | 7 | 2.7 | 18 | 32.4 | 20 | 0.4 | 27 | 69.3 | 9 | 4.6 | 7 |
| 韩国 | 0.912 | 26 | 3.5 | 13 | 19.8 | 27 | 1.3 | 15 | 63.7 | 17 | 3.9 | 2 |
| 俄罗斯 | 0.797 | 65 | 6.7 | 3 | 12.6 | 31 | 1.2 | 17 | | | 8.1 | 23 |
| 美国 | 0.948 | 8 | 2.5 | 19 | 44.9 | 6 | 1.8 | 10 | 71.5 | 8 | 5.1 | 12 |

来源：Cedefod 根据 UN、OECD 和 IMD 是数据制作

**表 9-3　欧洲竞争力指标：教育、培训和学生成绩**

| 国家 | 教育出勤率2004 年ISCED 3—6 | | 2004/2005年度劳动市场项目的公共支出占GDP 的% | | 对高级中等教育机构的支出占 GDP 的% | | 2004 年生/师比（全职教师） | | | | | | 2003 年学生成绩 | | | |
|---|---|---|---|---|---|---|---|---|---|---|---|---|---|---|---|---|
| | | | | | | | 初中 | | 高级中等教育 | | 第三级教育 | | OECD-PISA数学 3 级以上水平 | | OECD-PISA问题解决 2 级以上水平 | |
| | % | 排名 | % | 排名 | % | 排名 | 比值 | 排名 | 比值 | 排名 | 比值 | 排名 | 分数 | 排名 | 分数 | 排名 |
| 奥地利 | 80 | 14 | 0.43 | 14 | 1.3 | 16 | 10.4 | 6 | 11.0 | 7 | 14.8 | 13 | 59.6 | 14 | 54 | 15 |
| 比利时 | 64 | 23 | 0.92 | 4 | 2.6 | 6 | 10.6 | 8 | 9.2 | 4 | 19.4 | 19 | 67.6 | 7 | 62 | 6 |
| 捷克 | 88 | 2 | 0.13 | 22 | 1.2 | 20 | 13.5 | 15 | 12.6 | 13 | 17.9 | 18 | 63.3 | 11 | 59 | 9 |
| 丹麦 | 83 | 10 | 1.25 | 1 | 1.2 | 20 | 11.3 | 10 | | | | | 64.0 | 10 | 59 | 9 |
| 芬兰 | 77 | 15 | 0.78 | 6 | 1.4 | 12 | 10.0 | 2 | 16.2 | 21 | 12.4 | 8 | 77.2 | 1 | 73 | 1 |
| 法国 | 65 | 21 | 0.73 | 7 | 1.6 | 8 | 14.1 | 17 | 10.3 | 6 | 17.8 | 17 | 63.1 | 12 | 60 | 8 |
| 德国 | 83 | 10 | 0.85 | 5 | 1.3 | 16 | 15.6 | 20 | 13.9 | 16 | 12.7 | 9 | 59.5 | 15 | 50 | 17 |
| 希腊 | 57 | 25 | 0.17 | 20 | 1.5 | 8 | 8.2 | 1 | 8.4 | 3 | 28.1 | 23 | 34.8 | 26 | 31 | 26 |
| 匈牙利 | 75 | 17 | 0.21 | 16 | 1.6 | 8 | 10.2 | 4 | 12.3 | 11 | 15.6 | 14 | 53.2 | 20 | 52 | 16 |
| 爱尔兰 | 61 | 24 | 0.49 | 13 | 0.7 | 29 | | | | | 13.7 | 12 | 59.5 | 15 | 50 | 17 |

续表

| 国家 | 教育出勤率 2004年 ISCED 3—6 | | 2004/2005年度劳动市场项目的公共支出占GDP的% | | 对高级中等教育机构的支出占GDP的% | | 2004年生/师比(全职教师) 初中 | | 高级中等教育 | | 第三级教育 | | 2003年学生成绩 OECD-PISA数学3级以上水平 | | OECD-PISA问题解决2级以上水平 | |
|---|---|---|---|---|---|---|---|---|---|---|---|---|---|---|---|---|
|  | % | 排名 | % | 排名 | % | 排名 | 比值 | 排名 | 比值 | 排名 | 比值 | 排名 | 分数 | 排名 | 分数 | 排名 |
| 意大利 | 48 | 26 | 0.55 | 11 | 1.4 | 12 | 10.3 | 5 | 11.5 | 10 | 21.6 | 20 | 43.3 | 24 | 41 | 24 |
| 卢森堡 | 76 | 16 | 0.29 | 15 | 1.0 | 25 |  |  |  |  |  |  | 55.5 | 18 | 49 | 18 |
| 荷兰 | 70 | 19 | 1.12 | 2 | 0.7 | 29 |  |  |  |  | 13.6 | 11 | 71.1 | 4 | 59 | 9 |
| 波兰 | 85 | 5 | 0.19 | 18 | 1.3 | 16 | 12.6 | 13 | 13.5 | 15 | — | 18 | 53.1 | 21 | 46 | 21 |
| 葡萄牙 | 26 | 28 | 0.55 | 11 | 1.2 | 20 | 10.0 | 10 | 7.3 | 1 | 13.5 | 10 | 42.8 | 25 | 40 | 25 |
| 斯洛伐克 | 85 | 5 | 0.07 | 25 | 1.2 | 20 | 13.9 | 16 | 14.2 | 18 | 10.9 | 2 | 56.5 | 17 | 48 | 19 |
| 西班牙 | 46 | 27 | 0.64 | 9 | 3.0 | 4 | 12.9 | 14 | 8.0 | 2 | 11.7 | 5 | 56.5 | 17 | 48 | 19 |
| 瑞典 | 82 | 13 | 1.00 | 2 | 1.3 | 16 | 11.9 | 12 | 14.0 | 17 | 9.0 | 1 | 61.0 | 13 | 55 | 13 |
| 英国 | 85 | 5 | 0.16 | 21 | 3.1 | 21 | 17.1 | 21 | 12.3 | 10 | 11.8 | 6 |  |  |  |  |
| 冰岛 | 68 | 20 |  |  | 5.2 | 1 | 11.4 | 11 | 11.1 | 8 | 10.9 | 2 | 64.7 | 9 | 55 | 13 |
| 挪威 | 88 | 2 | 0.66 | 8 | 1.5 | 10 | 10.5 | 7 | 9.6 | 7 | 12.0 | 7 | 55.5 | 18 | 48 | 19 |
| 瑞士 | 84 | 9 | 0.64 | 9 | 1.7 | 7 | 11.2 | 9 | 11.1 | 8 |  |  | 68.0 | 6 | 62 | 6 |
| 土耳其 | 26 | 28 |  |  | 0.8 | 28 |  |  | 16.9 | 23 | 16.8 | 16 | 25.8 | 27 | 16 | 27 |
| 澳大利亚 | 65 | 21 | 0.20 | 17 | 0.9 | 26 |  |  |  |  |  |  | 67.1 | 8 | 64 | 4 |
| 加拿大 | 83 | 10 | 0.18 | 19 | 3.6 | 13 |  |  |  |  |  |  | 71.6 | 4 | 65 | 4 |
| 中国 |  |  |  |  |  |  | 20.0 | 22 | 16.3 | 22 |  |  |  |  |  |  |
| 印度 |  |  |  |  | 1.4 | 12 | 37.2 | 24 | 27.5 | 24 | 22.2 | 21 |  |  |  |  |
| 日本 | 85 | 5 | 0.06 | 26 | 0.9 | 26 | 15.3 | 19 | 13.2 | 14 | 11.0 | 4 | 70.3 | 5 | 70 | 3 |
| 韩国 | 74 | 18 | 0.10 | 24 | 2.1 | 6 | 20.4 | 23 | 15.9 | 22 | 25.2 | 22 | 73.9 | 2 | 73 | 1 |
| 俄罗斯 | 89 | 1 |  |  | 1.4 | 12 |  |  |  |  |  |  |  |  |  |  |
| 美国 | 87 | 4 | 0.12 | 23 | 1.1 | 24 | 15.2 | 18 | 16.0 | 20 | 15.8 | 15 | 50.4 | 23 | 42 | 23 |

来源:OECD 2005

　　尽管意大利为了改变历史上受教育水平的落后(20世纪50年代具有小学毕业文凭的人口占60%①)做出了很大的努力,但从国际上来看,仍存

---

　　① Confindustria. *La Scuola:il punto di vista delle impresa*[R]. Roma,Nucleo Education,2007-4-23.

在很大的差距。在意大利 25—34 岁的人口中具有中等教育文凭的比例为 64%，而经合组织国家的平均水平为 77%。该年龄段的人口中具有高等教育文凭者仅占 15%，比经合组织国家平均水平（31%）的一半还低（表 9-4）。

表 9-4　教育水平：主要国家 25—45 岁人口受教育水平所占的比例（%）

| | 中等教育 | 第三级教育 |
|---|---|---|
| 意大利 | 64 | 15 |
| OCED 平均 | 77 | 31 |
| 芬兰 | 89 | 38 |
| 法国 | 80 | 38 |
| 德国 | 85 | 23 |
| 英国 | 70 | 31 |
| 西班牙 | 61 | 38 |
| 瑞士 | 91 | 53 |
| 美国 | 87 | 39 |
| 加拿大 | 91 | 53 |
| 日本 | 94 | 52 |

来源：OECD，Education at a Glance，2006

从国际上来看，意大利对学生的人均总支为 7.938 美元，远远高于欧洲的平均水平 6.960 美元，如表 9-5 所示。这虽然反映出政府对教育投入的重视，但也有人口增长率下降的因素在内，尤其是年轻人口的下降。但从其教育质量的效果来看，也反映出一个重要的资金浪费问题，即对学生的人均投入高，但教育质量却低。资金的使用效率可见存在一定的问题。

表 9-5　主要国家教育支出：年度人均支出（美元）

| | 对学生的人均支出 |
|---|---|
| 意大利 | 7 938 |
| OECD 平均数 | 6 962 |
| EU-19 平均数 | 69 61 |
| 芬兰 | 7 402 |
| 法国 | 8 653 |
| 德国 | 7 173 |
| 英国 | 7 290 |
| 西班牙 | 6 418 |

续表

| | 对学生的人均支出 |
|---|---|
| 瑞士 | 7 662 |
| 美国 | 9 590 |
| 日本 | 7 283 |

来源：OECD，Education at a Glance，2006

### （二）人口与就业的变化

人口的巨大变化严重影响了社会的凝聚力、产业部门的变化、日新月异的技术、全球化的生产与销售，这些挑战号召人们需要立即采取行动。尽管欧洲国家表现各有差异，但在几个与技术有关的能力指标的分数上与澳大利亚、加拿大、日本及美国相比还是高的。在 EU-27 国的工作年龄人口中，47％的人具有高级中等及以上的证书，大多数是 VET 证书。然而，欧洲在学术证书方面与加拿大、日本、俄罗斯及美国相比较低，在低技能方面则较高。2006 年，30％的工作年龄组的人口，或 24％的就业人口不具备劳动市场需要的证书等级。很明显，具有高技术的工人有利于职业的改变，而低技术工人则面临失业的危险。产业部门的变化表现为农业和工业部门的就业下降，使这一情况更加严重。这也对培训的需求产生了显著的影响，尤其是在服务部门和那些缺少技术劳动力的职业。[①]

根据 2004 年欧盟统计局（Eurostat）对人口的统计项目来看，EU-25 国 15—25 岁的年轻人在 2009 年以后将低于 55—64 岁的人口（如图 9-1），年轻人的数量将减至 9 百万。

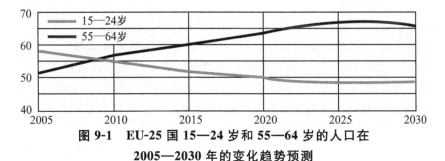

**图 9-1　EU-25 国 15—24 岁和 55—64 岁的人口在**
**2005—2030 年的变化趋势预测**

来源：Population projection 2004，Eurostat，bassaline variant

---

① Lipinska，P.，Schmid，E. & Tessaring，M. *Zooming in on* 2010：*Reassessing vocational education and training*［M］. Luxembourg：Office for Official Publications of the European Communities，2007.

年轻人通常比老一辈有更高的技术,但欧洲人口的下降值得引起关注。它将会对 VET 和劳动市场带来深刻的影响。劳动市场将不得不依靠年老的工人、移民和妇女重返工作。更多更大范围的人群将需要接受教育与培训。这也意味着对技术的需求与供应更加精确。

劳动力的老龄化对就业有着重大的影响。每年 2%—3% 的人退休,这是未来 10 年就业净增数量的 2—3 倍。老龄化的职业(那些 50 岁以上人口数量很高的职业)包括农业和渔业工作者、法律界人士、高级官员和管理人员、专业的和基础的行业。这些职业尤其面临劳动力短缺的挑战。老龄化的经济部门是农业、教育、卫生保健和社会工作者。农业就业人数在下降,但卫生保健和社会工作者和教育部门表现出很好的上升趋势,因此很可能会面临劳动力的短缺。其他有高增长潜力的部门是新型工业,很可能会给将来带来新的工作:航空、航天、视听工业、银行和金融、国防、生态—经济、信息技术、医药、安全、空间、电讯、交通、旅行和旅游。①

欧洲一个普遍的问题是对目前和将来技术短缺的形式认识不足。在欧洲也没有一个共同的方法来预测对职业和技术的类型及层次供需的情况,仅有几个欧洲国家有预测技术和能力需要的措施。其他国家也在引进这一举措,但方式与方法有很大的不同。这号召统一的行动,如泛欧洲预测和企业调查来了解技术短缺的信息和未来对技术的需求。Cedefop 的网站"Skillsnet"已经进行建设成为预测欧洲技术需求的系统,来设计一个共同的方法作为国家地区举措的补充。

人口的下降、结构的改变和全球化是我们社会变革的主要推动力。它们也同样影响着未来的劳动市场、就业和技术的需要。因此,教育与培训成为中青年面对欧洲多方面挑战做准备的钥匙。一个主要的挑战是提高欧洲人的技术,从国际上看,欧洲所占的低技术人口的比例太高。

目前的就业和人口发展趋势导致了对具有精深技术和基础行业劳动力的短缺。然而,技术的变革和创新使对高科技人才的需求越来越多。除了技术、语言或 ICT 之外,劳动市场也对社会和个人的能力要求越来越高。岗位学习对提高技术和能力具有关键的作用。在欧洲的雇员中,70% 的人认为是在工作中获得了新的知识。这尤其适应于那些中小企业(SMEs)。有几个国家正在为成人和失业者重新引进和发展学徒制或以新的交替学习制形式来开展。实习和其他基于企业的学习模式与行业有着密切的联系,

---

① Lipinska, P., Schmid, E. & Tessaring, M. Zooming in on *2010*: Reassessing vocational education and training[M]. Luxembourg: Office for Official Publications of the European Communities, 2007.

这种方式也在大学中运用。岗位学习有助于培养优秀和全面的人才。

低技能者越发缺少接受继续培训的机会来提高其技能。移民背景的学习者比本土的学习者更容易脱离教育与培训体系,从而没有成功进入劳动市场需具备的技术。这需要加强对他们进行适当的帮助(如语言)。社会的老龄化使得有必要提高年长者的技术和竞争力,从而消除他们从 40—45 岁就在劳动市场受歧视的状态。未来避免人才浪费和保证有技术的移民能够融入劳动市场,对他们的技术进行验证和认证是很有必要的。VET 的政策应该有助于开发和发展人的潜能。因此,应该对它所面对的目标群以及他们具体的需要有清楚的了解。

目前和未来劳动市场的技术短缺是整个欧洲的问题,需要在整个欧洲层次制定政策措施。许多欧盟国已经提出了可行的移民政策来弥补人口的下降和短缺。但仅提供技术不能完全解决技术短缺问题。一些措施如工资政策、制度效率、总的劳动市场规划、改善经济和社会环境,包括为提供对家庭有益的设施和改善儿童设施或许一样起着重要的作用。必须加强对欧洲技术短缺和未来对技术的需求的了解,如通过可比的空缺统计数据,企业调查和全欧洲的预测。

但就目前来看,VET 还存在许多困难,如 VET 对社会经济的增长、公司的业绩和个人的就业能力所带来的好处并没有像参与者所认为的那样明显;需要平衡中央政策制定和监管与去中心化的决策以及教育提供者自治之间的关系;保证 VET 制度的公平有效;尽管取得了实质的进展,但从欧洲视野来看具有高技术的人才,具有高度社会包容度的弹性的和适应性强的劳动力还远远不够。

预测技术的需要,保证可获得技术的质量,提供充分的科技教育以及对通过非正规和非正式教育所获得的技术的认证成为应对人口老化和不断变化的技术要求的必要条件。

人口的老化不能仅仅看作是一个威胁,它也是一个促进教育与培训质量的机遇。可以把减轻的预算用来促进儿童的早期教育、改善建筑和技术设备、小班化和降低师生比,并且可以为弱势群体或其他特殊的目标群提供更广泛的培训。人口的发展和它在教育与培训以及劳动市场中的应用需要制度化的改革,而非一蹴而就的政策。

目前的就业和人口趋势既造成了对高密度技术的短缺,也造成了对基础职业的短缺。卫生保健行业、IT 专家、管理人员、营销专家、金融分析师、科学家、工程师、教师、建筑工人、饭店和餐饮业、卡车司机、托儿所工作者、销售代理、清洁工是各国目前短缺的行业。

技术的变革和创新也造成了对各个行业的高技术人才的需求。证据表明,除了技术能力之外(即工业和具体的行业),劳动市场还要求具有 ICT 或语言能力社会的和个人的(软)能力。这些包括:团体合作、人与人之间的交流、创造性、主动性、领导和管理能力、表达能力、和学习能力。适应性强、有志向、忠诚、奉献和自我表现被认为是重要的个性特征。最近欧盟开展的一些举措来强调促进关键能力来提高欧洲的竞争力。

教育与培训的水平与就业率之间的联系对培训的需求有着明显的影响,特别是在服务部门和缺少技术劳动力的行业。教育与培训战略应该对此予以考虑并主要对低技能的中青年进行培训来补充这些岗位。同样地,人口的老化对教育与培训也产生相当大的影响。它要求更广泛的人群高度参与教育与培训,并使技术的需求与所提供的人力资源之间的匹配更加准确。对未来职业的技术需求的信息对 VET 政策制定者变得越来越重要,有助于他们修订课程和根据情况提供培训地点和教师。确认技术的需求与提供这一新的技术之间的时间差距在 5—10 年(第一批大量的受过培训的人群进入劳动力市场),这一时间差距必须要缩短。正在形成的欧洲劳动力市场也要求运用在成员国间具有可比性和兼容性的预测方法,来满足未来劳动力市场的需求以及预防失业。

## 二、未来职业教育与培训发展的趋势

正如雅克·德洛尔(Jacques Delors) 在 UNESCO 21 世纪国际教育大会上的报告《教育——财富蕴育其中》所说的:"面对未来众多的挑战,教育是一种不可剥夺的财富,它可以使我们达到我们理想的和平、自由和社会公正","教育是个人和社会发展的基础"。① 这里的教育是从广义上来说的,包括扫盲、学校教育、职业教育、学习、为了个人的和团体的更好的个人生活质量的教化。即使教育不是一种有着神奇或魔术般疗效的神丹妙药,委员会也相信它是一张"王牌",至少是一个理想的"乌托邦的必需品",可以有机地、和谐地和真正地提高所有人的生活水平、消除落后与贫穷、预防被排除在社会之外、避免国家和人民之间的冲突、反抗压迫和反对把统治与战争作为解决冲突或发展需要的办法。该欧洲委员会在关于教育与培训的题目为《教与学》的"白皮书"中宣称,"学校是个人发展和融入社会的必要工具……",因为"教育与培训的质量对提高欧盟竞争力和生活水平起着至关重要的作

---

① 雅克·德洛尔.教育——财富蕴育其中[M].北京:教育科学出版社,1996.

用"①。

"白皮书"还提出了欧洲教育与培训的"5大不能放弃的目标"：

(1)鼓励获得新的知识；

(2)缩短学校与企业的距离；

(3)促进社会和谐；

(4)推动3种交流语言的能力；

(5)同样重视对物质和教育的投入

这些文件提出了"欧洲发展趋向"：

(1)学校—工作交替制的政策，而不再是仅仅以学校为中心；

(2)引入了在学校、培训、企业、地方、地方教育机构、国家和国际教育政策的一体化体制；

(3)发展继续教育，在基础教育的同时或以后，与高级中等教育平行，可以获得资格证书，并有机会接受中等后的专业化培训；

(4)培训要与地方、国家和国际的发展相适应。

### (一) 使VET更有吸引力

欧洲委员会的报告提出"使所有人更容易终身都能够获得进入教育与培训制度的机会"，使它成为"一个开放的学习环境"。这些制度必须是完整和相关的，对青年和成人具有吸引力，必须制定战略来克服正规教育与非正规教育和非正式教育之间的障碍。在这一问题上，必须保证对所有人的，从幼儿以后的高质量的基础教育与培训。

大多数欧洲人都建议在义务教育或中等教育之后进行职业培训/学徒制。入学统计数据也显示了这一趋势：总的来看，高级中等学习者的60%和中等后的80%的学习者属于VET。VET需要更加弹性化，使得公民能够接受继续或高等教育与培训，能够在他们一生中获得不同的资格证书。国家主要致力于促进(继续)培训，提供更多的选择，使他们的制度更加连贯。有几个国家使他们的中等后部分更加多样化并/或引进非大学的第三级VET计划。但是从VET升入高等教育还普遍较低，对此领域的进展报告还不太多。保证从VET升入高等教育的途径通畅，为后者提供更多的选择，是使VET更具有吸引力的至关重要的方面。建立质量框架的桥梁，学分转换和对以前学习的认证有助于这一进程。

鼓励欧洲公民进行继续教育不仅要使路径畅通，而且要使他们了解他

---

① Cresson, E. e Flynn, P. *Insegnare e Apprendere: Verso la società conoscitiva* [M]. Bruxelles: Commissione Europea, 1996: 49—51.

们可能需要那些技能。时间的安排考虑到工作时间,提供资助或激励措施鼓励他们进行进一步的培训。

### (二)促进质量的提高、增强透明度和完善认证制度

欧洲委员会对未来 10 年的计划制定了具体的"目标"和战略。第一个目标是改革教育与培训制度的"质量和效率",使所有人都能实现他们作为合格公民的潜力和使社会制度更加具有竞争力和活力。更具体来说,预防被排除在社会之外,必须采取行动来实现这一任务。因为已经证明,缺少准备和适当的资格证书,将极有可能被排除在社会之外。从积极的方面来看,是为了克服被边缘化。另一个目标是学习的过程旨在"支持积极的公民的和机会的平等"。这意味着促进个人在终身都能够参与社会和经济社会,尤其是与就业能力有关。这一问题的源头是所有公民具有适当的有助于个人和国家发展的知识、技术和能力。①

致力于联合开发基于学习结果的欧洲质量框架(EQF),它使在欧洲内不同产业部门之间的证书具有可比性和便于转换,并且它已经对国家的VET 政策产生了很大的影响。越来越多的国家使用欧洲开发的共同原则和工具来完善自己的政策。对各国进度方面的分析表明,他们制定越来越多的质量结构和框架,开发质量制度的标准。越来越多的国家承认非正规和非正式教育对制度的弹性化的价值和加强指导与咨询的需要,尤其是为那些有困难接受终身教育者。②

此外,一些制定自己国家质量框架(NQF)的成员国,也大多着手发展自己的 NQF,使他们的制度更具有透明度和弹性。作为对保证学习结果的可信度的提前措施,质量保障已经成为大多数国家的主要措施。对学习结果和竞争力的关注也使对开发 VET 标准更加重视。证书注册、强制质量保障计划和进行鉴定变得越来越重要。为了促进质量保障进程,有必要发扬质量文化和开发相关指标。

NQF 已经成为争论最激烈的话题,特别是有关如何实现终身教育,促进教育、培训与学习的进程的问题。NQF 根据不同的学习达到的标准,其

---

① Ciofs/Fp e Cnos/Fap. *Dell' obbligo scolastico al diritto di tutti alla formazione:i nuovi traguardi della Formazione Professionale*[A]. Roma:Ciofs/Fp e Cnos/Fap:25—26.

② Lipinska,P. , Schmid, E. & Tessaring, M. *Zooming in on* 2010:*Reassessing vocational education and training*[M]. Luxembourg:Office for Official Publications of the European Communities,2007.

证书分为不同的类型。希望 NQF 能够克服国家教育与培训制度中不同部分之间的障碍(如 VET—高等教育或初始—继续 VET)。

学习结果(基于能力)——EQF 和 NQF 的基础——被各国广泛接收并作为政策指标。提供证书的透明度和量化有着密切的联系。这些是使学习结果在不同部门之间转换的重要条件并是实施终身教育的必要条件。

2006 年质量成为大多数国家主要的问题。在一些国家它是 VET 改革或终身教育整体战略的组成成分。2 种方法似乎占主要地位,一是提供共同的框架,建议和/或为 VET 提供者提供标准来满足当地的需要;二是开发质量保障的方法,包括国家检查、审核、质量分类和奖励。质量注册、强制质量保障计划和对提供者的鉴定,尤其是对继续 VET,变得越来越重要。质量保障措施与财政、资源和 VET 的效率的关系越来越联系紧密。几个国家建议共同质量保障框架(CQAF)作为他们成立 VET 的指导,有些国家强调参与欧洲网络 ENQA—VET。

在中央的规定与大区、地方或机构层次的方式、方法和实施的决策权之间找到正确的平衡点是各国正面临的挑战。内部和外部的评估的困境和收集适当的数据来判断 VET 的质量是引起争论的一些问题。

国家质量框架通常强调 4 个主要的目的:制定学习结果的国家标准和层次;提高教育与培训的质量;使获得资格更加便利;促进学生的入学、转换和升学。发展 NQF 和质量保障是相互依赖的,并非常重视使教育与培训更加透明,也因而更加可信。相互信任是学习结果在国家和机构之间转换的前提。它要求不断提高其透明度,要打开教育与培训的"黑箱"。质量框架的成功,包括 EQF,取决于连贯的质量保障战略的实施来促进相互的信任。

当对他们的质量体系重新进行设计时(如开发 NQF),越来越多的国家(如丹麦、西班牙、马耳他、罗马尼亚、新西兰、德国、葡萄牙、保加利亚)制定 VET 的标准和设计基于能力的课程,他们趋向于对学习结果的鉴定和对非正规学习的认证来保证可说明性和提高可信度。在这一背景下,有些国家也重视 VET 教师或培训者的教学和培训的质量。还有些国家则注重对 VET 标准的开发和升级(如意大利、爱沙尼亚、西班牙、匈牙利、马耳他、葡萄牙)。此外,有些国家也在传统领域来提高 VET 的效率,如对他们的结构和质量进行修订和提高(如瑞典和英国),改善足够的设施和资源(如保加利亚、拉脱维亚),创建网络或区域中心(如比利时、爱沙尼亚、匈牙利)。[①]

---

① Lipinska,P. , Schmid, E. & Tessaring, M. *Zooming in on* 2010: *Reassessing vocational education and training* [M]. Luxembourg:Office for Official Publications of the European Communities,2007.

对学习者来说,在他们跨境转换或积累他们的学习结果时,VET承办者之间互相的信任和合作就如"通用货币"一样重要。15个之多的相关部门的项目,从机械工程和ICT到护士、饭店和餐饮都参与启动"达芬奇计划",有24个国家参与到一或多个项目,直接的目的是促进国家和国际间的流动。

在国家教育与培训制度内和考虑到工作的变动,转换和积累学习结果从终身教育来看应该是可能的。意大利正在领导一种培训组合方法,该方法通过记录正规培训,以便于学分的认证。在IFTS中,意大利已经开发了多套的可证明的技术,当依据协议进入其他途径时,它可以作为培训学分得到承认。

各国已经启动质量保障和发展,这是提高吸引力和促进流动的必要条件。为保持活力,以下几点非常重要:

(1)推动质量文化和开发相关指标;

(2)支持VET提供者发展质量保障体系和促进所有的培训;

(3)使利益相关者意识到在所有层次VET的质量保障和共同原则来支持进步,是相互信任的前提要求,也是使质量框架和学分制成功地跨越区域、产业和国家的界限;

(4)促进VET和高等教育之间的合作,与欧洲网络ENQA-VET和ENQA之间的联系相似。这能够支持VET与高等教育质量之间联系的通途。欧洲网络ENQA-EVT可以为各国实施质量保障的共同原则时提供指导。[①]

目前NQF的发展有以下目标:

(1)建立学习结果的国家标准;

(2)提高教育与培训的质量;

(3)使证书相互有关联;

(4)使接受教育更加容易。[②]

当前的工作重点是:

(1)继续对VET充分的投资,对处于失业危险边缘的人促进接受终身教育的机会,支持教师的培训者的发展,与其他部门的政策合作;

(2)改变概念,如果教育与培训不能及时对青年和年长者提高适当的技术,技术短缺情况将会持续出现并更加严重。马斯河优先战略促使VET

---

① Lipinska,P., Schmid, E. & Tessaring, M. *Zooming in on* 2010: *Reassessing vocational education and training* [M]. Luxembourg: Office for Official Publications of the European Communities,2007.

② 同上。

现代化是正确的,因此保持这一工作重心是非常重要的;

(3)VET 面临着政策变化的挑战,为了清楚地了解政策的影响,对改革进行评价和系统地研究是必要的;

(4)预测对技术的需求,保障获得技术的质量,提供充分地继续培训和对通过非正规与非正式教育所获得的技术的确认,是解决人口下降和对技术不断变化的要求的重要手段;

(5)"一个趋向欧洲领域的职业教育的动向已经很明显","在所有与VET 有关的方面制定、运用欧洲共同工具是至关重要的"[①]。

### (三)对非正规和非正式教育的认证

里斯本战略确定和谐社会、持续发展、积极的劳动公民作为欧盟中期计划的工作重点。这些任务一方面是与促进欧洲公民终身教育有关的;另一方面是为了促进各个国家不同教育制度的融合。其中一个目的就是为职业技术教育做准备。里斯本议程中欧盟重要目标之一就是大力增加掌握高科技的公民人数。

欧洲教育制度国际化的进程是希望为欧洲公民提供新的机会,以方便他们的流动和在国外或自己本国接受教育。然而这要求对证书、认证和学分的转换达成一致意见,以确保相互的质量。终身教育的欧洲质量框架(EQF)对有关共享证书和学位做出了规定,欧洲议会和委员会采取了适当的决议。这一框架的制定是为了方便对学位和证书在欧洲范围内的认证,为了劳动者和学习者的就业能力、流动能力和被社会所包容。因此增加了对公民在培训和工作中获得的学位的认证的工具,称之为"职业教育与培训欧洲学分(ECVET)"。因此,对欧盟成员国来说,要对自己国家的教育制度创新进行思考,尤其是对职业技术教育,要与共同决定的模式相一致。

在这一背景下,意大利也要重新大力加强自己的职业技术教育研究,提高创新力和竞争力,以面对国际化的挑战。要面对这一挑战不能靠高级中等教育的高中化,而要靠实现多样化的路径,提供更多的学习机会,能够引起所有青少年的兴趣和动机。[②]

---

① European Commission. *Employment in Europe 2006*[R]. Luxembourg：Office for Official Publications of the European Communities,2006. http://ec. europa. eu/employment_social/news/2006/nov/employment_europe_en. pdf,2007-5-25.

② Ministero della Pubblica Istruzione. *Persona，Tecnologie e Professionalità：Gli Istituti Tecnici e Professionali come Scuole dell' innovazione*[DB/OL]. http://www. cislscuola. it/files/MPI_DocumSuIstTecnProf_3mar_08. pdf,2008-03-03.

对非正规和非正式教育的认证(鉴定、评估和承认)无疑在大多数国家的政治日程之中,是 VET/终身教育战略的中心所在。对认证方法的开发与对学习结果的接受有着本质的联系。越来越多的国家重新改革他们的证书,使其表明学习者在一轮的学习结束时知道/能够做什么(而不是强调学制和学习地点)。各国颁发的证书使用多种语言对计划进行描述,并考虑国家质量框架和欧洲质量框架以及欧洲职业教育与培训学分制的兼容性。对非正规和非正式教育的认证被认为是增加正规教育与培训机构弹性化的重要方法,它使通过各种途径来获得正规的证书成为可能。[①]

迄今为止,认证主要与正规职业教育与培训授予的 EQF2—4 级证书有关。然而,高等教育也在不断发展,尤其是允许具有相关实际工作经验者进入正规教育与培训。认证被认为是对企业和产业越来越重要的工具,它为聘用有技术的员工和使用现有的知识、技术和能力提供了有效的途径。一些综合的认证方法正在开发之中。这反映在各国间经验交流的制度化和面对挑战时能够互相理解。

对非正式学习结果承认的缺乏阻碍 VET 的流动性,因此制定相关欧洲工具势在必行。欧洲通行证(europass)提供了劳动力市场流动的平台。在 europass 和 Erues 网站使用共同标准的个人履历(CV)的协议有助于学习者和人才的流动。

2007 年初,各国的国家欧洲通行证中心(NEC)与学校、就业服务、人事指导与咨询和其他机构进行合作。比利时和意大利已经把欧洲通行(europass)与它们自己的职业指导和咨询结合起来。

公文包方法被认为是主要的方法。它反映了对承认个人通过各种方式和经验模式获得的能力的需要。公布的方法(鼓励和支持个人对他们的学习成果进行记录)越来越重要。尽管越来越强调对能力的鉴定,在某些情况下,它们是通往正式承认的第一步。正规教育与培训制度中的测验和考试也越来越多地运用于非传统的(非正规和非正式)教育经验中。由于传统方法如笔试,可能不能够很好地了解具体的学习成果,因此观察和模拟成为重要的认证方法。

在过去的 10 年中获得的大量的对非正规和非正式教育进行鉴定和评估的广泛经验,对加强过程的信度和减少第一和第二级证书和毕业证的风险具有重要意义。

---

① Lipinska,P.,Schmid,E. & Tessaring,M. *Zooming in on 2010: Reassessing vocational education and training*[M]. Luxembourg:Office for Official Publications of the European Communities,2007.

（四）通向世界一流的职业教育与培训

2002 巴塞罗那目标和 2010 教育与培训工作计划为欧洲成为世界一流的教育与培训制定了路线图，使所有人都更容易接受高质量的、面向世界的教育与培训。与综合的终身教育战略一起在 2006 年开始实施，但不是所有国家都实现了这一目标。联合中期报告①号召成员国确保教育与培训制度的平等和效率。

为响应欧洲对竞争力的号召，各国加强在《哥本哈根宣言》中的 VET 的合作。他们的目的是使欧洲的 VET 制度更加透明，保障其质量，加强欧洲维度。宣言也号召更好的指导和咨询，为人们获得竞争力和证书的认证提供更多的机会。《哥本哈根进程》有助于 VET 政策的比较，找出共同的优先项目和对共同的原则和方法达成一致意见。

中期总结和更新是进程的一部分。2004 年的第一次总结即《马斯哈公约》（Maastricht communiqué）重申 VET 在劳动市场和社会融合的关键作用。《马斯河公约》迫切要求成员国联合项目投资，对以前的学习和定做式的学习进行鉴定来满足处于劳动市场危险中的和被排除在社会之外的人的需要，尤其是早期辍学者、低技术者、移民、残障者和失业者。

早期辍学者、大龄工人就业和地区凝聚力指标是经常用来衡量社会包容度的指标。② 许多处于社会边缘的人属于上述一种或多种，然而他们中并不是所有的人都是自愿处于社会之外的，他们也有对不同种类的技术和资格的需求。要找到合适的对应政策，必须要对这些对象有清楚的了解。

第一次 32 国的部长、欧洲社会合作者和欧洲委员会共同制定了国家的优先行动项目来指导 VET 的改革。研究结论③对 VET 在实现里斯本目标

① Council of the European Union. *Modernising education and training：a vital contribution to prosperity and social cohesion in Europe：2006 joint interim report of the Council and of the Commission on progress under the 'Education and training 2010' work programme*. Official Journal of the European Union，1 April 2006，C 79，p. 1—19〔ED/OL〕. http：//ec. europa. eu/education/policies/2010/doc/progressreport06_en. pdf，2007-5-25.

② Council of the European Union. *Joint report on social protection and social inclusion 2007*. Brussels：Council of the European Union，2007〔ED/OL〕. http：//register. consilium. europa. eu/pdf/en/07/st06/st06694. en07. pdf，2007-5-25.

③ Leney，T. et al. *Achieving the Lisbon goal：the contribution of VET：final report to the European Commission*. London：QCA，2004〔ED/OL〕. http：//www. refernet. org. uk/documents/Achieving_the_Lisbon_goal. pdf，2006-11-17.

中的贡献进行了评价,该目标是基本的优先项目。各国同意使用共同的欧洲工具,提高教师和培训者的素质和增加对 VET 的投资。他们也决定使VET 更加弹性化,以保证对新的工作岗位的要求做出回应,满足那些即将处于边缘者的需要。促进 VET 现代化,实现 2005—2008 年就业指导的目标。VET 是这些相互关联政策的核心。

《赫尔辛基公约》是第二个总结报告,重申了 2004 年在马斯河制定的优先项目。尤其强调要提高 VET 的吸引力和质量,也强调了对好的管理的需要。致力于开发和使用共同的工具,来继续提高对职业证书的透明度和认证。为了促进欧洲经济的增长这一目的,VET 需要变得对青年和成年学习者、员工、政策制定者以及整个社会更加具有吸引力。《公报》倡导更加制度化的互相学习和为政策制定者提供更多更好的 VET 统计数据。

## 三、加强欧洲和国际维度,通向开放的终身教育

面对上述挑战和欧洲一体化与国际化的发展趋势,要求意大利的职业教育与培训制度加强欧洲和国际的维度,通向开放的终身教育。

在意大利公约和关于就业的国家计划中制定了与欧盟就业战略相一致的国家教育与培训战略。意大利教育的工作重点是:开展对人力资源的现代化的培训,促进经济增长,提高就业率和就业能力,推动社会包容。特别是在处理和预防失业的措施上,对劳动市场改革的目的之一就是构建坚固的终身教育制度,这已经写入 2004 年的国家计划里。政策的目的是保证对人力资源投资的不断增长,实现成人劳动人口的 12.5% 参加终身教育的目标。

跨文化教育也包括按照新的欧洲标准来衡量内容与方法,以培养积极的欧洲公民。从 1979 年以来,学校计划中就包括跨文化教育。尤其是在中学计划中指出,实现社会化要求学生"体验他国的问题和文化,从而培养欧洲和世界公民,从心智态度上从不同的文明、文化和政治制度中达到人类共有的一般价值观"。这一计划中所提出的需要和问题后来成为《马斯河条约》的核心问题。

"人与人之间的理解与合作"的教育理念和防止对他人和文化的"成见与偏见"在小学里就已经被写入教育计划予以确认,成为教育的首要目标。然而,在高级中等学校,由于改革的滞后,使得这一目标并没有得以实行。但在许多各类实验学校的目标和目的中都提到了"跨文化理解"和"培养不同的思维模式"这一目标。

从国内视野到国际视野这一进程,在欧盟条约的第 126 条对此就有所

规定,该条约取代了 1992 年 8 月 7 日的《马斯河条约》的 G 条第 36 款的规定,使意大利的政治和文化生活变得更加方便;事实上,1994 年 4 月 16 日的第 297 号加强法案的第 4 条,从法律上对意大利所应承担的义务做了规定,在教学内容和教育制度的组织方面与其他成员国进行合作,以促进教育质量和教育的欧洲视野。

法 53/2003 对教育与培训制度进行了调整。其中指出不仅要提高地方和国家的意识,而且要提高欧洲的意识,并规定在学校学习一门欧洲语言,在初中和高中里开始学习另外一种欧洲语言。在这一背景下,从两条路线来促进欧洲视野:

政治路线,即保证某些必要的教育制度的改革(如区分不同的职业培训课程、加强语言教学、降低辍学率、建立定向与指导制度、扩大中等后教育的范围等);

技术路线,即与组织计划、合作、各类教育间的转换与认证等有关的技术问题。

在过去的几年里,几乎在各层次的学校都做了一些重要的改革,这使得意大利的学校制度与欧洲其他学校制度相比更具有竞争力:

1990 年的改革已经提出在小学三年级,更多的是在二年级开设外语。法 53/2003 对此又进一步规定在小学所有的班级都开设一门欧洲语言,在初中开设第二种欧洲语言;

在职业学校开设外语(1992 年 4 月 24 日部级法令)和在传统学习的课程中加入外语的科目或延长原有外语教学时间(以前只在第一年或最后一年才开设外语),法 53/2003 还规定成立了语言学校;

建设中等后非大学培训路径,根据 1999 年 11 月 3 日第 509 号规定通过的对大学的改革,获得学士学位必须具有一门欧盟国外语的知识,使得意大利与许多其他欧洲国家具有等值性。这种等值性是从业者在欧洲自由流动的重要纽带。

1998 年 3 月 6 第 40 号法令对意大利的外国人的教育进行了规定。在意大利的外国人在入学年龄必须接受义务教育;他们具有所有有关的受教育的权力、使用教育服务的权力和参与学校生活的权力。教育权力的实现由国家、大区和地方政府以及通过具体的课程和措施来实现,如学习意大利语。学校尊重不同的语言和文化的价值,这有助于建设互相尊重、文化交流和宽容的社会。为此,学校促进和鼓励尊重和保护母语语言文化的活动,并开展跨文化活动。外国居民享有与意大利公民一样的接受大学教育和其他学习的权力的平等权。

2004 年 1 月 16 日,教育部的 2004 年年度行政活动的指示规定如下:

（1）根据里斯本欧洲委员会和共同目标，特别是 2003 年 5 月的欧盟教育部长大会制定的参数，支持和促进欧洲教育与培训的一体化进程；

（2）促进和提高学校参与共同体行动计划的质量，促进和支持发展欧洲教育视野的举措。

此外，根据上述指示还建立的"你好欧洲（buongiorno Europa）"的网站。

教育部 2004 年 6 月 21 日对关于"教育之欧洲——发展和促进欧洲视野教育（L' Europa dell' istruzione. Sviluppo e promozione della dimensione europea dell' educazione）"做出下列指示：

欧洲宪法和扩大的欧盟赋予欧洲视野教育以新的目的并强调了有关教育与培训的条约的规定，重视合作以提高学校质量。在这一背景下，MIUR 在考虑到具体的地方经验和学校自治情况下，需要充分利用跨国合作带来的机遇，推广先进的经验，对该领域进行必要的干预。为了促进欧洲视野教育的进程，大区学校办公室的任务是在地方和中央，对所有进行的项目计划进行监控；在与参与项目的欧洲其他国家做比较时，注重有关方法和内容的创新。在学校进行的欧洲项目表现出了极大的创新力，他们基于当地的现实，利用前所未闻的工具和材料，开展了丰富的教学实验。

从上述指示开始，这一进程在不断推进。2004 年 MIUR 的学校教育国际事务总理事会（Direzione degli affari internazionali）制定了合作团体的章程，并在大区学校办公室开展欧洲视野的活动。通过各种方面和创建网站"教育之欧洲（L' Europa dell' istruzione），来促进欧洲的教育发展。一些主要的方面有：

（1）在国家层次通过教育部的一项"说世界（Parlare il mondo）"的举措，来实施和促进有关欧洲委员会 2004/2006 语言行动计划的措施；

（2）对资源和基础基金进行重新计划，加强与学校改革有关的行动，宣传获得基础基金的方法；

（3）参与国际组织的项目（OCDE、UNESCO、欧洲委员会），以支持国家改革进程和目标的实现；

（4）与巴尔干半岛和地中海地区开展合作；

（5）支持职业培训的实验项目。

（一）国家课程中的欧洲/国际视野

在各级各类学校的教学计划中，有关欧洲视野的教育是非常普遍的。随着欧共体进程的推进，学校对跨国/欧洲的教育问题越来越重视。对此的关注不仅来自部级的举措，更体现在来自公共和私立部门（教师联合会、地方政府、大学、科研和发展机构,等等)的大量的活动。学校自治使学校能够在教学中对超越国界的视野教育给予更多的考虑,特别是通过各校的培养计划体现对欧洲视野教育的重视。同时还有上述提到的具体的部级指示和建议以及 2004 年 7 月 21 日的部级指示"教育之欧洲——发展和促进欧洲视野教育"。这一指示对积极参与国际活动的处于社会和经济边缘地区的学校予以奖励。课本的更新已经把国际问题考虑在内。尤其是地理、公民教育和历史课本早就超越国家主义的标准,采用越来越多的欧洲和世界的框架。意大利大多数的学校已经采用这一框架。因此,为了适应这一新的趋势,一个适当的规则框架将尽快确定。

(二)流动与互换

学生的流动通常发生在高级中等学校层次和大学;学校教师的互换则越来越普遍,尤其是大学里的教师。但具体的统计数字无法获得。

大多数的流动是在高级中等学校里学生为期一周的班级交换。互换的基金来自欧盟、学校以及家长、当地政府、银行、文化机构等的捐助(表 9-6)。另外一种重要的互换是学生在欧洲其他国家进行一学年的学习。

自 1995 年以来,随着苏格拉底和达芬奇计划(programmi comunitari Socrates e Leonardo da Vinci)的启动,学校教师的流动量猛增。在 2003—2004 学年,教师的流动量为 8 796 名。据 2004 年 4 月 27 日第 8109 号部级公函宣布,这一数字又有所增加,尤其是意大利中小学的德语、法语和西班牙语教师到国外进行交流。如根据意大利与澳大利亚、法国、德国和西班牙签署的文化协议,在德国和澳大利亚分别为德语教师设有 20 个和 50 个岗位;为法语教师在法国设 20 个岗位;为西班牙语教师在西班牙设 11 个岗位。澳大利亚的德语教师 20 个岗位在法国。2004—2005 年度埃垃斯摩(Erasmus)项目师生的流动数量如表 9-7 所示。

表 9-6　1995—2005(第一期 1995—1999,第二期 2000—2005)年苏格拉底计划基金

| 年 | 1995 | 1999 | 2000 | 2001 | 2005 |
|---|---|---|---|---|---|
| 基金(欧元) | 4 472 694 | 6 825 010 | 7 555 009 | 22 308 011 | 29 966 791 |

表 9-7　埃拉斯摩(Erasmus)项目师生的流动数量

| 年度 | 学生流动量 | 教师流动量 |
|---|---|---|
| 2004—2005 | 16 440 | 1 086 |

来源:Agenzia Nazionale Socrates Italia (http://www.indire.it/socrates/)

2005 年批准的夸美纽斯(Comenius)项目(表 9-8):夸美纽斯 1(学校、语言与开发项目),夸美纽斯 2(语言奖学金),夸美纽斯 2(在职培训)。

**表 9-8　夸美纽斯(Comenius)项目**

| 项目 | 申请项目数 | 批准项目数 |
|---|---|---|
| 夸美纽斯 1 | 2 099 | 1 348 |
| 夸美纽斯 2(语言奖学金) | 1 511 | 119 |
| 夸美纽斯 2(在职培训) | 1 394 | 899 |

# 第三节　知识社会职业教育地位的哲学思考

## 一、知识社会及其特征

知识,除了可以创造人的自由,建立与他人和世界的关系、建造世界以外,还是发展经济和社会的重要资源。知识总是对生产制度产生重要影响,从工业革命开始它就成为基本的生产力。

诞生于 17 世纪的现代科学不再研究作为一个有机体的自然,而是集中在简单的,可数的一些现象上,并把它们与其余的分离开来。这种方法态度是以解构的名义,在自然知识的历史上产生了很大的进步,但也带来了非常错误的观念:越来越多地考虑基础的重要性和简单的分解和传输,忽视了整体的系统性。这种解构的方法越来越显示出它的局限性。

对解构的方法的批判的观点在近十年里有了很大的发展,从理论的反思到复杂的模式。理论概念不再属于解构主义,而是"新事物"。在 20 世纪初出现的量子力学对传统科学的基本原则——因果原则——的简单解说带来了危机。对所有这些(新事物和因果循环)的认识是对知识概念的彻底批判,这些概念只强调在学校制度里的各个方向的理论的学习,强调思高于行、理论高于实践、演绎高于归纳、知高于行、智育高于活动。

德国物理学家海森堡用他的不确定原则,证明了不可能对现在所有的细节都弄清楚,因而也无法确定未来。如果量子力学所揭示的我们无论如何都不可能知道原因,那么所有的理论的解释对我们来说——即如果对原因不可能了解——那么结果也往往是无法预知的,而不是线性的。控制论的价值在于引进了结果对原因的反馈的概念,在因果循环的关系里,产生了复杂的原理。这一原理认为,不同的原因和不同的结果是互相作用的事物的各个方面,它们形成了生活中互相交错的复杂性。

最近对大脑的操作程序的研究明确强调,在因—果逻辑中的经典的知—行框架(即先知,后行)是不符合规律的,而是具有对知识进行建构和联系的性质。人类的认知是产生于积极的行动中的,其中感知、行动和计划之间存在着密切的联系。然而,理解有着重要的注重实效性质,它来自我们对那些试图实现的开发的行动计划的感知。行,事实上,不只包括对那些现时的需要的反应,也包括对真理和存在的要求的反应和发展。①

复杂的体系是由大量的相互作用的因素组成的。它们间的相互作用使它们比单独任何一个更具有活力。对这些新特征的研究要求使用新的科学方法,这种新的科学方法冲破了科学之间的传统的界限。这一挑战是在多学科的科学、多维度的现实和互相补充的知识中开发和发展起来的复杂性。在这一新的复杂的模式里,各种学科成为网络的一个体系,与连结点有着多重的关系。通过这种模式,克服了学科的封闭性,克服了非此即彼的局限性,这种封闭性和局限性使研究陷于瘫痪,阻碍了对真理的了解和传播。

"事实上,随着第三次工业革命——即新技术革命——所带来的变革,新的动力就产生了。因为,从二十世纪中期以来,个人培训和团体培训、科学技术的日新月异以及各种文化表达方式等都不断发生着变化,尤其是朝着相互依存度不断增加的方向发展。……知识社会的核心是为了创造和应用人类发展所必需的知识而确定、生产、处理、转化、传播和使用信息的能力。而人类发展所必需的知识的基础是与自主化相适应的社会观,这种社会观包括了多元化、一体化、互助和参与等理念。"②

## 二、知识社会的到来引起了职业的变革

工业革命以来,机器的普遍使用和不断发展使它们越来越复杂。现代化带来了重要的创新,对学习过程的投资——由于知识内在的可以再生产的本质——它不仅是必要的而且是更方便的。它不是对以前所知的操作进行简单地重复,而是为了创新、发明新的机器和新的产品。

---

① Ministero della Pubblica Istruzione. *Persona*, *Tecnologie e Professionalità*: *Gli Istituti Tecnici e Professionali come Scuole dell' innovazione*[DB/OL]. http://www.cislscuola. it/files/MPI_DocumSuIstTecnProf_3mar_08. pdf,2008-03-03.

② 联合国教科文组织.《从信息社会迈向知识社会——建设知识共享的二十一世纪》[DB/OL]. http://www. un. org/chinese/esa/education/knowledgesociety/2008-04-28..

在这两个半世纪里,知识的传播,肯定是要在越来越广的范围内进行传播,知识传播的范围,从最初的扩大机器的销售圈到工作组织的"科学化"——典型的福特主义——然后到信息和通讯技术这一重要的流通媒介以及新的世界范围的生产和销售网络。这些网络使"自由"的知识与现实物质(机器、企业)紧密地结合在起来。在依赖于知识传播的经济里,网络保证了迅速的和全球的传播。它不是一个辅助的方式,而是重要的组成部分。互联网第一次使即时的全球的传播成为可能,它开创了意想不到的知识的民主化。①

在 20 世纪 90 年代初,开始出现了"知识爆炸"和"知识经济"的词汇。在这种经济中,物质生产(使用体力把原材料转变为成品)越来越少,而脑力劳动(认知)越来越多,也就是说使用知识来生产知识。但这不是仅限于少数的"知识分子"的工作,而是所有人和所有的工作;不仅仅是西方工业化进行的投资,发展中国家也对此进行投资。因而,出现了大量的全新的职业活动,或从已存的职业中发展出新的职业,但所有的都与新的具体的能力有关。为了更好地对已经出现的需要和面对未来的需要做出回应,这些具体能力的产生、加强与系统化是紧密相连的,但也与现存的标准化的规定有关,也会产生更加分化的、高层次的职能,如咨询和监控。网络带来了创造性的工作,但这要求熟知使知识能够进行远程传播的电子网络和语言。弹性化和模式化工作也更加专业化,这可以通过短期的培训来获得工作技能。那种终生的工作越来越少,在人的一生中工作的变换越来越多。

在"知识社会"里,工作世界从文化和组织模式都发生了根本的改变。如果所有的工作都是"认知的",如果知识是生产和经济的决定因素,那么学校的教育与过去相比,在经济和社会中显示出越来越大的重要性。知识社会事实上意味着学习的社会,对此,培训与职业的关系在未来经济和生活中将起着更重要的作用。

意大利中等学校的课程模式是建立在知识的等级上的,它没有明确规定人文学科高于科学学科,但哲学是这一金字塔的顶端,物理和其他科学学科处于上部。这一组织理念在意大利已有一个世纪之久,是人文文化与科学文化、教育与工作之间不断分化的结果,这是造成职业与技术学校的地位低的原因之一。

技术学校,尤其是职业学校的社会命运多舛。但实际上它们对社会和

---

① Ministero della Pubblica Istruzione. *Persona*, *Tecnologie e Professionalità*; *Gli Istituti Tecnici e Professionali come Scuole dell' innovazione*[DB/OL]. http://www. cislscuola. it/files/MPI_DocumSuIstTecnProf_3mar_08. pdf,2008-03-03.

经济的发展具有重要的作用，不管是在国家层次还是国际层次，都能够根据企业和社会的要求培养出一流的人才。正是这些学校在国家的技术与职业教育中有着较高的社会地位和"信誉资本"。即使今天，它的学生数量也占了这个高中注册人数的55％。

如果不是由于知识和学习的路径的等级制，职业技术学校完全能够实现国家经济和社会发展的需要，只需克服知识界的等级制、分离和僵化的障碍。

对青年一代进行的科学与技术的教学要为他们提供普通的视野，是文化的统一体。在这里思与行是紧密交织在一起来培养完人，能够发展他们的特长、面对现实的挑战、在思与行上做出应有的回应、能够形成意识。经济的发展与衰退是社会道德与文化发展和衰退的结果。在这种模式下每个有能力的人都可以在学术或职业上获得成功。

科学是通过正规的描述来表达对自然现象理解的能力；技术代表的是对这一描述的应用的能力，利用它作为应用的工具，正如一个问题的两个方面，它们是互相作用的。科学的发现将改变技术，同样技术工具的改善也会大大推动科学的发展。科学方法的重要组成部分是：观察、假设、试验和评价。

今天人们对此的认识更加清楚，正如埃德加（Edgar Morin）的发现克服了知识的破碎和分离所引起的"不育"。科学与人文如果结合起来即会产生非同寻常的发现和天才的理论，又会对人类的根本问题进行反思。科学和技术各种各样的问题不可能靠一门学科来解决，而要求各种学科一起，充分利用它们自身的人类文化的丰富资源来解决。今天真正的人类文化都与对技术掌握的和其他的数据传输交织在一起的。同时，它在生产领域的传播也更加有用。[①]

## 三、提高职业教育的地位

第二次世界大战以来，世界教育发展的一个基本倾向是"职业教育普通化，普通教育职业化"[②]。这一趋势在知识社会的今天表现得越来越明显，

---

① Ministero della Pubblica Istruzione. *Persona，Tecnologie e Professionalità：Gli Istituti Tecnici e Professionali come Scuole dell' innovazione*[DB/OL]. http://www.cislscuola.it/files/MPI_DocumSuIstTecnProf_3mar_08.pdf，2008-03-03.

② 徐国庆，石伟平.杜威论职业教育与自由教育的整合[J].河南职技师院学报（职业教育版），2001(6)：43—47.

特别是在职业教育领域。意大利的职业教育改革正是充分体现了这一发展趋势，实现了职业教育与普通教育整合和一体化特征，提高了职业教育在法律上的地位。

知识与性向没有高低之分，是平等的。不是单一的智力概念，而是多元智力。智力是多种多样的，是没有等级制的这一观念有助于克服一种智力低于另一种智力的错误思想。一个学生在"自然"或"空间"方面有优势的智力并不比另一个在"语言"或"逻辑—数学"方面有优势的学生高或底低。对实践活动或对技术装置的热情不仅不是一种低下的智力，而是个人和社会的资源。

意大利新的义务教育法第一次在高级中等教育中提供了平等的教育形式，在这种教育形式中的前两年提供了 4 个方向的知识和能力的培养：语言文化、数学、科学—技术和历史—社会，它"保证所有方向的培养的平等性"。

在所有的方向的培养中都是知与行相结合的培养模式。平等性并不意味着雷同，而是多种类型的智力和认知形式，同时各种不同的学习方向产生丰富的成果：具有理论厚度的普通高中，有着广泛的培养领域；技术教育方向对学生有着全面的培养的同时，更多的是注重对技术程序的掌握，对它们之间复杂性的管理和革新；职业教育总是在发展学生个性的不同方面的同时，主要目的是在不断变换的经济背景下，加强在生产程序中对技术的应用能力。

职业技术教育在建设新的学校世界与工作世界之间，在普通文化与职业文化之间，在对抽象的知识与实践和操作的性向之间的联系中具有特殊的地位。它克服了互相之间的隔离和障碍。

在一体化目标的基础上，在各种培养路径中发展各种理解力和认知能力。一方面是实践与操作的能力，另一方面是普通的、文化的和职业的能力，这似乎并不是"乌托邦"。这一目的塑造了职业技术教育的形象，在这一基础上的"资格"也提高了它的品牌资源；这一目标要求文化上的变革虽然充满困难，但不是不可能的。

这一认识对学校的计划有着重要的意义，因为它结束了单一的演绎式的，即从观念到应用的教学方法。这种方法在学校中曾占据着统治地位，它阻碍了以学生个人或小组为主角的组织活动式学习—教学方法的采用。这种教学方法不仅非常被动而且在校园文化中受到学生的反对和抵制。因此，很久以来许多教育学研究强调把学生的智力与情感相结合的方法的重要作用。这种方法通过使用实验室的方法来进行对计划和研究的实施。

为此，有必要在职业学校里，在思维与身体之间，在智力与情感之间建立新的"联盟"，重视基于经验、试验和实践的教学方法。

　　另外,必须从体力劳动转向"开放的思维",因为所有的职业都要求具有技术能力、建立关系的能力和创新力。信息和通讯技术革命包括所有技术程序的自动化;同时,社会不断的复杂化、组织的变化和非物质价值的增长,要求每一个公民具有更多的能力,能够认识现实的各个方面,具有适当的道德,能够与具有不同文化的人合作,能够对不确定的变化做出应有的回答,同时也能够通过工作来提升文化。

　　高级中等学校的学生大部分就读于以就业为目的的职业教育。然而,在最近几年,职业技术路径对学生缺少了吸引力。这一现象的原因是多方面的并与普遍的错误观念有关,例如,缺少对职业技术教育对发展社会和经济的作用的认识;给予高中较高的社会地位;缺少对学生适当的指导和服务活动,使他们没有对自己将要从事的"事业"有正确的认识;缺少对学校各个培养方向根据工作世界实际的要求进行革新;很多职业和技术的教育质量和社会地位较低。现代职业技术教育必须是整个高级中等教育制度中提供职业化培训的一部分,是整个有机体的一部分,同时具有多种形式和多元化,目的是提供青年实现自我、提高文化和促进就业的机会,重视并承认青年从任何形式(正规的、非正规的以及非正式的形式)中所获得的知识和能力。这种培养制度必须建立在充分利用工作文化的基础上,把它作为学习的机会和积极的方法,以跨学科的任务和问题为中心。通过这种方式来建立个人与文化之间的关系。

　　意大利职业教育与培训的实验课程颁发的证书——职业资格证和高级中等毕业证——具有教育的、文化的和职业的特征。这一举措的价值在于,它被大家所承认,不是普通教育的从属部分,不再局限于作为"红十字会"接收差生,而是整个教育制度不可或缺的一部分。它提供具体的培训并与整个教育制度层次一体化——是公民能力标准的一部分和学分认证标准与过程的方法——具有职业本质的特别方法。我们必须转变观念,职业教育在整个教育制度中不是"侍女",而是与普通教育有着平等的身份、组织和程序。①

　　在目前这种背景下,意大利共和国宪法起着重要的作用。它的任务是对全体公民的教育,对工人的职业培训和对其工作的维护,宣称工作的权利—义务是与公民所有权利的紧密相关的,指明社会的基础是"所有劳动者有效地参与政治、经济和社会生活"。

---

　　① Nicoli,D. *Un sistema di istruzione e formazione professionale di impronta europea*[J]. Rassegna Cnos:problemi esprienze prosppetive per l'struzione e la formazione professionale,2007,23(1):35—50.

人的全面发展,要消除发展的障碍,是宪法宣布的中心目的:融入社会中的人,意识到自己的权利和义务,在学习和工作中实现个人的全面发展,同时在社会中成长。

目前对公民的培训和对科学与技术领域要求的回应,正是对人与社会在科学与技术方面的反思。这是对道德与认识论的反思,是对科学与技术不断发展和它们的应用的反思。它极大地改善了人们的生活,同时也引起了对环境不断恶化,对生命的控制和对濒临灭绝危险的物种的担忧。

当前历史时刻学校的任务之一就是要对如何使用科学技术的发现的态度进行教育,要提高可持续发展的意识。这是"共同财富"的保证,是保证所有越来越相互依赖的地球居民的共同利益的保证。

科学方法和技术知识,如果正确利用,会具有极大地教育价值,因为它们具有严密、诚实、自由思想、创新力和团结的特质。所有这些基础价值是为了建设一个开放和民主的社会。这些价值也是宪法所倡导的精神,是居民共存的基础,这些精神是:平等、自由、尊重他人、宽容、民主、和平和团结。

就是这些对科学的批判思想,对它的力量和局限的认识,要求职业技术教育应该处理当前更加迫切的问题,这也是未来工作的重点,即提供成功的培训来满足家庭和学生的要求。

职业技术学校,与高中一样,只不过是以不同的方式,为青年面对日新月异的科技、不断变化的劳动世界和越来越无法预知的并与地方背景相互依赖的全球化的市场做准备。要成为"创新的学校",它们面临着极大的挑战和重要的机遇。这种"创新的学校"能够培养青年创新文化,这种文化今天影响着所有形式的变化:科技、管理、组织、文化。创新的学校因此是为了使学生成为"创新的人",这种创新的人是"注定有着美好未来的人"。

# 第四节　意大利职业教育的问题与特征及其启示

## 一、意大利职业教育的问题与特征

新世纪意大利历届政府对整个教育与培训制度进行了重建,使得意大利的职业教育呈现出新的生机和活力,但也存在一定的问题。

从整个意大利教育与培训制度的发展历程来看,体现了下列特征:第一,从管理上,进行了权利的"去中心化",职业教育的管理权限从中央到外围权力逐渐下移;第二,从法律上,实现了职业教育与普通教育的平等,义务教育年限逐渐延长至 18 岁的义务教育和培训；第三，从制度上，实现了从"双轨制"到"一体化"的转变，在这一进程中职业教育的地位不断提升；第四，从教育理念上，从"以教师和学校为中心"的教育理念转变到"以学习者为中心"的教育理念；从"精英教育"思想到全民教育、终身教育思想深入人心；第五，从培养模式上，凸显了多样化和弹性化特色，课程设置既加强了普通教育课程，又增加了职业课程的自主性，教学重视个性化的模块教学和实验室的操作，加强学校、企业和地方的合作，加强对学生的教育/职业指导。

总的来看意大利职业教育存在的主要问题有：第一，从政治教育学的角度来看，党派纷争和中央与大区之间的权利之争使得教育改革不能连贯执行，尤其是对高级中等教育阶段的改革多次被推延；第二，从立法上来看，意大利的立法程序过于复杂而耗时，使得一些教育改革不能等到法律颁布后再实施，而是在这之前就通过一些政令或部级的命令来开展。这也是意大利教育改革的一个特别之处；第三，从竞争力的各项指标来看，意大利的教育质量、经济、就业率、人力资源等方面不容乐观，这给职业教育带来了严重的挑战；第四，提高职业教育的质量和社会地位，彻底改变人们对职业教育的偏见还有很多的空间有待努力；第五，意大利对教育资金分配和使用效率上存在一定的问题；第六，意大利从事职业教育的教师老龄化和工资福利低，这些因素也不利于职业教育未来的发展。

## 二、对发展我国职业教育的启示

### （一）我国职业教育新的目标和要求

对意大利职业教育的研究希望能够引起对我国的职业教育进行反思。2005 年 10 月 28 日，国务院发布了《国务院关于大力发展职业教育的决定》。该决定提出了我国职业教育改革发展的目标："进一步建立和完善适应社会主义市场经济体制，满足人民群众终身学习的需要，与市场需要和劳动就业紧密结合，校企合作、工学合作，结构合理、形式多样，灵活开放、自主发展，有中国特色的现代职业教育体系。"[①]

2008 年 3 月 31 日在北京召开了年度"职成教工作会议暨中职招生工作会议"。会议总结交流了近五年来特别是去年职业教育工作的成绩和经验，研究分析了职业教育改革与发展面临的新形势、新机遇，同时对 2008 年

---

① 国务院.国务院关于大力发展职业教育的决定.国发[2005]35 号[ED/OL].
http://www.gov.cn/zwgk/2005-11/09/content_94296.htm 2007-05-28.

的职成教工作进行部署。

在过去的五年我国职业教育发展迅速,取得了重大的成就。"十一五"期间,中央财政计划投入140亿元发展职业教育,树立职业教育的科学发展观,坚持职业教育面向人人、面向社会的发展方向和以服务为宗旨、以就业为导向的发展方针,职业教育的规模迅速扩大,改革不断深入,质量不断提高,促进了教育结构的战略调整和教育持续协调健康发展,为社会主义现代化建设作出了重要贡献。

教育部长周济指出,要以十七大精神为指导,落实好《政府工作报告》有关教育的战略部署,把加快发展中等职业教育作为深入贯彻落实科学发展观的战略重点,把中等职业教育作为整个教育发展的一个战略突破口,要求继续巩固和扩大中等职业教育的招生规模,这是当前重要而紧迫任务,也是一项艰巨而复杂的工作。要振奋精神,全力以赴,坚决完成今年中等职业教育招生820万人的任务。为此,要加强招生工作的宣传力度,形成强大的宣传声势。要强化对高中阶段教育学校招生工作的统筹管理,统筹中等职业教育和普通高中的招生,统筹各类中等职业学校招生,统筹区域内和跨区域的中等职业教育招生,统一确定招生计划、制定招生政策和招生办法,统一组织招生工作。进一步完善中等职业学校资助政策体系,增强中等职业教育的吸引力,有条件的地方可提高资助标准、扩大资助范围。要加快中等职业学校学生信息管理系统的建设,提高信息化管理水平。①

## (二) 我国职业教育存在的问题

近年来我国的职业教育虽然取得了很大的成就,有了很大的发展。但仍然存在很多的问题。教育部在2005年的《教育部关于加快发展中等职业教育的意见》中指出:"近年来,我国高中阶段教育有了很大发展,但是在高中阶段教育的发展中,出现了普通高中教育和中等职业教育发展'一条腿长、一条腿短'的不协调现象。以科学发展观为指导,大力推动中等职业教育快速健康持续发展,是当前和今后一个时期我国教育事业改革与发展的重大战略任务。"②从宏观方面来看,我国的职业教育主要存在两个方面的问题,即双轨制的教育制度和供求之间的不平衡、不协调。③ 在2006年的

① 教育部.把加快发展中等职业教育作为整个教育事业发展的战略突破口[ED/OL].http://www.moe.edu.cn/edoas/website18/info1207181476390147.htm.2008-04-02..
② 教育部.《教育部关于加快发展中等职业教育的意见》.http://www.edu.cn/gai_kuang_495/20060323/t20060323_130188.shtml/.2005-06-24.
③ 徐国庆.职业能力的本质及其学习模式[J].职教通讯,2007(1):24—29.

教育工作会议上，中国职业技术教育学会会长、原国家教委副主任王明达指出，我国职业教育发展仍然面临认识有待提高、发展不平衡、办学模式有待改进等问题。温家宝指出，教育是国家发展的根本，而职业教育是整个教育不可或缺的部分，也是非常有希望、有前途的部分。目前，全社会对职业教育的重视程度越来越高，但总的看还不够。大力发展职业教育，既是经济发展的需要，也是促进社会公平的需要，既面向经济，又立足以人为本，为提高全民素质服务。在整个教育结构和教育布局当中，必须高度重视职业教育，要把职业教育摆到更加突出更加重要的位置。

## 三、建议

（一）延长义务教育与培训，以法律的形式保障职业教育与普通教育的平等性

为了实现上述职业教育发展的目标，有必要增加职业教育的吸引力，减少低技能的劳动力和降低失业率。目前我国的9年义务教育目标已经基本实现，处于加强和巩固阶段。但是，从我国的情况来看，9年义务结束后辍学的学生骤然增加，尤其是广大的农村青少年。辍学的原因从学生和家庭方面来看主要有3个方面，第一，学习成绩不理想没有考上高中，因此不得不放弃继续学习；第二，虽然能够考上高中，但目前千军万马都挤在高考的独木桥上这一状况，前途很是渺茫。即使有幸考入大学，但对学生毕业即失业的就业状况更让人们对继续上学充满了疑虑。因此很多的家长和学生选择了放弃继续上学，而是外出打工。第三，是出于经济的原因无法继续上学，希望学生能够尽快成为养家糊口的一分子。很多家庭和学生正是由于这些原因中的一个或多个，使很多的青少年过早的终止学业，有的沦为童工，有的流入社会无所事事，增加了社会的失业状况或成为低技能的劳动者。

从这种情况来看，有必要延长义务教育年限至最低的劳动年龄16岁。学生在14岁左右结束义务教育后，在16岁前不能进入劳动市场。而这两年在一个人的人生中是关键的青春期。青春期的少年生理和心理在这一阶段将发生很大的改变。如果在这一关键时期不能够接受很好的教育和引导，将会对整个人生带来不可估量的损失。并且，如果在这个阶段脱离了教育与培训的体系，将很难再重新进入终身教育的轨道，这不利于终身教育在我国的开展。

在该阶段的义务教育可以借鉴意大利的做法，即多样化和一体化的融

合。也就是说,学生既可以选择普通中等教育,又可以选择中等职业教育与培训。中等职业教育与培训结束后学生可以进入劳动世界,也可以升入高职、高专甚至大学。职业教育的学生要与普通教育的学生一样具有平等的接受高等教育的法律地位。只有职业教育的出路具有开放性,才能使其更具有吸引力,才能提高职业教育的社会地位,引起人们的重视,才能更好的发展。

但考虑到我国刚刚实现 9 年义务教育,全国推广至 16 岁的义务教育还存在很大的困难,可以在一些有条件的省和地区进行实验推广。但毫无疑问,义务教育年限的延长将是必然的发展趋势。

### (二)建立多样化、个性化的职业教育培养模式

从国家和社会上的原因来看,缺少多样化的高级中等教育制度,在这一阶段的主流学校是单一学术化倾向的为升入大学做准备的普通高中,普通高中的目的不是"片面地追求升学率,而是全面的追求升学率"。在 20 世纪 90 年代以前很红火的技校和中专目前面临严重的生源问题难以为继,有得被合并在高职里,有的已趋于解体,并且相当多的中职办学理念落后,设备陈旧,课程理论与实践脱离,培养的学生不能很好地适应劳动市场的要求。

在 2007 年的教育部工作重点中强调,要大力推进校企合作、工学结合、半工半读的理念和制度。深化招生、学籍、教学等管理制度改革,加快建立弹性学习制度。加强职业教育专业课程和教材建设,总结和推广中职学生顶岗实习一年和高职学生顶岗实习半年的经验与做法,强化实践能力和职业技能的培养。加大对半工半读试点学校的支持力度,推动学校和企业合作互惠、共同发展。①

周济在 2007 年指出,职业教育要以就业为导向,推进职业教育办学思想的转变,强化职业院校学生实践能力和职业技能的培养,大力推行工学结合和校企合作的人才培养模式,逐步建立和完善半工半读制度;进一步推进东西部之间、城乡之间职业院校联合招生、合作办学。加大政府投入力度,认真实施好加强职业教育基础能力建设的重大工程项目。进一步推动公办职业学校办学体制改革与创新,大力发展民办职业教育,形成政府主导、依靠行业企业、社会力量积极参与的办学格局。严格实行就业准入制度,完善职业资格证书制度。切实加强各级政府对职业教育工作的领导、统筹,为职

---

① 教育部.教育部 2007 年工作重点[N].中国教育报,2007-1-1.

业教育提供强有力的公共服务和良好的发展环境。①

　　因此,要建立多样化、个性化的职业技术教育培养模式,加强学校、社会与企业之间的合作、培养目标的市场化已不是什么新颖的提法。但要做到实处还有很大的探索空间。这里我们也不妨借鉴一下意大利一所职业技术学校的做法。例如,佩鲁贾鲍思高职业学校的办学目标就是帮助青年获得职业技能,顺利找到工作开展职业生涯。多样化的教育与培训计划也决定了多样的、以市场为导向的课程设置。贾鲍思高职业学校开设的课程多达50多门。除了少量的外语和文化课程之外,大都是实验室里理论与实际操作相结合的课程。课程的设置具有弹性,除了一些按照计划常设的课程外,也根据企业的具体要求开设一些临时课程。由于技术的发展,许多机器的操作都是通过电脑进行控制,因此有大量的课程是有关电脑的课程。学校配有与目前工厂正在使用的同样先进的机器设备来保证学生可以学到最新的技术。同时学校也与1 000多家工厂企业有着长久而良好的合作。学生在校的2年中有两个月根据学校、家长和工厂的协议,由学校派到工厂进行工作实践。在这期间他们与正式工人一样上下班,由资深师父进行辅导。每个周末学生向学校派去的老师进行汇报实习情况、与同学进行经验分享。这样学生既把在学校所学的知识应用与实践,又从实践中加深了对理论知识和未来工作性质的理解。同时,也帮助学生在毕业后顺利通过从学校到工作的过渡和转变。更重要的是,学生在企业工厂里的实习对他们的就业很有帮助,不少学生在毕业后就直接进入该实习单位工作。而企业也可以因此获得一些免税方面的优惠和优惠的劳动力以及未来的优秀员工。

# 第五节　小结

　　在欧洲从18世纪发展起来的职业教育与培训到20世纪形成了三种主要的模式,即英国的自由市场模式、法国的国家控制模式和德国的双元制。欧洲为面对新世纪国际化的竞争力的挑战,促使各国联合起来推进欧洲一体化,其中职业教育与培训制度的一体化是重要的一个方面。从20世纪70年代成立CEDEFOP以来,欧盟国甚至与非欧盟国之间开展了一系列的优先合作项目。2000年里斯本欧委会制定了到2010年欧盟将成为世界上最具有活力和竞争力的知识社会的战略目标。《哥本哈根宣言》(2002)确定

---

　　①　中华人民共和国政府.教育部长周济解读十一五中国教育三大任务[EB/OL].
http://202.123.110.5/zwhd/2005-11/30/content_113260.htm.2008-9-17.

的优先项目是：加强欧洲维度；增加透明度、改善信息和指导体系；加强能力与资格的互认；促进质量保障；扩大流动性和终身接受培训的机会。2004年《马斯河协议》确定的国家与欧洲范围的主要优先合作项目主要在投资、改进教学方法、推行 EQF、提高教师素质等方面的合作。2006 年《赫尔辛基公约》确定的优先合作项目是改善 VET 的形象、地位和吸引力；良好的管理；进一步发展，检验与实施共同的方法（EQF，ECVET，CQAF/ENQA-VET，Europass）；使互相学习更加制度化；更多更好的 VET 统计数据；使所有受益者都参与到哥本哈根协议的实施中。至此，欧洲的职业教育与培训逐渐由分歧走向融合，并取得了很多的成果：制定了统一的框架来促进能力和资格证书的透明度；制定了职业教育与培训的学分转换制度；制定了职业教育与培训的共同标准和原则；制定了对非正规和非正式教育认证的共同原则；进行终身指导。然而，由于一些国家坚持自己在教育上的原则和立场，欧洲职业教育与培训制度的一体化并不是一帆风顺的，而是一个缓慢和问题重重的过程。

最近十年来信息技术、通讯技术的发展彻底改变了人们的生活方式和社会的结构，即我们所说的"知识社会"的到来。它深刻影响到了职业的种类和性质，从而使职业教育与培训面临这诸多的挑战：社会凝聚力、人口增长、职业的变化、新技术的出现和全球化生产与分配程序、世界范围的竞争愈加激烈，包括人口和劳动力的技术竞争。

而欧洲的竞争力从经济和就业成果；社会凝聚力；教育、培训和人力资本；公共服务的效率和基础设施等一些指标来看和世界发达国家相比不容乐观。而意大利在欧盟中的地位更是让人担忧。为了应对上述挑战，必须增加 VET 的吸引力，提高培养质量、增强透明度和认证制度，使 NQF 的开发遵循 EQF 的统一规定，加强欧洲和国际维度的课程与教学；加强对非传统教育的认证，最终实现世界一流的职业教育与培训和开放的终身教育的目标。

知识社会的到来也改变了职业教育的地位，随着意大利权利—义务法对职业教育与培训平等权利的规定，职业教育在整个教育制度中不是"侍女"，而是与普通教育有着平等的身份、组织和程序。

新世纪意大利历届政府对整个教育与培训制度进行了重建，使得意大利的职业教育呈现出新的生机和活力。尤其是职业教育培训方面在新世纪呈现了新的面貌和特征。从法律上实现了职业教育与普通教育地位的平等性；从制度上保障了整个教育与培训制度的一体化和多样化；从管理上进行了权利的"去中心化"；从培养模式上凸显了灵活和个性化特征。这不能不引起我们对我国的职业教育的思考。我国的职业教育主要存在两个方面的问题，即双轨制的教育制度和供求之间的不平衡、不协调。为了实现我国职业教育的新目标和任务，除了很多大家所熟知的一些建议外，本书提出了要延长义务教育与培训，以法律的形式保障职业教育与普通教育的平等性；建立多样化、个性化的职业技术教育培养模式，加强学校、社会与企业之间的合作、培养目标的市场化的一些浅见。

# 附录:佩鲁贾鲍思高职业中学的特色

## 一、多样化的教育与培训计划

意大利目前的教育制度是根据 1999 年义务教育法(legge9/99)和 2003 年的第 53 号法令(legge53/03)规定的教育的权力和义务来实施的。

职业教育与培训体系由大区负责,学制至少 3 年,毕业生可被授予职业资格证书(certificato di qualifica professionale)。该证书在全国和欧洲均被承认。持该证书,一是可以进入劳动市场;二是可以参加证书后课程,而后获得高级中等职业毕业证书,而该毕业证是升入高等技术教育与培训(IFTS)的条件;三是可以在参加一年的补习课程后进入大学。

该体系高等教育、高等职业培训和职场有着密切的联系。同时学生可以在普通中学和职业教育与培训两个体系之间互相转换。学生在中断学业后继续接受教育和在不同体系之间互相转换时学分仍被承认。学生在意大利或国外通过实际工作、培训和学习所获得的由学校和培训机构颁发的特殊技能证书均被承认。此外,学生在满 15 岁后也可以通过"学校—工作(School-Work)"交替制或学徒制(apprendistato)获得职业资格证书和毕业证。

佩鲁贾鲍思高职业学校是鲍思高基金会设在翁布里亚大区首府佩鲁贾的一所教会职业学校,该校建校有 20 多年的历史,以计算机、机电、印染、电子、信息技术等学科为特色。该校主要招生计划有 6 种:

(1)具有初中毕业证的 14 岁以上的青少年。这是主要的招生对象,学制 2—3 年。该校有此类学生 200 名左右;

(2)具有普通高中毕业证、18—20 岁左右的学生,学制 1 年。该校每年有此类学生 20、30 名左右;

(3)具有大学文凭的学生。此类学生在大学里有较多的理论学习,而缺乏实践经验。因此进行职前 2—6 个月的培训;

(4)对一些公司、企业的员工按照其要求进行的职业培训;

(5)对残障人士进行的特殊职业培训;

(6)对其他职业学校的教师进行的继续教育与培训。

## 二、市场导向的教育与培训目标、注重实践的课程设置和广泛密切的校企合作

职业学校和技术学校的主要培养目标是根据当地劳动力市场的要求，给13岁半至19岁的青少年提供各类专门的理论知识和实践技能。在技术学校的第一轮的前两年，各专业都有共同的普修课程：意大利语、历史、地理、外语、数学、物理、地质科学、生物、法律和经济、体育和宗教教育（选修）。此外是各专业的不同课程和实习。在第二轮的3年中，除了一些公共普修课外，主要是各专业的大量的实习。在这两轮的课程里也提供跨专业的课程，但不超过总课时的10％。

在职业学校里第一轮的3年制的课程里，也同样包括各专业的普修课程和专业课程。普修课程为：意大利语、历史、外语、法律和经济、数学和信息技术、地质科学和生物、体育和宗教教育（选修）。普修课程在前两年每周为22学时，在第三年每周占12—15学时。专业课程在前两年每周14学时，第三年每周为21—24学时。每周也提供4个学时的专业提高、额外训练辅导或补习的内容。在2年的证书后课程里普修公共课每周15学时，更加精深的专业模块课程每周15学时，全年共300—450学时。这些课程大多有业内专家教授。另外课程里还包括大量的工作实习。大量的以市场为导向的课程和实习保证了学生可以顺利进入职场所应具备的技能。而普修课程和跨专业课程正是为了实现学生可以在各体系间及本体系内各专业间的转换，以及就业和升学均可的弹性机制。

此外，意大利在职业教育与培训系统还有"学校—工作"的交替培养模式，它包括课堂上的培训和在工作中的实践。它是为了保证青年在掌握基础知识之外，也能够学到在劳动力市场用得着的技能。学校和培训机构根据与企业、各行业协会、商业律师事务所、工业、公立和私立的手工业和农业团体所签署的特别的协议，对教育与培训计划进行设计、实施、评估和鉴定。

这一模式的特色是基于提供在学校和工作之间的选择机会。从文化和教育的观点来看，这一交替学习制度具有弹性化和等值性，使课堂培训与实际经验联系起来，促进对青年的指导，改善个人的职业、兴趣和学习方式。此外，也试图把提供的培训与当地的文化、社会和经济的发展结合起来。

实施这一措施一个不可或缺的条件是在理论和技术实践之间的可以选择的模块组织。根据这一制度，学校或雇主能够使学生获得真正的能力和技术。因此在下一步的模块的课程中可以加入以前所没有获得的或需要提

高的技能,并且可以根据与企业的合同插入更具体化的技术与职业方面的课程。学生也可以进一步在意大利或国外从事实际工作。而这些活动又可以通过由学校和培训机构所颁发的证书得以承认。这些机构可以根据与企业之间的协议来设计的课程,根据学生的要求在职业教育与培训学校提供综合课程。

佩鲁贾鲍思高职业学校的办学目标就是帮助青年获得职业技能,顺利找到工作开展职业生涯。从上述的多样化的教育与培训计划也决定了多样的、以市场为导向的课程设置。鲍思高职业学校开设的课程多达50多门。除了少量的外语和文化课程之外,大都是在实验室中进行的理论与实际操作相结合的课程。课程的设置具有弹性,除了一些按照计划常设的课程外,也根据企业的具体要求开设一些临时课程。由于技术的发展,许多机器的操作都是通过电脑进行控制,因此有大量的课程是有关电脑的课程。学校配有与目前工厂正在使用的同样先进的机器设备来保证学生可以学到最新的技术。同时学校也与1 000多家工厂企业有着长久而良好的合作。学生在校的2年中有两个月根据学校、家长和工厂的协议,由学校派到工厂进行工作实践。在这期间他们与正式工人一样上下班,由资深师父进行辅导。每个周末学生向学校派去的老师进行汇报实习情况、与同学进行经验分享。而企业也可以因此获得一些免税方面的优惠和免费的劳动力。对学生更为有利的是,学生实习的岗位大多也将是他们的聘用单位,这样学生可以立即胜任这一工作。这对学生、用人单位和培训机构都很有利,是意大利是很普遍的一种情况。

## 三、重视质量评估和欧洲一体化的质量标准

对于从事职业教育与培训的学校和机构的质量的监管是培养出合格的技术人才的重要保障。在以前对学校质量的评估并没有受到多大的重视。新的改革把对质量评估放在优先的位置予以考虑。对此意大利政府主要从以下几个方面来保障培养的质量。

### (一)财政的支持

职业教育与培训学校和机构的主要公共资金来源为中央、大区和欧盟的欧洲社会基金(ESF)。有保障的财政支持是职业学校发展的前提。虽然政府对开办职业培训的学校和机构实行开放政策,但由于职业学校用于购买和更新机器设备的成本很高,单纯靠私人的资金是很难办学的。所以大多数的职业学校都是受到公共基金资助的。各类学校的主要财政拨款来自

中央,主要用于学校的行政管理、教育和实验。各区提供辅助性的资金,如膳食、交通、课本、对经济困难生的资助和社会福利等,也根据各区自己的情况对学校提高供暖、照明、电话和建筑及维修方面的资金。

(二)欧洲标准的质量评价和证书制

中央和地方教育部门均按照欧洲法律和国际义务对职业学校进行管理。中央政府决定国家高级中等学校中的各类学校的基本课程,并对教学方法给予指导。意大利所有学校的核心课程都是一样的:意大利语、历史、一门现代外语、数学和体育。在高级中等学校,每3或4个月对学生的口头或书面作业进行评定。学生学习期满通过由教育部举办的全国性考试可获得意大利和欧洲承认的职业证书。教育部每年对职业学校的教学、基础设施、财政等方面进行考察。

(三)对教师进行继续教育

按照过去的制度,中等学校的教师要求在获得第二级学位(laurea specialistica)后还需在专门的学校接受 2 年的专业学习,然后参加考试,方可从事教师职业。中等学校的教师属于专业教师,是国家公务员。根据 2003 年的 53 号的改革法,2005 年颁布了关于教师的职前和在职培训的第 227 号法令。法令要求将在所有层次的学校里,教师必须具有第二级学位。该法令也制定了从旧的体制向新的体制过渡期间的临时规定。这些规定从 2006 年开始实行。

对教师进行在职培训来更新教师的知识和技能是保障教学质量的重要方面。目前对教师的在职培训主要目的,不仅要提高他们对技术和学科的认识,而且要在有关技术的创新领域进行培训。2003 年的改革法规定,为了使国家的培养目标能够符合地方的不同需要,对教师的在职培训将由大学联合公共和私立科研机构、公认的质量好的团体和职业联合会直接负责。

佩鲁贾鲍思高职业学校的主要资金来源的三分之二是来自欧盟,三分之一来自劳动部。除了对那些企业的培训项目收取一定的费用之外,对其他计划的学生提供免费的职业培训。地方政府的教育部门每年对该校考察 1—2 次。学校为保障学生的培养质量每两个月进行一次考试。每个月的教师会议上讨论学生和教学中出现的问题。对教师进行在线培训和暑期培训。因此,毕业生中除了约 20% 的学生升入第三级教育和培训外,其余均可顺利就业。

意大利职业技术学校系统和普通教育系统之间,"上下通达、左右贯通"的一体化教育体制和多样化的教育与培训计划;职业技术学校的市场导向的教育与培训目标、注重实践的课程设置和广泛密切的校企合作；以及重视质量评估和欧洲一体化的质量标准是意大利职业技术学校的优势和特色。个人和企业的需求是意大利职业技术教育与培训多样化的原因。企业的需求、提供职业培训部门的开放性以及新技术的发展是意大利职业技术教育与培训内容和形式发展的重要动因；而欧洲一体化是促进意大利职业技术教育与培训重建的最大动因。

佩鲁贾鲍思高职业技术学校培养学生发展职业技能，提供实践的机会。既可以帮助青年顺利找到工作，同时也对他们进行品质的养成。因此受到家长和社会的欢迎。同其他学校的问题一样，佩鲁贾鲍思高职业技术学校在财政上缺乏自主权。它的资金虽由欧洲社会基金和大区的资助，但对于未来他们会得到多少资金，学校没有把握。

# 参考文献(Bibliography)

## 一、外文部分

[1]Abbona,F. *Lisbona:tra 2000 , 2010 ,e dopo*[J]. Nuova Secondaria, 2005(1):13—15

[2]*Annuario ISTAT*, 2005[EB/OL]. http://www. istat. it/dati/catalogo/asi2005/PDF/Cap9. pdf,2007-11-18

[3]Ambrosio, T. *Teachers and trainers in Vocational training*, *volume 2:Italy,Ireland and Portugal*[M]. Luxembourg:Office for Official Publications of the European Communities,1995

[4]*Annuario Statistico Italiano*, 2005[DB/OL]. http://www. istat. it/salastampa/comunicati/non_calendario/20051104_00/asi2005def. pdf, 2007-11-18

[5]Apef al forum delle associazioni press oil MPI. Istruzione tecnica e professionale:Dcentramento e differenziazione per non tornare indietro [DB/OL]. http://www. apefassociazione. it/News2007/0319Profess. pdf, 2007-03-08

[6]Attanaso,A. *Europass:promuovere la mobilità , favorire la trasparenza*[J]. Professionalità,2004(82):13—17

[7]Badescu,M. & Kennedy,A. *Key Indicators on Vocational Education and Training*. Central and Eastern Europe[R]. Berlin:Cedefop-European Centre for the Development of Vocational Training,2002

[8]Baldacci,M. *Quali garanzie per la pari dignità?* [J]. Nuova Secondaria,2005(3):19—20

[9]Baldini,M. *Sturzo e i mali della politica italiana*[J]. Nuova Secondaria,2006(6):21—23

[10]Becciu, M. e Colasanti, A. R. *Lo schema di Decreto sul secondo ciclo:le risposte della riforma all' adolescente di oggi* [J]. Rassegna

Cnos：problemi esperienze prospettive per la formazione professionale，2005,21(2)：117—136

[11]Béduwé,C. & Planas,J. *EDEX Education Expansion and Labour Market：A Comparative Study of Five European Countries—France,Germany,Italy,Spain and the United Kingdom with Special Reference to the United States* [R]. Berlin：Cedefop-European Centre for the Development of Vocational Training,2003

[12]Benadusi, L. ,Cataldi, P. ,Censi, A. *Riforme：una lettura sociologica* [J]. Scuola Democratica,1997,(20)2/3：5—254

[13]Bertagna, G. *Paideia e Qualità della Scuola* [M]. Brescia：La Scuola,1992

[14]Bertagna,G. *Penelope e gli Indovini：la Riforma della Scondaria tra Passato e Futuro* [M]. Roma：Unione Cattolica Italiana Inseganti Medi,1992

[15]Bertagna,G. *Progetto Educativo d' Istituto e Carta dei Servizi* [M]. Brescia：La Scuola,1996

[16]Bertagna, G. *L' autonomia delle Scuole Motivazioni，Problemi，Prospettive* [M]. Brescia：La Scuola,1997

[17]Bertagna,G. *Le Nuove Responsabilità del Capo d' Istituto* [M]. Roma：Unione Cattolica Italiana Inseganti Medi,1997

[18]Bertagna, G. *Elementi di scenario nazionale e regionale sulla situazione della FPI：Alcune iniziative della Federazione Svolte，in svolgimento e da programmare* [C]. Roma：Cnos-Fap,2000

[19]Bertagna,G. *La fretta fa i micini ciechi* [J]. Scuola e Didattica,2001(46),14：8—13

[20]Bertagna,G. *POF：Autonomia delle Scuole e Offerta Formativa* [M]. Brescia：La Scuola,2001

[21]Bertagna,G. *Alternanza Scuola Lavoro，Ispotesi，Modelli，Strumenti dopo la Riforma Moratti* [M]. Milano：F. Angeli,2003

[22]Bertagha G. *Gli indirizzi del Liceo，le abitudini del passato le possibili novità dell Riforma Moratti* [J]. Nuova Secondaria,2003(20),10：22—32

[23]Bertagna,G. *Il significato della riforma del sistema educativo e le scelte culturali ed ordinamentali del decreto sul secondo ciclo. I problemi di un processo complesso* [J]. Rassegna Cnos：problemi esperienze pros-

pettive per la formazione professionale,2005,21(2):51—99

[24]Bertagna,G. *Pensiero Manuale : la Scommessa di un Sistema Educativo di Istruzione e Formazione di Pari dignità*[M]. Soveria Mannelli (cz):Rubbettino,2006

[25]Bertagna,G. *Valutare Tutti : Valutare Siascuno : una Prospettiva pedagogia*[M]. Berscia:La Scuola,2006

[26]Bertagna,G. *Dall' istruzione tecnica e professionale al sistema educativo dell' istruzione e formazione professionale. Note storiche,pedagogiche e ordinamentali* [J]. Rassegna Cnos: problemi esperienze prospettive per la formazione professionale,2006,22(3):24—55

[27]Botta,P. *La governance dell' istruzione e della formazione professionale* [J]. Rassegna Cnos: problemi esperienze prospettive per la formazione professionale,2006,22(3):151—168

[28]Bresciani, P. G. *Valutazione e riconoscimento delle competenze* [J]. Professionalità,2005(79):5—8

[29] Bresciani, P. G. *Riconoscere e certificare le competenze* [J]. Professionalità,2005(87):9—20

[30]Brocca,B. e Bertagna,G. *Il Futuro della Scuola : Idee e Proposte per l' Istruzione Secondaria Superiore*[M]. Roma:Borri:G. Laterza,1995

[31]Brugia,M. *Open and Distance Learning and the Professionalisation of Trainers*[M]. Luxembourg:Office for Official Publications of the European Communities,2001

[32]Brunello,G. ,Comi,S. e Lucifora,C. *Returns to Education in Italy : a Review of the Applied Literature*[A]. ETLA,Helsinki,1999

[33]Buck,B. *VET reform challenges for the teaching profession : a lifelong learning perspective*[J]. European Journal of Vocational Training,2005,36(3):21—32

[34]Busi,M. *Le prospettive del sistema di istruzione e formazione professionale*[J]. Professionalità,2006(92):4—7

[35]Caccin,M. *I fondi strutturalli e la riforma del sistema educativo di istruzione e formazione in Italia*[J]. Rassegna Cnos:problemi esperienze prospettive per la formazione professionale,2005,21(1):17—22

[36]Cedefop. *Evaluation of European Training , Employment and Human Resource Programmes*. Thessaloniko,1996

[37]Cedefop. *Application of ISO 9000 Standards to Education and*

Training. Thessalonki,1997

[38]Cedefop. *Certificates,Skills and Job Markets in Europe*. A Summary Report of a Comparative Study Conducted in Germany, Spain, France,Italy, Netherlands, United Kingdom. Document. Luxembourg: European Centre for the Development of Vocational Training,1998

[39]Cedefop. *Evaluation of Quality Aspects in Vocational Training Programmes*[R]. Luxembourg: European Centre for the Development of Vocational Training. Thessaloniki,1998

[40]Cedefop. *Il sistema di formazione professionale in Italia. Lussemburgo:Ufficio delle pubblicazioni ufficiali delle Comunutà europee* [R],2000

[41]Cedefop. *Quality in Initial and Continuing Training: aspects and challenges in certain member countries*[R]. Working paper,2001

[42]Cedefop. *Sistema di istruzione e formazione professionale in Italia: Breve descrizione*[R]. Lussemburgo:Ufficio delle pubblicazioni ufficiali Comunità europee,2003

[43]Cedefop. *Le cifre chiave dell' istruzione in Europa 2005*[R]. Lussemburgo: Ufficio delle pubblicazioni ufficiali delle Comunità europee,2005

[44]Cedefop. *Annual Report 2005*[R]. Luxembourg:Office for Official Publications of the European Communities,2006

[45]Cedefop. *Annual Report 2006*[R]. Luxembourg:Office for Official Publications of the European Communities,2007

[46]Cedefop. *Recognition and validation of non-formal and informal learning for VET teachers and trainers in the EU Member States* [R]. Luxembourg:Office for Official Publications of the European Communities,2007

[47]Ciofs/Fp. *Atti del X VIII Seminario di Formazione Europea*[C]. Roma:Ciofs/Fp,2006

[48]Ciofs/Fp-Cnos/Fap. *I nuovi percorsi organici di istruzione e formazione professionale*[J]. Rassegna Cnos: problemi esperienze prospettive per la formazione professionale,2003,19(3):13—28

[49]Ciofs/Fp e Cnos/Fap. *Dell' obbligo scolastico al diritto di tutti alla formazione:i nuovi traguardi della Formazione Professionale*[C]. Roma:Ciofs/Fp e Cnos/Fap,2002

[50]Colasanti, A. R. e Becciu, M. *La valutazione delle capacità personali : indicazioni metodologiche* [J]. Rassegna Cnos, 2003, 19(1) : 70—78

[51]Colasanto, M. *La formazione professionale iniziale in Italia : un futuro da riconquistare?* [J]. Rassegna Cnos : problemi esperienze prospettive per la formazione professionale, 2005, 21(2) : 100—108

[52]Colasanto, M. *Elementi di sistema della Istruzione e formazione professionale nelle Regioni* [J]. Rassegna Cnos : problemi esperienze prospettive per la formazione professionale, 2006, 22(3) : 253—263

[53] Colasanto, M. *Sull' istruzione tecnica e professionale* [J]. Professionalità, 2007(97) : 2—5

[54]Confindustria. *La Scuola : il punto di vista delle impresa* [R]. Roma : Nucleo Education, 2007

[55]Confindustria. *Il Futuro sell' Istruzione Tecnica* [R]. Roma : Nucleo Education, 2007

[56]Confindustria. *Documento Comune sul Sistema di Istruzione e Formazione* [R]. Roma : Nucleo Education, 2007

[57]Confindustria. *Piano d' Azione per la Scuola* [R]. Roma : Nucleo Education, 2007

[58]Confindustria. *Action Plan Istruzione Tecnica* [DB/OL]. http://www.confindustria. it/Aree/DocumentiPub. nsf/0/879b59b6f97d81cfc12573db0039ddb8/OpenDocument, 2008-01-25

[59]Coolahan, J. *Teacher education and the teaching career in an era of lifelong learning*. Paris : OECD, 2002 (EDU/WKP (2002) [DB/OL]. http://www. olis. oecd. org/OLIS/2002DOC. NSF/43bb6130e5e86e5fc12569fa005d004c/5b71d9d70e0f867cc1256c950053c48d/MYMFILE/JT00137131. pdf, 2004-11-4

[60]Corradini, L. *Coerenza e realismo di fronte alla legge 30* [J]. La Scuola e L' uomo, 2000(57) : 297—298

[61]Cort, P. , Härkönen, A. e Volmari, K. *PROFF-Professionalisation of VET teachers for the future* [M]. Luxembourg : Office for Official Publications of the European Communities, 2004

[62]Consiglio dell' Unione Europea. *Gli Obiettivi dei Sistemi di Istruzione e Formazione* [J]. Docete, 2001(56), 9 : 439—452

[63]Council of the European Union. *Detailed work programme on the follow-up of the objectives of education and training systems in Europe* [DB/OL]. Official Journal of the European Union. 14 June 2002 (a), C

142,p. 1—22. http://eur-lex. europa. eu/LexUriServ/site/en/oj/2002/c_142/c_14220020614en00010022. pdf,2007-05-25

[64]Council of the European Union. *Council conclusions of 5 May 2003 on reference levels of European average performance in education and training (Benchmarks).* Official Journal of the European Union,7 June 2003,C 134,p. 3—4[DB/OL]. http://eur-lex. europa. eu/LexUriServ/site/en/oj/2003/c_134/c_13420030607en00030004. pdf,2006-11-17

[65]Council of the European Union. *Conclusions of the Council and of the Representatives of Governments of the Member States,meeting within the Council,on the future priorities of enhanced European cooperation in vocational training and education*[DB/OL]. Brussels:Council of the European Union,2004 http://ec. europa. eu/education/policies/2010/doc/council13832_en. pdf,2007-05-24

[66] Council of the European Union. *Modernising education and training:a vital contribution to prosperity and social cohesion in Europe: 2006 joint interim report of the Council and of the Commission on progress under the 'Education and training 2010' work programme*[DB/OL]. Official Journal of the European Union,1 April 2006 (a),C 79,p. 1—19. http://ec. europa. eu/education/policies/2010/doc/progressreport06_en. pdf,2007-05-25

[67]Council of the European Union. *Joint report on social protection and social inclusion 2007.* Brussels:Council of the European Union,2007 [DB/OL]. http://register. consilium. europa. eu/pdf/en/07/st06/st06694. en07. pdf,2007-05-25

[68]Couppié,T. & Mansuy,M. *The employment status of youth:elements of a European comparison* [J]. European Journal of Vocational Training,2003,28(1):3—20

[69]Cresson,E. e Flynn,P. *Insegnare e Apprendere:Verso la società conoscitiva*[M]. Bruxelles:Commissione Europea,1996:49—51

[70]D' Agostino,S. ,Nicoli,D. ,Mascio,G. *et al Monitoraggio delle politiche regionali in tema di istruzione e formazione professionale*[C]. Roma:Cnos/Fap,2005

[71]Delors,J. *Nell' educazione un tesoro*[R]. Roma:Armando,1997

[72]Descy,P. & Tessaring,M. *Ed. Training in Europe:Second Report on Vocational Training Research in Europe,2000*[R]. Luxembourg:

Office for Official Publications of the European Communities,2001

[73] De Vito, M. *Le trasformazioni del sistema di istruzione e formazione：breve rassgna della situazione in Lomnardia* [J]. Rassegna Cnos：problemi esperienze prospettive per la formazione professionale, 2007,23(1)：86—112

[74]Drago,R. ,Basaglia,G. & Lodolo D' Oria,V. *Attracting,Developing and Retaining Effective Teachers：Country Background Report for Italy*[R]. OECD Activity. 2003

[75]Emer,S. *A Comparative Analysis of Transitions from Education to Work in Europe*(CATEWE). 2001. Eurydice. *Eurybase：The Information Database on Education Systems in Europe-Organizzazione del sistema educativo italiano* 2006/07 [DB/OL]. http://www. eurydice. org/ressources/eurydice/eurybase/pdf/0_integral/IT_IT. pdf,2007-11-06

[76]Eurofound. *Mobility in Europe：analysis of the 2005：Eurobarometer survey on geographical and labour market mobility.* Luxembourg：Office for Official Publications of the European Communities,2006 [DB/OL]. http://www. eurofound. eu. int/pubdocs/2006/59/en/1/ef0659en. pdf,2006-11-22

[77] *European Council of Stockholm* [EB/OL]. http://www. efta. int/content/publications/bulletins 23/24-03-2001

[78]European Communities. *14^{th} CEIES seminar measuring lifelong learning*[R]. Luxembourg：Office for Official Publications of the European Communities,2002

[79] European Commission. *Copenhagen declaration：declaration of the European Ministers of Vocational Education and Training , and the European Commission convened in Copenhagen on 29 and 30 November 2002 , on enhanced European cooperation in vocational education and training.* Brussels：European Commission,2002[DB/OL]. http://ec. europa. eu/education/copenhagen/copenahagen _ declaration _ en. pdf, 2007-05-24

[80]European Commission. *Implementation of "Education & Training 2010" Work Programme："Improving Educationa of Teachers and Trainers".* Progress Report. 2003,11[DB/OL]. http://ec. europa. eu/education/policies/2010/doc/working-group-report_en. pdf,2008-04-03

[81]European Commission. *Implementation of "Education & Train-*

*ing 2010" Work Programme*;*Basic Skills*,*Entrepreneurship and Foreign Languages"*. Progress Report. 2003,11[DB/OL]. http://ec. europa. eu/education/policies/2010/doc/basic-skills_en. pdf,2008-04-03

[82]European Commission. *Innovation Policy in Europe 2004*[R]. Luxembourg:Office for Official Publications of the European Communities,2004

[83]European Commission. *European inventory of non-formal and informal learning* [DB/OL]. Birmingham: ECOTEC. http://www. ecotec. com/europeaninventory/,2007-05-25

[84]European Commission. *Integrated guidelines for growth and jobs（2005—2008）*[DB/OL]. Brussels, European Commission, 2005（COM2005）141 final. http://ec. europa. eu/growthandjobs/pdf/COM2005_141_en. pdf,2007-05-25

[85]European Commission. *Implementing the "Education and Training 2010" Work programme*;*2005 Progress Report Italy*[DB/OL]. http://europa. eu. int/comm/dgs/education_culture,2005-12-16

[86]European Commission. *Employment in Europe 2006*[DB/OL]. Luxembourg:Office for Official Publications of the European Communities,2006. http://ec. europa. eu/employment_ social/news/2006/nov/employment_europe_en. pdf,2007-05-05

[87]European Training Foundation. *Highlights*;*The EFE in 2002* [DB/OL]. Luxembourg:Office for Official Publications of the European Communities, 2003. http://mzes. uni-mannheim. de/projekte/catewe/publ/publ_e. html,2007-05-05

[88]Eurydice. *Continuing vocational training（in Central and Eastern Europe）*. Volume 1. Cross Country Analysis[R]. Luxembourg:Office for Official Publications of the European Communities,1999

[89]Eurydice. *Lifelong Learning*;*the contribution of education systems in the Member States of the European Union*[R]. Brussels:Eurydice European Unit,2000

[90]Eurydice. *Iniziative Nazionali a favore dell' apprendimento lungo tutto l' arco della vita in Europa*[R]. Bruxelles:Eurydice European Unit,2001

[91]Eurydice. *Glossario europeo dell' educazione*;*Volume 1-Seconda edizione*;*Esami, diplomi e titoli* [R]. Bruxelles: Eurydice European

Unit,2004

[92]Eurydice. *L' assicurazione di qualità nella formazione degli insegnanti in Europa*[R]. Bruxelles:Eurydice European Unit,2006

[93]Eurydice. *Strutture dei Istruzione , Formazione Professionale e Educazione degli Adulti in Europa* : *Italia 2005/06* [DB/OL]. http://www. eurydice. org/ressources/eurydice/zip/0_integral/041IT. zip,2007-12-05

[94]Eurydice. *Eurybasa , The Information Databasa on Eduvation Syetems in Europe* : *The Education System in Italy 2005/06*[R]. Firenze, Unità Italiana di Eurydice,2006

[95]Eurydice. *Schede sintetiche nazionali sui sistemi educative e sulle riforme in corso in Europa* : *Italia 2007* [DB/OL]. http://www. eurydice. org/ressources/eurydice/zip/0_integral/047IT. zip,2007-12-28

[96]*Extraordinary European Council of Lisbon* [EB/OL], http://www. ena. lu/lisbon-extraordinary-european-council-lisbon-23-24-march—2000-020705882. html,2000-03-24

[97] Farinelli, F. *Obbligo formativo/Diritto-dovere. A che punto siamo?* [J]. Nuova Secondaria,2005(5):18—19

[98] Francesco, G. D. *L' European Qualications Framework* [J]. Professionalità,2006 (91):30—40

[99] Francesco, G. D. *Le prospettive dell' European Qualification Framework (EQF)* [J]. Professionalità,2006(94):18—22

[100]Francesco,Gabriella Di. *Verso la costruzione di un framework europeo*[J]. Professionalità,2007(97):24—31

[101]Fressura,N. *Vocational Education and Training in Italy*[M]. Luxembourg:European Centre for the Development of Vocational Training,1995

[102]Funnell,P. & Müller,D. *Vocational Education and the Challenge of Europe* : *responding to the implications of the Single Market* [M]. London:Kogan Page Limited,1991

[103]Gatti,M. ,Gonzalez,L. G. & Mereu,M. G. *et al. The Impact of Information and Communication Technologies on Vocational Competencies and Training. Case Studies in Italy,France and Spain*[R]. Cedefop Panorama. Cedefop European Centre for the Development of Vocational Training. Thessaloniki(Pylea),2000

[104] Gaudio, F. *Gli insegnanti dell' istruzione professionale di fronte alla riforma*[J]. Professionalità,2005(79):25—36

[105] Gelmi, O. *Anzitutto una riforma del pensiero: Istruzione e formazione professionale*[J]. Nuova Secondaria,2005(3):21—23

[106] Giddens,A. *Il mondo che cambia*[M]. Bologna:Il Mulino,2000

[107] Giugio, A. *Vocational education and Training in Italy* [M]. Berlin:Cedefop-European Centre for the Development of Vocational Training. Second edition,1999

[108] Giugio,A. e D' Agostino,S. *Il finanziamento della formazione professionale in Italia*[M]. Lussemburgo:Ufficio delle pubblicazioni ufficiali delle Comunità europee,2000

[109] Giugio,A. & D' Agostino,S. & Donati,C. *et al. The Financing of Vocational Education and Training in Italy:Financing Portrait*[M]. Berlin:Cedefop-European Centre for the Development of Vocational Training,2001

[110] Gori, G. *Country Report: Italy-Private schooling in Italy:recent legislation.* European Journal for Education Law and Policy, 2000, (4):165-170

[111] Isfol. *A European Approach to Quality in Vocational Education and Training:Approach to the Evaluation of the Quality of Italian Vocational Training System (2002)*[R]. Luxembourg:Office for Official Publications of European Communities,2002

[112] Isfol. *The Vocational Education and Training System in Italy: short description*[R]. Luxembourg:Office for Official Publications of European Communities,2003

[113] Isfol. *Rapporto Isfol 2004*[R]. Luxembourg:Office for Official Publications of European Communities,2004

[114] Isfol. *Rapporto Isfol 2005*[R]. Luxembourg:Office for Official Publications of European Communities,2005

[115] La Fay,G. *Capire la globalizzazione*[M]. Bologna:IL Mulino,1998

[116] Levy,P. *Il Virtuale*[M]. Milano:Cortina,1997

[117] Leney,T. *et al. Achieving the Lisbon goal:the contribution of VET:final report to the European Commission.* London:QCA,2004[DB/OL]. http://www. refernet. org. uk/documents/Achieving_the_Lisbon_

goal. pdf,2007-11-17

[118]Lipinska,P. ,Schmid,E. &. Tessaring,M. *Zooming in on 2010 : Reassessing vocational education and training* [M]. Luxembourg：Office for Official Publications of the European Communities,2007

[119]Losito,B. A*pproches to the Evaluation of Schools Which Provide Compulsory Education：Italy 2000/2001*[DB/OL]. http：//www. eurydice. org/ressources/eurydice/pdf/0_integral/042EN. pdf,2008-03-16

[120]Luisa,Maria. *Preden La Corte Costituzionale e la Reforma Moratti*[J]. Nuova Secondaria,2005(1)：22

[121]Makovec,M. *The distributional impact of public education expenditure in Italy* [R]. 2007

[122]Malizia,G. e Nazzi,C. *Il mosaico delle riforma. Luci ed ombre di un disegno*[J]. Orientamenti Pedagogici,1998 (45)：773—794

[123]Malizia,G. e Nanni,C. *Istruzione e formazione：gli scenari europei*[A]. Roma：Cnos-Fap e Ciofs/Fp,2002

[124]Malizia,G. e Nanni,C. *La riforma del sistema italiano di istruzione e di formazione：da Berlinguer alla Moratti*[A]. Roma：Cnos-Fap e Ciofs/Fp,2002：43—63

[125]Malizia,G. e Pieroni,V. *Ricerca Azione di Supporto alla Sperimentazione della Formazione Professionale Iniziale Secondo il Modello* [C]. Cnos-Fap e Ciofs/Fp-Rapporto sul Follow-up. Roma：Ciofs/Fp-Cnos/Fap,2003

[126] Malizia, G. *Occupazione giovanile e riforma Maratti：quali prospettive?* [J]. Rassegna Cnos：problemi esperienze prospettive per la formazione professionale,2004,20(3)：31—44

[127]Malizia, G. e Nicoli, D. *Lo schema di Decreto sui secondo ciclo tra conservazione e riforma. Un primo commento* [J]. Rassegna Cnos：problemi esperienze prospettive per la formazione professionale,2005,21(2)：25—50

[128]Malizia,G. *L' Europa dell' istruzione e formazione professionale. Da Lisbona a Maastricht：il bilancio di un quinquennio*[J]. Rassegna Cnos：problemi esperienze prospettive per la formazione professionale,2005,21(2)：208—224

[129]Malizia,G. *I sistemi di istruzione e di formazione professionale in Europa. Un quadro sintetico di riferimento* [J]. Rassegna Cnos：

problemi esperienze prospettive per la formazione professionale, 2005, 21 (3):19—24

[130] Malizia, G. *La legge 53/2003 nel quadro della storia della riforma scolastica in Italia*[A]. Milano:FrancoAngeli s. r. l. 2005,42—63

[131]Malizia, G. e Pieroni, V. *I formatori valutano i percorsi sperimentali triennali. Il caso della Liguria. Primi dati*[J]. Rassegna Cnos: problemi esperienze prospettive per la formazione professionale, 2005, 21 (3):117—128

[132]Malizia, G. e Nicoli, D. *Il decreto sul secondo ciclo tra conservazione e riforma. Un primo commento.* [A]. Roma:Federazione CONS-FAP, 2005

[133]Malizia, G. , Becciu, M. e Colasanti, A. R. *et al. Allievi/e dei percorsi formativi del diritto-dovere allo specchio. Condizione attuale e prospettive di futuro*[J]. Rassegna Cnos:problemi esperienze prospettive per la formazione professionale,2006,22(3):190—219

[134]Mancinelli,L. *I numeri dell' istruzione professionale*[J]. Studi e Documenti degli Annali della Pubblica Istruzione, 2006 (115-116): 137—148

[135] Mansfield, B. *Ed. Development of Vocational Education and Training Standards:The Impact of Labour Market Information. Manual. Qualifications and Training Methods*[M]. Luxembourg:Office for Official Publications of the European Communities,2002

[136] Mantovani, M. e Turuthil, S. *Ed. Quale Globalizzazione? L' "uomo planetario" alle soglie della mondialità*[M]. Roma:LAS,2000

[137]Maragliano,R. *Essere Multimediali. Immagini del Bambino alla fine del Millennio*[M]. Firenze:La Nuova Italia,1997

[138]Martinez, G. *Una fornazione per il futuro*[J]. Studi e Documenti degli Annali della pubblica istruzione. 1989(49): Ⅶ-Ⅹ

[139]Masi,M. *La riforma del Titlo V della Costituzione e la ricaduta sul sistema educativo di istrzione e di formazione*[J]. Rassegna Cnos: problemi esperienze prospettive per la formazione professionale, 2005, 21 (1):23—34

[140]Melucci,A. *Passggio d' epoca*[M]. Milano:Feltrinelli,1994

[141]Mengucci,R. e Romano,R. *L' evoluzione dell' istruzione professionale*[J]. Studi e Documenti degli Annali della Pubblica Istruzione,

2006(115—116):111—136

[142]Ministero dell' Istruzione. *La scuola statale*: *sintesi dei dati Anno scolastico 2005/2006*[EB/OL]. http://www. istruzione. it,2007-10-28

[143]Ministero della Pubblica Istruzione. *Sedi*,*alunni*,*classi*,*dotazioni organiche del personale della scuola statale*: *Situazione di Organica di Diritto. Anno scolastico 2006/2007*[EB/OL]. www. istruzione. it,2007-10-28

[144]Ministero della Pubblica Istruzione. *I percorsi formative della scuola secondaria di secondo grado statale tra corsi di ordinamento*,*sperimentazioni e autonomia. 2007*[EB/OL]. http://www. istruzione. it/2007-10-28

[145] Ministero della Pubblica Istruzione. *Alunni con cittadinanza non italiana*: *scuole statali e non statali anno scolastico 2006/2007*[EB/OL]. http://www. istruzione. it,2007-10-28

[146]Ministero della Pubblica Istruzione. *Rilevazione sugli Scrutini ed Esami di Stato Conclusivi del Ⅰ e Ⅱ Ciclo*[EB/OL]. http://www. istruzione. it,2007-10-28

[147] Ministero della Pubblica Istruzione. *Notiziario sulla Scuola Primaria e Secondaria di Ⅰ e Ⅱ Grado A. S 2006/2007*[EB/OL]. http://www. istruzione. it,2007-07/2007-10-28

[148]Ministero della Pubblica Istruzione. *Sedi*,*alunni*,*classi*,*dotazioni organiche del personale della scuola statale*: *Situazione di Organica di Diritto. Anno scolastico 2007/2008*[EB/OL]. http://www. istruzione. it,2007-10-28

[149] Ministero della Pubblica Istruzione. *Persona*,*Tecnologie e Professionalità*: *Gli Istituti Tecnici e Professionali come Scuole dell' innovazione*[DB/OL]. http://www. cislscuola. it/files/MPI_DocumSuIstTecnProf_3mar_08. pdf,2008-03-03

[150] Ministero della Pubblica Istruzione. *Alcuni Dati* [EB/OL]. http://www. pubblica. istruzione. it/dg_post_secondaria/allegati/dati_290208. pdf,2008-03-03

[151] Ministero della Pubblica Istruzione. *Istruzione e Formazione Professionale* [DB/OL]. http://www. lavoro. gov. it/nr/rdonlyres/5894aa5c-3990-4c60-a1a6-0f3938694301/0/0064_titoli_istruzione_formazione. pdf,2008-03-16

[152]Ministero del Lavoro e della Pievidenza Sociale. *Monitoraggio delle Politiche Occupazionali e del Lavoro*[EB/OL]. http://www. lavoro. gov. it/ NR/rdonlyres/B5F99548-0489-479E-8298-409539558AD3/0/Monitoraggio _ 2007. pdf,2008-03-16

[153]Montedoro,C. *Le risorse umane della formazione profession-ale:generazioni a confronto*[J]. Rassegna Cnos:problemi esperienze pros-pettive per la formazione professionale,2006,22(3):220—232

[154]Montemarano,A. *Dall' obbligo scolastico e formativo al dirit-to-dovere all' istruzione e formazione*[J]. Rassegna Cnos:problemi espe-rienze prospettive per la formazione professionale,2005,21(3):110—116

[155]Moratti,L. *Presentazione*[J]. Quadern degli Annali dell' Istruzi-one,2003(102):XII

[156]Mouillour,I. L. *European approaches to credit (transfer) sys-tems in VET:An assessment of the applicability of existing credit sys-tems to a European credit (transfer) system for vocational education and training (ECVET)*[M]. Luxembourg:Office for Official Publications of the European Communities,2005

[157]Mpi. *Alcuni Dati*[EB/OL]. http://www. pubblica. istruzione. it/dg_post_secondaria/allegati/dati_290208. pdf,2008-03-03

[158]Nanni,A. *Quale educazione per il ventunesimo secolo*[J]. Prop-osta Educativa. 1998(3):19—31

[159]Nanni, C. *Il profile educativo, culturale e professionale del secondo ciclo. Aspetti e limiti, con particolare arrenzione all' istruzione e alla formazione professionale*[J]. Rassegna Cnos: problemi esperienze prospettive per la formazione professionale,2004,20(1):11—27

[160]Nanni, C. *Lo schema di Decreto sul secondo ciclo:riflessioni pedagogiche*[J]. Rassegna Cnos:problemi esperienze prospettive per la formazione professionale,2005,21(2):137—152

[161]Nicoli,D. *La personalizzione dei percorsi formative*[J]. Ras-segna Cnos:2003,19(1):24—38

[162]Nicoli,D. *Istruzione e formazione professionale. Nuovi modelli formativi per il bene della gioventù e della sociatà*[J]. Rassegna Cnos: problemi esperienze prospettive per la formazione professionale,2004,20 (1):28—40

[163]Nicoli,D. Il *diploma di istruzione e formazione professionale*

[J]. Rassegna Cnos:problemi esperienze prospettive per la formazione professionale,2004,20(2):23—36

[164]Nicoli,D. *Nuovi percorsi di istruzione e formazione professionale:analisi di sperimentazioni in atto*[J]. Rassegna Cnos:problemi esperienze prospettive per la formazione professionale,2004,20(3):92—121

[165]Nicoli,D. *Il diploma di istruzione e formazione professionale: una proposta per il percorso quadriennale*[M]. Roma:Ciofs/Fp-Cnos/Fap,2005

[166]Nicoli,D. *Lo schema di Decreto sul secondo ciclo:aspetti sociogici della nuova sfida educativa*[J]. Rassegna Cnos:problemi esperienze prospettive per la formazione professionale,2005,21(2):164—181

[167]Nicoli,D. ,Malizia,G. &Pieroni,V. *Esiti del monitoraggio dei nuovi percorsi di istruzione e formazione professionale(sperimentazioni)*[J]. Rassegna Cnos:problemi esperienze prospettive per la formazione professionale,2006,22(1):65—95

[168]Nicoli,D. *Un sistema di istruzione e formazione professionale di impronta europea*[J]. Rassegna Cnos:problemi esprienze prosppetive per l' struzione e la formazione professionale,2007,23(1):35—50

[169]Nicoli,D. *I percorsi di istruzione e formazione professionale. Quadro normativo, modello pedagogico, offerta formativa, accreditamento*[J]. Rassegna Cnos:problemi esperienze prospettive per la formazione professionale,2007,23(2):81—103

[170]OECD. *Human Capital Investment. An International Comparison*[R]. Paris:Centre of Educational Research and Innovation,1988

[171]OECD. *Education at a Glance 2004:OECD Briefing Note for Italy* [DB/OL]. http://www. oecd. org/dataoecd/35/37/33714646. pdf,2008-9-18

[172]OECD. *Education at a Glance 2005*[DB/OL]. http://www. oecd. org/document/34/0,3343,en_2649_39263238_35289570_1_1_1_1,00. html,2008-9-18

[173]OECD. *Education at a Glance 2006*[DB/OL]. http://www. oecd. org/document/52/0,3343,en_2649_39263238_37328564_1_1_1_1,00. html,2008-9-18

[174]OECD. *Education at a Glance 2006:OECD Briefing Note for Italy* [DB/OL]. http://www. oecd. org/dataoecd/51/23/37392799. pdf,

2008-9-18

[175]OECD. *Education at a Glance 2007*[DB/OL]. http://213. 253. 134. 43/oecd/pdfs/browseit/9607051E. PDF,2008-9-18

[176] OECD. *Education at a Glance 2008* [DB/OL]. http://www. oecd. org/dataoecd/23/46/41284038. pdf,2008-9-18

[177]Oliveira Reis,F. *What New Challenges Will Arise for Education and Trainign in Europe? Interview with Carlo Calliero,vice president of Confindustria; Interview with Bruno Trentin,General Secretary of CGIL*[J]. European Journal Vocational Training,1994(2):19—25

[178]Panini,E. *Forum nazionale su Scuola secondaria superiore:istruzione tecneca, istruzione professionale. Cosa cambia? Perché cambia?* [EB/OL]. http://www. flcgil. it/live/web_cronache/2008/gennaio/forum _nazionale_istruzione_tecnica_e_professionale_cosa_cambia_perche_cambia http://www. flcgil. it/live/web_cronache/2008/gennaio/forum_nazionale _istruzione_tecnica_e_professionale_cosa_cambia_perche_cambia,2008- 01-11

[179]Pellerey,M. *Lo schema di Decreto sul secondo ciclo:aspetti didattici*[J]. Rassegna Cnos:problemi esperienze prospettive per la formazione professionale,2005,21(2):153—163

[180]Pellerey,M. *Competenze di base,competenze chiave e standard formativi* [J]. Rassegna Cnos: problemi esperienze prospettive per la formazione professionale,2006,22(2):67—89

[181] Perulli,E. *Il rapporto e il trasferimento tra apprendimento formale e non formale*[J]. Professionalità,2004(80):71-78

[182]Pfeffer,T. ,Unger,M. & Höltta S. et al. *Latecomers in vocational higher education:Austria,Finland,Italy*[DB/OL]. http://www. iff. ac. at/hofo/WP/IFF_Pfeffer_latecomers. pdf/,2008-02-12

[183] Pieroni,V. e Malizia,G. *Linee guida per la realizzazione di percorsi/progetti "destrutturati" per l' inclusione di giovani svantaggiati,I risultati di indagine conoscitiva* [J]. Rassegna Cnos:problemi esperienze prospettive per la formazione professionale,2005,21(1):53—64

[184]Pombeni,M. L. *Ancora due parole su professionalità e Orientamento*[J]. Professionalità,2006(94):62—63

[185]Porcare,A. *Obiettivi formativi*[J]. Nuova Secondaria,2006(6): 18—20

[186]Puddi, L. ; Capatti, S. e Gandini, A. *Alternanza e innovazione didattica*[J]. Professionalità,2007(97):10—21

[187]Randazzo, B. *Egalit'e et instruction1 : Italy*[J]. European Journal for Education Law and Policy,2001(5):115—121

[188]*Rassegna Cnos. Editoriale*[J]. Rassegna Cnos: problemi esperienze prospettive per la formazione professionale,2007(1):3—19

[189]ReferNet Italy. *Italy: overview of the Vocational Education and Training System in 2005*[DB/OL]. http://www. trainingvillage. gr/etv/Information_resources/NationalVet/,2007-05-06

[190]ReferNet Italy. *Italy: overview of the Vocational Education and Training System in 2006*[EB/OL]. http://www. trainingvillage. gr/etv/Information_resources/NationalVet/,2007-05-06

[191]Richini, P. *Lifelong Learning in Italy : The Extent to Which Vocational Education and Training Policy Is Nurturing Lifelong Learning in Italy*[M]. Berlin:Cedefop-European Centre for the Development of Vocational Training,2002

[192]Rifkin, J. *L' era dell' accesso. La Rivoluzione della new economy*[M]. Milano:Mondadori,1999

[193]Rigola, F. *L' evoluzione dell' istruzione tecnica*[J]. Studi e Documenti degli Annali della Pubblica Istruzione,2006(115—116):81—89

[194]Rubinacci, A. *Riforma e secondo ciclo: problemi aperti*[J]. Nuova Secondaria,2006(6):17—17

[195]Runi, C. *Prolusione, in CSSC-Centro Studi per la Scuola Cattolica ,"Per un progetto di scuola alle soglie del 21 secolo. Scuola cattolica in Italia. Secondo Raporto"*[R],Brescia:La Scuola,2000:55—68

[196]Russo,C. *Un itinerario di ricerca per l' analisi dei percorsi di alternanza nel sistema di istruzione e formazione professionale*[J]. Rassegna Cnos:problemi esperienze prospettive per la formazione professionale,2004,20(3):45—52

[197]Russo, N. *I numeri dell' istruzione tecnica*[J]. Studi e Documenti degli Annali della Pubblica Istruzione,2006(115—116):90—110

[198]Sacchi, G. C. *Il secondo ciclo tra istruzione e formazione*[J]. Professionalità,2005(88):88—94

[199]Sacchi,Gian Carlo. Istruzione e professionale[J]. La scuola e l' uomo,2006(6):150—153

[200]Salerno,G. M. *L' Istruzione e formazione professionale nel vigente ordinamento costituzionale*[J]. Rassegna Cnos：problemi esperienze prospettive per la formazione professionale,2006,22(3)：133—150

[201]Salerno,G. M. *L' istruzione e la formazione professionale dopo la legge finanziaria2007* [J]. RASSEGNA CNOS：problemi esperienze prospettive per la formazione professionale,2007,23(1)：21—34

[202]Sandrone,B. G. *L' orientamento,asse portante del sistema educativo di istruzione e di formazione(Legge 53/03)* [J]. Rassegna Cnos：problemi esperienze prospettive per la formazione professionale,2005,21(1)：35—52

[203]Santiago,Paulo. *Teacher demand and supply：improving teacher quality and addressing teacher shortages. Paris：OECD, 2002 (EDU/WKP(2002)1* [DB/OL]. http：//www. olis. oecd. org/OLIS/2002DOC. NSF/43bb6130e5e86e5fc12569fa005d004c/fc5d38a873bf5867c1256c95003a0adf/MYMFILE/JT00137104. pdf, 2007-17-11

[204]Sartori, L. *Italia 1996—2006：un decennio di istruzione*[J]. Professionalità,2007(97)：32—45

[205]Satriani,C. L. *Formazione professionale e apprendimento permanente：una sfida europea*[J]. Rassegna Cnos：problemi esperienze prospettive per la formazione professionale,2007(2)：17—30

[206] Saunier, G. *The place of vocational training in Francois Mitterrandd's idea of a European social space(1981—1984)*[J]. Vocational Training,2004(32)：77—84

[207]Schmid,E. *Lisbon-Copenhagen-Maastricht-Helsinki Quo vadis, VET?* [J]. European journal of vocational training,2006(39)：1—4

[208]Sede Nazionale Cnos-Fap. *Leggi,decreti,accodi sulla riforma del sistema educativo. Scheda informativa aggiornata al 25-02-2005*[J]. Rassegna Cnos：problemi esperienze prospettive per la formazione professionale,2005,21(1)：73—77

[209]Sede Nazionale Cnos-Fap. *Scheda informativa sul percorso legislativo e normativo della riforma del sistema educativo*[J]. Rassegna Cnos：problemi esperienze prospettive per la formazione professionale,2005,21(3)：101—105

[210]Sede Nazionale Cnos-Fap. *Istruzione e formazione dopo la fi-*

*nanziaria 2007*[J]. Rassegna Cnos:problemi esperienze prospettive per la formazione professionale,2007,23(1):81—85

[211]Serio,L. *Il futuro dell' istruzione e formazione professional-izzante(VET) nell' evoluzione del sistema delle piccole e medie imprese in Italia-(Postfazione-Dario Nicoli)* [J]. Rassegna Cnos:problemi esperienze prospettive per la formazione professionale,2007,23(3):55—70

[212]Seyfried,E. ,Kohlmeyer,K. & Furth-Riedesser,R. *Supporting Quality in Vocational Training through Networking. Luxembourg:Cedefop Panorama*[R]. Cedefop-European Centre for the Development of Vocational Training,2000

[213]Seyfried,E. *Indicators for quality in VET to enhance European cooperation*[M]. Luxembourg:Office for Official Publications of the European Communities,2007

[214]Sugamiele, Domenico. *Sperimentare per connettere riforma e processo di innovazione*[J]. Nuova Secondaria,2005(3):10—12

[215]Sugamiele,D. *L' attuazione della legge 53 del 2003 tra innovazione e spinte conservatrici e corporative*[J]. Rassegna Cnos:problemi esperienze prospettive per la formazione professionale,2005,21(1):77—91

[216]Sultana,R. *L' Europa e la sfida dell' orientamento professionale lungo tutto l' arco della vita*[J]. Rassegna Cnos:problemi esperienze prospettive per la formazione professionale,2007,23(3):28—46

[217]Tacconi,G. *Lo schema di Decreto sul secondo ciclo:l' insegnamento della religione cattolica nel sistema dell' istruzione e formazione professionale* [J]. Rassegna Cnos:problemi esperienze prospettive per la formazione professionale,2005,21(2):197—207

[218]Tanguy,L. *Education-Work ,situation in the field of research: Germany ,the United Kingdom and Italy*[J]. European Journal-Vocational Training,94(2):70—75

[219]*38° Rapporto CENSIS*[DB/OL],http://www. censis. it/277/280/339/5304/cover. asp,2007-11-18

[220]Unesco. *Revised Recommendations Concerning Technical and Vocational Education* [DB/OL]. http://unesdoc. unesco. org/images/0012/001214/121486eo. pdf,2002-11-15

[221]Valente,L. *Scuola e formazione professionale:due realtà per l' educazione dei giovani*[J]. La scuola e l' uomo,2008(1—2):23—24

[222]Van der Klink,M. R. *The effectiveness of on-the-job training*[C]. New challenges in the cooperation between education and training and working life. Helsinki:Ministry of education,in cooperation with the European Commission,2000:177—187

[223] Villarossa,G. *Per una cultura della progettualità formative nella scuola*[J]. La scuola e l' uomo,2006(7):174—176

[224]Wollschläger,N. & Guggenheim,é. F. *A History of Vocational Education and training in Europe—from divergence to convergene*[J]. Vocational Training,2004,23(2):6—17

[225] Xodo, C. *Il futuro alle spalle. Scuola, lavoro, competività: Strategie deboli e（quasi certamente）perdenti*[J]. Nuova Secondaria,2005(10):28—32

[226]Zgardo,G. e Nicoli,D. *Modelli regionali dei percorsi sperimentali di istruzione e formazione professionale*[J]. Rassegna Cnos:problemi esperienze prospettive per la formazione professionale,2004,20(3):53—91

[227]Zucchetti,E. *La domanda di formazione del mondo del lavoro nei confronti dei giovani*[J]. Rassegna Cnos:problemi esperienze prospettive per la formazione professionale,2006,22(3):169—189

[228]Zukersteinova,A. & Strietska-Ilina,O. *Towards European skill needs forecasting*[M]. Luxembourg:Office for Official Publications of the European Communities,2007

## 二、中文部分

[1]彼得·李伯庚. 欧洲文化史上下[M]. 上海:上海社会科学院出版社,2004

[2]波斯特莱斯维特,T·N. 最新世界教育百科全书[M]. 石家庄:河北教育出版社,1991:42

[3]德·朗特里. 西方教育辞典[M]. 上海:上海译文出版社,1988

[4]董雅平. 法国、意大利的继续教育与培训制度给我们的启迪[J]. 继续教育,2003(5):63—64

[5]董仁忠,石伟平. 挑战与应对:教育全球化背景下的我国职业教育发展[J]. 职教通讯,2006(11):12—17

[6]范文曜,马陆亭,杨秀文. 法国和意大利高等教育管理体制调研报告[J]. 理工高教研究,2005(5):1—8

[7]冯增俊.当代国际教育发展[M].上海:华东师范大学出版社,2002

[8]高瑛.法国、意大利、马耳他职业教育印象[J].世界职业技术教育,2003(1):6—8

[9]顾明远,梁忠义.世界教育大系[M].长春:吉林教育出版社,2000

[10]顾明远.教育大辞典[M].上海:上海教育出版社,2002:652

[11]国家教委教育发展与政策研究中心.七十国教育发展概况(1981—1984)[M].1986

[12]国务院.国务院关于大力发展职业教育的决定.国发[2005]35号[EB/OL].http://www.gov.cn/zwgk/2005-11/09/content_94296.htm,2007-5-28

[13]韩骅.意大利高中教育改革近况[J].基础教育改革动态,2004(2):37—38

[14]胡瑾.欧洲当代一体化思想与实践研究(1968—1999)[M].济南:山东人民出版社,2002

[15]胡荣华.欧洲未来:挑战与前景[M].北京:中国社会科学出版社,2005

[16]黄克孝等.构建21世纪的职业技术教育体系[J].职教论坛,2004(1):9—12

[17]黄启兵.意大利高等教育改革历程述评[J].外国教育研究,2005(8):38—41

[18]加斯东·米亚拉雷,让·维亚尔.世界教育史[M].上海:上海译文出版社,1991

[19]姜惠.当代国际高等职业技术教育概论[M].兰州:兰州大学出版社,2002

[20]教育部职业教育与成人教育司.新世纪职业教育发展论坛汇编[C].北京:电子工业出版社,2003

[21]教育部.《教育部等七部门关于进一步加强职业教育工作的若干意见》[EB/OL].http://www.moe.edu.cn/edoas/website18/info6586.htm,2004-09-14

[22]教育部.《教育部关于加快发展中等职业教育的意见》[EB/OL].http://www.edu.cn/gai_kuang_495/20060323/t20060323_130188.shtml/,2005-06-24

[23]教育部.《教育部2007年工作要点》[N].《中国教育报》,2007-01-16

[24]教育部.把加快发展中等职业教育作为整个教育事业发展的战

略突破口［EB/OL］. http://www. moe. edu. cn/edoas/website18/info
1207181476390147. htm,2008-04-02

［25］教育情报研究室. 当代外国教育发展趋势［M］. 北京:教育科学出版社,1986

［26］康内尔,W. F. 二十世纪世纪世界教育史［M］. 北京:人民教育出版社,1990

［27］克拉克·克尔. 高等教育不能回避历史——21世纪的问题［M］. 杭州:浙江教育出版社,2003

［28］克罗齐. 1871—1915年意大利史［M］. 北京:中国社会科学出版社,2005

［29］匡瑛. 比较高等职业教:发展与变革［M］. 上海:社会教育出版社,2006

［30］匡瑛,石伟平. 二战后世界高等职业教育本位观的嬗变及发展趋势［J］. 中国职业技术教育,2006(11):8—11

［31］匡瑛,石伟平. 论社会文化传统对世界各国高职模式选择的影响［J］. 教育与职业,2006(11):15—18

［32］匡瑛,石伟平. "为了就业而学习"——欧盟职教新政策［J］. 全球教育展望,2006(12):53—55

［33］匡瑛,石伟平. 高职人才培养目标的转换——从"技术应用性人才"到"高技能人才"［J］. 职业技术教育(教科版)2006(22):21—23

［34］李光勇. 意大利的南方开发政策及其理论分析——兼谈对我国西部开发的启示［J］. 西南师范大学学报(人文社会科学版),2001(1):130—136

［35］李利. 意大利职业教育的财政状况［J］. 职教论坛,2003(9):63—64

［36］联合国教科文组织.《从信息社会迈向知识社会——建设知识共享的二十一世纪》［DB/OL］. http://www. un. org/chinese/esa/education/knowledgesociety/,2008-04-28

［37］梁忠义,金含芬. 七国职业技术教育［M］. 长春:吉林教育出版社,1990

［38］刘春生,马振华. 职业教育的"中国特色"问题［J］. 教育研究,2006(5):72—75

［39］罗恪. 意大利的高中教育更注重学生学习能力的培养［J］. 教师新概念,2005(1—2):8

［40］玛丽娅·格拉齐娅·梅吉奥妮. 欧洲统一 先哲之梦——欧洲统一思想史［M］. 北京:世界知识出版社,2004

[41]马思援.2005：职业教育开始新跨越[N].中国教育报,2005-11-28

[42].明其.意大利高中教育的改革[J].陕西教育,2006(3)：37—38

[43]彭江.意大利成人高等教育招生政策的几个问题[DB/OL].http://www.cqvip.com,2007-05-24

[44]平塚益德.世界教育辞典[M].长沙：湖南教育出版社,1989：583—584

[45]全国比较教育研究会.国际教育纵横——中国比较教育文选[M].北京：人民教育出版社,1994

[46]石伟平.比较职业技术教育[M].上海：华东师范大学出版社,2001

[47]石伟平,匡瑛.当前世界高职发展的基本趋势及其对我国的启示[J].广东白云职业技术学院学报,2004(3)：78—83

[48]石伟平,徐国庆.高等职业教育课程的国际比较[J].职教论坛,2001(10)：10—12

[49]石伟平,徐国庆.世界职业教育体系的比较[J].职教论坛2004(1)上：18—21

[50]田恩舜.意大利大学制度改革动态[J].黑龙江教育(高教研究与评估版),2005(5)：27

[51]王桂等.当代外国教育——教育改革的浪潮与趋势[M].北京：人民教育出版社,1995：127

[52]汪霞,张怡春.意大利的教育及存在的问题[J].学科教育,2000(2)：46—47

[53]温家宝.大力发展中国特色的职业教育[EB/OL].http://www.edu.cn/20051114/3160298.shtml,2007-2-28

[54]吴雪萍.国际职业技术教育研究[M].杭州：浙江大学出版社,2004

[55]徐国庆,石伟平.西方STW比较分析框架述评[J].教育发展研究,2001(4)：60—63

[56]徐国庆,石伟平.杜威论职业教育与自由教育的整合[J].河南职技师院学报(职业教育版),2001(6)：43—47

[57]徐国庆.实践导向职业教育课程研究：技术学范式[M].上海：社会教育出版社,2005

[58]徐国庆.职业教育发展的设计模式、内生模式及其政策意义[J].教育研究,2005(8)：58—62

[59]徐国庆.职业资格证书模式的国际比较研究[J].全球教育展望,2006(1)：67—72

[60]徐国庆.职业教育课程的学科话语与实践话语[J].教育研究,2007

(1):51—55

[61]徐国庆.职业能力的本质及其学习模式[J].职教通讯,2007(1):24—29

[62]徐振宇,吴声远.三国高中教育改革的比较与思考[J].上海教育科研,2000(10):50—60

[63]雅克·德洛尔.教育——财富蕴育其中[M].北京:教育科学出版社,1996

[64]杨金土.90年代中国教育改革大潮丛书·职业教育卷[M].北京:北京师范大学出版社,2002

[65]杨文杰.创新——职业教育的核心[J].研究与应用,2001(1):78

[66]叶齐炼.荷兰、意大利的私立教育[J].比较教育研究,2001(12):50—53

[67]意大利教育部长施政报告(基础教育部分)[J].教育情报参考,2003(1—2):38—40

[68]意大利私立教育[J].中国民办教育,2004(9):58—59

[69]意大利中小学教育概况[J].教育情报参考,2004(6):61

[70]于薇薇.意大利社会合作社发展及其对中国的借鉴意义[D].硕士学位论文,华东师范大学,2003

[71]于洋.意大利高等教育印象[J].财经问题研究,1997(7):76—80

[72]曾宗福.五年制高职教育的比较研究[J].世界职业技术教育,2003(5):32—36

[73]张超.迈向欧洲高等教育区——欧洲高等教育一体化进程及面临的挑战[J].国际高等教育研究,2006(2):20—27

[74]张海冰.欧一体化制度研究[M].上海:上海社会科学出版社,2005:161

[75]张念宏.中国教育百科全书[M].北京:海洋出版社,1991:86

[76]张全森.意大利职业技术教育简析[J].北京联合大学学报(自然科学版),2004(6):96

[77]郑秉文.欧洲发展报告 No.7(2002—2003):欧盟东扩[M].北京:社会科学文献出版社,2003

[78]郑国中.意大利的旅游职业教育[J].职教论坛,2000(3):63—64

[79]中国高等职业技术教育研究会 编.20年回眸——高等职业教育的探索与创新(1985—2005)[M].北京:科学出版社,2006

[80]中国驻意使馆教育处编译.意大利教育部部长施政报告(基础教育部分)[J].基础教育参考,2003(1—2):38—40

［81］中国驻意大利使馆教育处.意大利职业技术教育简介［J］.职业和成人教育,2003(7—8):44—45

［82］中国驻意大利大使馆教育处.意大利义务教育情况介绍［J］.基础教育参考,2005(1):18—21

［83］中国教育科学研究所,教育情报研究室.当代外国教育发展趋势［M］.北京:教育科学出版社,1986

［84］中华人民共和国政府.教育部长周济解读十一五中国教育三大任务［EB/OL］.http://202.123.110.5/zwhd/2005-11/30/content_113260.htm,2008-9-17

［85］周蕖.中外职业技术教育比较［M］.北京:人民教育出版社,1991

［86］周满生,李韧竹.国际职业教育发展的若干趋势及对我国的启示［J］.教育研究,1996(11):8—16

［87］朱华龙.意大利文化［M］.上海:上海社会科学院出版社,2004

［88］卓力格图,姚良军,孙成永.意大利基础研究概况［J］.全球科技经济嘹望,2006(l0):4—12